21 世纪高职高专规划教材 ◆ 市场营销系列

市场营销

（第三版）

SHICHANG YINGXIAO

主　编　勾殿红　郑艳霞
副主编　孙　彦
参　编　陈　红

中国人民大学出版社
·北京·

第三版前言

结合市场营销及相关专业高职人才培养方案和市场营销专业教学标准，为使学生能够全面、系统地掌握市场营销知识、理论和技能，在《市场营销》一书的编写过程中，我们本着实用性和适应性原则，合理安排实务训练内容，着重培养学生的应用技能，从而使高职学生能够更好地将理论应用于实践。本教材吸收理论与实践的最新研究成果，以培养学生的市场营销能力为主线，将全部内容分为五大学习模块，内容涵盖面广，结构合理，深入浅出，实例丰富，具体特点如下所述。

1. 实用性强

全书强调理论、实务和训练的结合，结合我国营销实际，按照市场营销高职专业教学标准要求，从职业岗位需求出发，严格依据市场急需具备营销素质与技能的复合型人才规格，以提高学生整体素质为基础，以职业能力培养为核心，着眼于产学研结合型教育所要求的双证沟通，创新课程体系。党的二十大报告指出："实践没有止境，理论创新也没有止境。"市场营销是一门实践性较强的课程，教材围绕应用型、技能型人才培养目标，教学目标维度清晰，知识目标、能力目标、素质目标设定明确，突出立德树人，合理安排理论思考和技能训练，促进知识向能力的转化。一方面，本教材按照正常、合理的教学顺序设计教材结构与内容，从而更加贴近市场营销教学与教改的需要，更有利于培养实用的营销专业相关人才；另一方面，本教材遵从"理论够新、够用"的基本原则，不罗列一般的理论教条，在跟踪国内外营销理论最新发展的前提下，保证理论体系的完整、新鲜和生动。

2. 编排新颖，便于教学

本教材采用探究式教学模式设计体例，启发思考，方便教学，有利于形成"教"与"学"的双向互动。在模块设置基础上，各单元内容编排不拘泥于常规，更加符合高职学生的逻辑思维习惯。各模块均设置了"学习任务分析"并设计思维导图进行知识结构分析，充分运用任务驱动方式带动教学。每个模块设有"案例导入"，每个单元设有"课前思考"，以兴趣带动学习，充分调动高职学生学习的积极性。本教材以丰富的案例作为知识点的诠释和拓展，并穿插了"阅读材料""课堂讨论"等设计，大量使用生动直观的图表，从而强化教学效果。同时，本教材设有"德技并修"栏目，引导学生树立正确的世界观、人生观、价值观，帮助学生成为德智体美劳全面发展的社会主义建设者和接班人。

3. 融知识学习与技能训练为一体

本教材在每一模块的后面都安排了"本模块知识与技能训练"，注重基础知识训练的同时，强化职业技能训练，充分体现理论联系实际的特点。“本模块知识与技能训练”中既有关键概念认知题，又有提升职业判断能力的选择题、判断题和简答题。“职业能力训练”安排了贴近学生生活实际的、明晰的工作任务，同时提供了体现中国优秀传统文化、中国人求索精神、工匠精神的本土化“综合案例分析”，侧重于对学生理论联系实际能力的培养。此外，本教材还配有包括配套课程标准、电子教案、PPT 课件、习题及答案、教学微课、课程网站等电子资源，既方便教师备课，也为学生提供了可以参照的营销活动蓝本，将其职业学习与能力训练融为一体。

4. 通俗易懂

本教材服务于以职业能力为导向的校企合作开发课程，围绕职业能力分析进行设计，关注个体、企业、行业三个层面的需求，开发基于工作过程的课程内容，突出了市场营销的实践性。探究式教学模式充分发挥市场营销兼容并蓄的边缘学科综合性优势，有利于培养学生敬业精神、实践能力、可持续发展能力，服务于专业人才培养目标和规格要求，内容的全面优化和体例的全新调整强化了职业精神和专业操守。本教材既可以作为高职经管类相关专业的教材，也可以作为企事业单位员工培训教材和营销人员自学材料。

教材编写采用“专业带头人＋专业骨干教师＋企业一线营销能手”的校企合作双元开发模式，参编者既有高职一线双师型营销专业教师，又吸收了传统商业企业、大型上市公司以及新兴产业的营销负责人和一线营销能手。本教材由盘锦职业技术学院勾殿红教授、郑艳霞老师任主编，盘锦职业技术学院副教授孙彦老师任副主编，宁夏警官职业学院陈红副教授参编。所有编写人员均有多年高职市场营销教学经验，具有双师素质。华晨汽车投资（大连）有限公司营销总部经理马勇强、辽宁兴隆百货集团有限公司营销企划专员周丽娟等企业一线营销人员为案例的编撰提供了实战素材。全书共 16 个单元，具体分工如下：单元 1、单元 2、单元 3、单元 5、单元 15 由勾殿红教授编写；单元 6、单元 8、单元 9、单元 12、单元 14、单元 16 由郑艳霞老师编写；单元 10、单元 11、单元 13 由孙彦老师编写；单元 4、单元 7 由陈红老师编写。勾殿红教授拟订全书体例和大纲，并负责全书的总纂定稿。

由于作者水平有限，加之本教材是对高职教材编写模式的一种改革和探索，教材中一定会有不妥之处，欢迎广大读者指正（E-mail：goudianhong@126.com）。文中引用图片资料除标注外，均引自百度图片。本教材在编写过程中，中国人民大学出版社编辑胡连连女士为本书的出版提供了大量帮助，在此一并表示感谢。

编者

目　　录

学习模块一　走进营销世界　树立营销观念

学习模块二　分析营销环境　捕捉市场商机

学习模块三 明确企业战略 精准市场开发

学习模块四 制定营销组合策略 有效占领市场

学习模块五　规范营销管理　全面巩固市场

学习模块一

走进营销世界　树立营销观念

案例导入

海尔洗衣机“无所不洗”

每年的6月至8月是洗衣机销售的淡季。调查发现，不是老百姓不洗衣服，而是在夏天洗衣量5千克的洗衣机不实用，既浪费水又浪费电。于是，海尔的科研人员很快设计出一种洗衣量只有1.5千克的“小小神童”洗衣机。

四川成都的一位农民投诉海尔洗衣机排水管老是堵塞，服务人员上门维修时才知道他们冬天用洗衣机洗红薯，夏天用它来洗衣服。后来型号为XPB40－DS的洗衣机不仅具有一般双桶洗衣机的全部功能，还可以洗地瓜、水果甚至蛤蜊，被戏称为“大地瓜”洗衣机。

“听说你们的洗衣机能为牧民打酥油，还给合肥的饭店洗过龙虾，真是神了！能洗荞麦皮枕头吗?”一个来自北方某枕头厂的电话打进了海尔总部。后来的“爽神童”洗衣机，除了具有洗涤、脱水等基本功能外，还独有高效的PTC转动烘干、自然风晾干两种干燥技术，同时专门设计了荞麦皮包装洗涤袋，加上海尔独有的“抗菌”技术，非常圆满地解决了荞麦皮枕头的清洗、干燥难题。

海尔“双动力”也是根据用户需求，为解决用户对波轮式、滚筒式、搅拌式洗衣机的抱怨而创新推出的一款全新洗衣机。由于它既集合了洗得净、磨损低、不缠绕、15分钟洗好大件衣物等优点，“省水省时各一半”的特点又迎合了人们新的洗衣需求，上市一个月就创造了国内高端洗衣机销量、零售额第一名的骄人业绩，成为国内市场销量上升最快的洗衣机新品。

张瑞敏说：“只有淡季的思想，没有淡季的市场。用户的难题就是我们的课题，任何一家企业做的是产品，但卖的肯定不是这个产品。用户要的是一种解决方案。”海尔的非常举动，正是中国企业日益重视市场、走向市场的标志。

资料来源：秦朔．秦朔访问：照亮世界的中国企业家精神［M］．北京：东方出版中心，2017.

学习任务分析

知识目标：

（1）掌握市场与市场营销的核心概念和市场营销管理的实质。

（2）了解市场营销管理的任务与对应策略。

(3) 掌握市场营销观念的演变。

(4) 熟悉营销发展与创新的前沿理论。

能力目标：

(1) 能够运用基本市场概念参与营销实践。

(2) 能够根据需求的形态与特征，初步制定市场营销管理任务。

(3) 能够运用现代市场营销观念和营销发展与创新的前沿理论，分析市场营销活动。

素质目标：

(1) 初步具备市场意识和营销职业情感。

(2) 树立正确的市场营销观念。

知识结构图

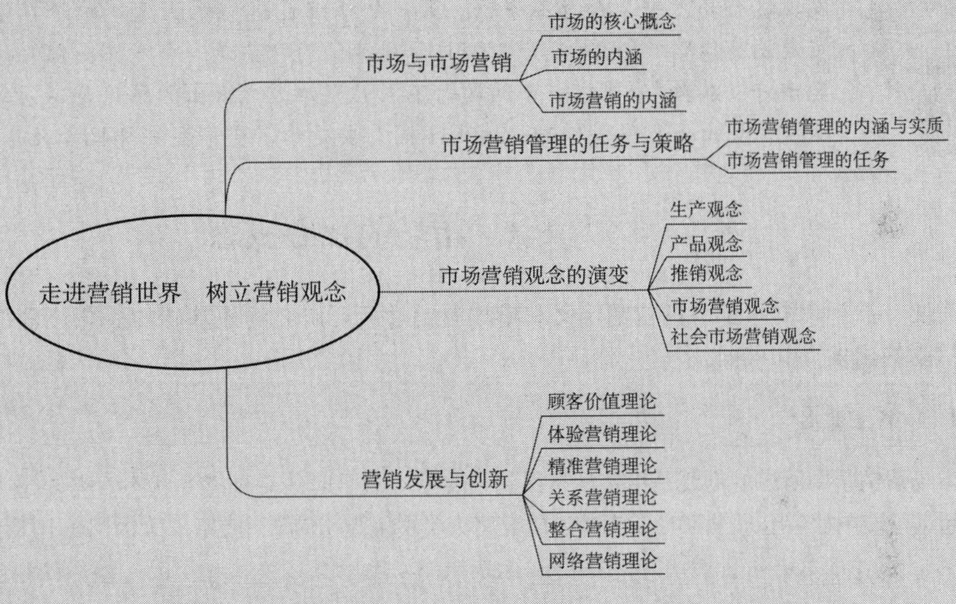

单元1　市场与市场营销

课前思考

你一定听说过“荒岛卖鞋”的故事吧。两个推销人员来到一座小岛，发现这个岛上每个人都不穿鞋。第一个推销员悲观地认为“鞋子在这里必定是没有销路的”；第二个推销员乐观地认为“要是一个人穿一双鞋，那将卖出许多双鞋”。同样一个问题，不同的思维方式得出的结论是不同的。你从中体会出他们的营销理念有何不同？要是你，会不会去那里卖鞋子？

1.1　市场的核心概念

需要、欲望和需求是市场营销定义和市场营销学所要研究的最基础的概念，也是市场营销活动的出发点和根据。

1.1.1　需要

市场营销学中所讲的需要是指人没有得到某些基本满足时的一种感受状态。需要是人类行为的起点，美国社会心理学家马斯洛通过研究将人类的需要分为五个层次，如图1-1所示。

图1-1　马斯洛的需要层次论

1. 生理需要

它是指人为了维持自身的生存而产生的需要，如因寒冷、饥饿、口渴等而需要衣、食、住等。这种需要是人类最基本的需要，通常需要优先得到满足。人的生理需要在程度上也存在着差别，有仅为生存和适当舒适的区分。

2. 安全需要

它是指人从长远考虑，为了更好地生存所产生的需要，是在生理需要得到满足的前提下，为避免生理及心理方面受到伤害所要求的保护和照顾的需要，它包含对安全感、稳定性、受保护等的需要，如保险、保健、医药等。人出门会将房间上锁，为了防窃，这是生理安全的需要；人到某个公共场合去要穿戴整齐，与周围的环境要协调，这是心理安全的需要。

3. 社会需要

它是指在安全需要得到满足的前提下，进一步产生的需要，即人们在社会生活中很重视人与人之间的交往，希望成为某一团体或组织中的成员，通过社会交往受到社会的接纳和重视，具体包括社交需要和归属需要。其中社交需要主要是在友谊、沟通、爱情和其他相互交往活动中，为了更顺利地参与并获得成功而产生的需要；归属需要是人通过自我认知产生自我映象，产生表明自己属于某一阶层、集团、集体的心理要求。

4. 尊重需要

它是指为了使自己在社会上引起周围人的注意，受到别人的重视，被别人所羡慕而产生的需要。这是社会需要之上的更高层次的需求。如有人买东西时，会有一种在别人面前炫耀的动机，自然就要求自己所买的商品与众不同，也乐于接受高价格的商品。

德技并修

“南风法则”带来的销售感悟

“南风法则”源于法国作家拉·封丹的寓言。它告诉我们：温暖胜于严寒。营销的道理也是一样，你越是想尽一切办法不择手段地推销你的产品，消费者越不喜欢你的产品。令人遗憾的是，绝大部分企业营销时采用的都是使劲鼓噪、使劲叫卖、使劲自夸、使劲促销。有的甚至还崇尚“病毒式”营销，不厌其烦地进行产品宣传，一个劲儿地挑战消费者的忍耐极限。其实，任何一个品牌成功的关键就在于能否与消费者建立联系，能否激发消费者对品牌的认同感。而品牌认同感取决于感情、依赖和联系。当你站在消费者的角度思考，创造出让消费者获益良多的产品，并通过与众不同的方式展示并介绍你的产品，说明你的产品与他们的关系，消费者不但会很乐意购买，甚至还会口口相传，成为你的产品的忠实粉丝。这两种营销模式，一种是“北风”法则，硬来、强卖；一种是“南风”法则，感化、认同。一种是在卖东西，一种却是在释放爱。

资料来源：天花烂漫．“南风法则”带来的销售感悟．(2017-04-02)[2019-09-10]. https://www.douban.com/note/614033945/.

5. 自我实现需要

这是最高层次的需要，即希望个人的自我潜能和才能得到极大的发挥，取得一定的成就，对社会有较大的贡献，并需要别人对自己的努力成果给予肯定，受到社会的承认。这种需要会产生胜任感和成就感。

阅读材料

定制旅行：一场资源的整合

怎样才叫会玩儿？和澳洲土著部落首领在丛林露营，与大牌明星一起看戛纳电影节的影展，在威斯敏斯特教堂见证威廉王子给凯特王妃戴上戒指的那一刻，在古巴一边抽雪茄一边听卡斯特罗的贴身保镖讲述传奇故事……这样的玩法，不是有钱就能想出来的，要有人来帮你想。作为国内第一批专注于高端定制旅行的机构，8 年来，PALA 为金字塔尖的精英客户设计了许多被称为作品的旅行，深入世界上那些或人迹罕至的绝美之地，或富有信仰的精神净土，或底蕴丰厚的历史名迹，或活色生香的生活场域。PALA 的旅行，从来不是单纯一个目的地，而是以对世界深耕的姿态，经历一种由内而外的成长。与 PALA 同行，深耕世界。

PALA私人定制旅行机构
Customized Private Travel
Sun Pala

资料来源：李隽清．定制旅行：一场资源整合．(2014-06-30) [2019-09-10]. http://www.fx361.com/page/2014/0630/365369.shtml.

在这五个层次的需要中，前两种属于基本物质需要，满足这些需要要耗费生活资料；后三种属于精神需要，但是这一类的需要同样要消耗一定的物质资料，而且是高等的物质资料。

课堂讨论

举例说明不同消费层次的消费内容有何不同。

提示：处于较低层次的消费者，会将收入的大部分花在购买食品、衣着上；处于恋爱阶段的年轻人，在衣着上比别人考究得多；希望在某学科作出成就的学者，购书的费用则大于其他人。

1.1.2 欲望

欲望是指对于上述基本需要的具体满足物的企求，是由个人文化背景及生活环境的陶冶所表现出来的人类需要。如为满足“吃”的需要，中国人欲求米饭、馒头或面条，而西方人则欲求面包或汉堡包。可见，尽管人们的需要有限，但欲望却很多。人的欲望受许多因素，诸如职业、团体、家庭、宗教信仰等的影响，而且会随着社会条件的变化而变化。

1.1.3 需求

所谓需求，是指有购买能力并且愿意购买某种具体产品的欲望，即有购买力的欲望。可见，消费者的欲望在有购买力做后盾时就变为需求，即当一个人有支付能力且愿意购买他所期望的产品时，欲望就变成了需求。人类的欲望几乎没有穷尽，但是资源是有限的。人们想用有限的金钱来选择价值和满意度最大的产品。当人们具有购买能力时，欲望便转化为需求。

阅读材料

淘宝老年人大学开课

2018 年年初的时候，马云发出一则招聘信息，表示淘宝愿意以年薪 35 万到 40 万元招聘中老年体验师。64 岁的刘艳萍成功入围并在 5 月 21 日以“淘宝小二”的身份出现在淘宝老年大学社区的课堂上。淘宝数据显示，2017 年全国 50 岁以上人群人均消费近 5 000 元，人均商品数达到 44 件，可谓购买力惊人。专家预测，到 2050 年，中国的老年市场规模会提高到 48.52 万亿元。随着“银发店主”“银发淘女郎”和“银发淘主播”的涌现，老年用户也开始活跃在淘宝生态的其他角落。鉴于老年群体对互联网的使用和接受程度与年轻人相比仍有一定的差距，淘宝亲情账号成为破冰产品。而淘宝老年大学手把手教学，就是想让老年用户先感受淘宝的便利性。

资料来源：百家号．首次淘宝老年人大学开课，马云看到了老年人惊人的购买力．(2018-5-22) [2019-09-10]．http：//baijiahao.baidu.com/s? id=1601157614055771068&wfr=spider&for=pc.

我们可以得出这样一个事实：需要存在于市场营销活动之前，营销人员虽然不能创造人类的基本需要，但却可以采用各种营销手段和措施来激发人们的欲望，并开发及销售特定的服务或产品来创造需求，满足需求。

课堂讨论

想一想，需要、欲望和需求三者之间有什么联系？

提示：需要是产生需求的前提条件，但是营销人员并不能创造需要，因为需要存在于市场营销活动之前；欲望是在需要的基础上产生的，营销人员可以影响人们的欲望，如通过改善产品性能、降低价格、广告宣传等方式，向人们推荐某种特定产品而满足其特定的需要，进而使产品对人们有吸引力；消费者的需求是在欲望的基础上产生的，当商品的价格适应消费者的支付能力且使之容易得到，就能引发消费者的需求。

1.2　市场的内涵

狭义的市场是从交换的空间场所的角度来定义的，指的是商品交换的场所，即购买者和出售者在一定时间聚集在一起进行商品交换的场所，如小商品批发市场、服装市场、农贸市场等。广义的市场不仅仅是具体的交易场所，而是指所有买者和卖者实现商品让渡的交换关系的总和，是各种复杂的交换关系的集合。从市场学的角度来说，市场是指具有特定的需求和欲望，而且愿意和能够通过交换来满足这种需求和欲望的所有现实顾客和潜在顾客之和。

市场的大小取决于那些有某种需要，并拥有使别人感兴趣的资源，同时愿意以这种资源来交换其需要的产品或服务的人口数量。对于一切既定商品来说，要形成一个现实市场，必须具备三个基本要素：有某种需要的人、为满足这种需要的购买能力和购买欲望，即：市场=人口+购买力+购买欲望，如图 1-2 所示。

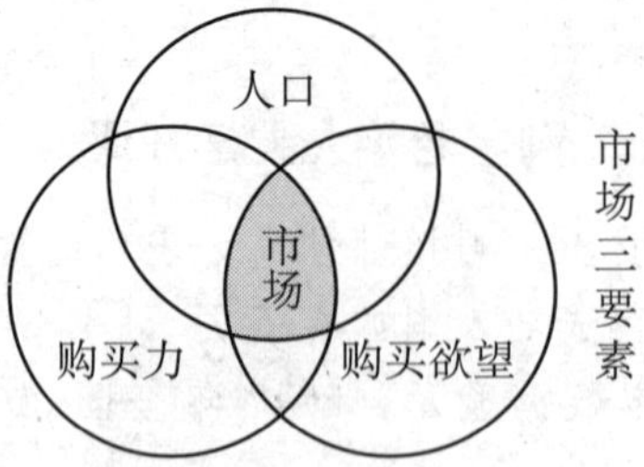

图 1-2 市场构成要素

其中，人口即必须有从事市场交换活动的当事人，包括生产者、经营者和消费者，人口是构成市场的最基本条件，人口越多，现实的和潜在的消费需求就越大。购买力即具有一定量的由货币购买力所形成的支付能力，它是由消费者的收入决定的，有支付能力的需求才是有意义的市场。购买力水平的高低是决定市场容量大小的重要指标。购买欲望是指导致消费者产生购买行为的驱动力、愿望和要求，它是消费者将潜在购买力变为现实购买行为的重要条件。

课堂讨论

查询“商圈”的含义并剖析高校周边的商机。

提示：商圈是指商店以其所在地点为中心，沿着一定的方向和距离扩展，吸引顾客的辐射范围，简单来说，也就是来店顾客所居住的区域范围。作为高校聚集区，围绕高校商圈的服务市场潜力随着城市化步伐的加快正在逐年增加。

对市场来说，人口、购买力和购买欲望这三个要素是互相制约，缺一不可的。只有将这三者结合起来才能构成现实的市场，并共同决定着市场的规模和容量。

1.3 市场营销的内涵

1.3.1 市场营销的含义

菲利普·科特勒（1994）指出：“市场营销是个人或组织通过创造，并同他人或组织交换产品和价值，以获得其需求和欲望的一种社会和管理的过程。”市场营销是通过市场交换满足现实和潜在需要的综合性经营销售活动过程，目的是满足消费者的现实或潜在的需要。市场营销的中心是达成交易，而达成交易的手段则是开展综合性的营销活动。市场营销这个概念是从企业营销的实践概括出来的，因此，市场营销的含义不是固定不变的，它将伴随着工商企业市场营销活动实践的发展而发展。

1.3.2 市场营销与销售、促销、推销的区别

企业的市场营销活动应当包括企业的全部业务活动，即包括市场与消费者研究、选定目标市场、产品开发、定价、分销、促销和售后服务等。销售与促销仅仅是企业的整个市场营销活动的一部分，而且不是市场营销活动最重要的部分。销售是企业市场营销的职能

之一，但不是其最重要的职能。促销只是市场营销的一个重要环节，它包括人员促销、广告、公共关系、销售促进等方式。

营销与一般的销售不同，二者的区别在于：销售重视的是卖方的需要，营销重视的是买方的需要。销售以卖方为主，卖方的需要是如何将产品卖出去，从而谋取利润。营销考虑的是如何更好地满足消费者需要，根据消费者的需要来设计产品，讲求产品质量，增加花色品种；根据消费者的需要来定价，使消费者愿意接受；根据消费者的需要来确定销售渠道，处处方便消费者；根据消费者的需要进行促销，及时传播消费者欢迎的市场信息。

德技并修

营销无处不在

企业需要营销以满足消费者的需要；学校需要营销以满足广大学生的需要；医生需要营销以满足患者的健康需要；我们自己也需要营销，以满足与人有效交往的需要。把营销当作一个工具，你将前进一步；把营销当作一种思想，你将一往无前。无论是将营销理念运用到职业生涯规划，还是生活的方方面面，你都将受益终生。

单元小结

需要、欲望和需求是市场营销定义和市场营销学所要研究的最基础的概念，也是市场营销活动的出发点和根据。人口、购买力和购买欲望是构成现实市场的三要素，它们互相制约，缺一不可，共同决定着市场的规模和容量。市场营销是个人或组织通过创造，提供并同他人或组织交换产品和价值，以获得其需求和欲望的一种社会和管理的过程，它伴随着工商企业市场营销活动实践的发展而发展。

单元 2　市场营销管理的任务与策略

课前思考

苹果前 CEO 乔布斯在斯坦福大学演讲时，对操场上挤得满满的毕业生、校友和家长们说：“你的时间有限，所以最好别把它浪费在模仿别人这种事上。”同样，市场需求多种多样，每种需求状况都有各自的特点。那么，企业有“放之四海而皆准”的营销措施吗？

2.1　市场营销管理的内涵与实质

2.1.1　市场营销管理的内涵

市场营销管理是指为了实现企业目标，创造、建立和保持与目标市场之间的互利交换关系，而对设计方案进行分析、计划、执行和控制的活动过程。

2.1.2　市场营销管理的实质

市场营销思考问题的出发点是消费者的需求和欲望，市场营销管理的实质是需求管理，如图 2-1 所示。

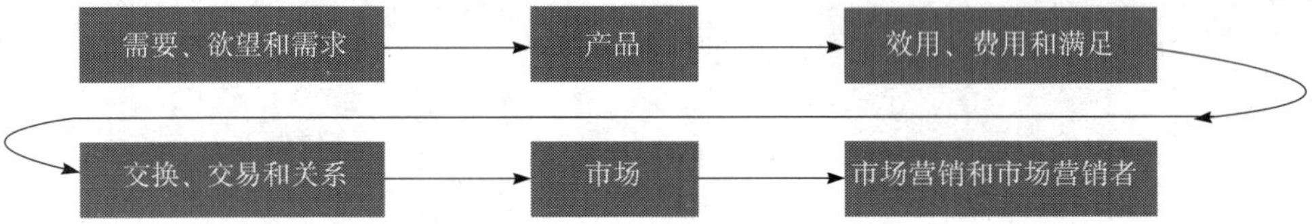

图 2-1　市场营销管理的实质

在营销实践中，企业营销管理人员不仅要善于发现和满足顾客需求，而且要借助管理职能，采取不同的营销措施和策略去应付各种需求状态。在市场营销实践中，企业不仅可以创造需求，还能改变人们的价值观念和生活方式。日本龟甲万公司采取免费赠送等方法改变美国人的消费习惯，成功地开拓了原来不知酱油为何物的美国市场；瑞士雀巢公司经过漫长的努力，使崇尚茶文化的一些国家的青年一代以喝咖啡为时髦；日本商人突发奇想，绞尽脑汁地设计出卡拉 OK 这一娱乐形式，使消费者从被动参与变为主动参与，从听音乐变为“大家一起唱”，让普通人也有了一展歌喉、过把“歌星”瘾的机会。

2.2　市场营销管理的任务

市场营销管理的任务，就是为促进企业目标的实现而调节需求的水平、时机和性质。企业市场营销管理的任务取决于目标市场的需求状况。市场需求多种多样，根据需求水平、时间和性质的不同，可归纳出八种不同的需求状况。由于每种需求状况具有各自的特点，所以在不同需求状况下，市场营销管理的任务和采取的营销措施有所不同。

2.2.1　负需求及其策略

负需求是市场上全部或大部分顾客对某种产品或服务不仅不喜欢，有厌恶情绪，甚至愿意付出一定代价来回避的一种需求状况。如近年来许多老年人为预防各种老年疾病不敢吃甜点心和肥肉，又如有些顾客害怕出事而不敢乘飞机，或害怕化纤纺织品的有毒物质损害身体而不敢购买化纤服装。再如，对于环境脏、乱、差的旅游景点和高胆固醇食品等，人们都会产生负需求。在负需求情况下，市场营销管理的任务是分析人们为什么不喜欢这些产品或服务，并针对目标顾客的需求重新设计产品、定价，做更积极的促销，或改变顾客对某些产品或服务的信念，把负需求变为正需求。诸如，宣传老年人适当吃甜食可促进脑部血液循环、乘坐飞机出事的概率比较小等。

阅读材料

欧美人对动物内脏的反感

欧美人对动物内脏很反感，怎样把这个负需求变为正需求呢？专家做了个实验：他们找来了40个家庭主妇，分为两组。专家告诉第一组的20个人，运用传统的方法怎样把动物的内脏做成菜才好吃。而对于第二组的20个家庭主妇，专家则和她们围坐在一块座谈，告诉她们动物内脏富含哪些矿物质，对人体有哪些好处，并赠送了相应的菜谱。

一个月后，第一组中只有3%的家庭妇女开始食用动物内脏，第二组中则有30%的妇女开始食用动物内脏。这个实验充分说明了改变消费者的消费行为必须找到产品真正的利益点，也说明了消费者对某种产品的需求是可以由负需求转变为正需求的。

资料来源：百家号．外国人为什么不吃动物内脏．(2017－11－10)［2019－09－10］. http：//baijiahao. baidu. com/s?id=1583597462859557649&wfr=spider&for=pc.

2.2.2　无需求及其策略

无需求是指市场对某种产品或服务不感兴趣、漠不关心的一种需求状况。无需求通常是针对新产品和新的服务项目，人们因不了解而没有需求，或者对于平常不熟悉的非生活必需品等，消费者在没有见到它们之前也不会产生需求。因此，市场营销管理的任务是刺激市场营销，设法把产品能带来的利益和价值同人们的自然需要与兴趣结合起来，激发兴趣，创造需求，把无需求变为正需求。企业推广产品，有时可通过有预期目标的营销活动，人为地使市场形成供不应求或大量需求的局面。这种营销计划的制订与实施，不但是一种战术技巧，而且还可以起到创造需求的作用。

阅读材料

吉列刮胡刀片的“曲线救国术”

吉列公司为了大量推广其生产的刮胡刀片，采用免费赠送刀架的办法，有效地营造了一个市场空间，促使顾客购买配套的刀片，实现扩大销售、占领市场的预期目标。

资料来源：黄建平．巴菲特投资案例（18）：吉列剃须刀．(2013-06-29) [2019-09-10]. https://xueqiu.com/9220236682/24284696.

2.2.3 潜伏需求及其策略

潜伏需求是指许多消费者存在某种强烈的需求，而现有产品和服务又无法使之满足的一种需求状况，如人们对无害香烟、癌症特效药品、节能汽车的需求。在有潜伏需求的情况下，市场营销管理的任务是开发市场，估测潜在市场的规模，努力开发新产品，通过提供能满足潜在需求的产品和服务，变潜在需求为现实需求。电视、电话等技术产品在尚未进入市场之前，消费者并未意识到自己需要这种产品，因而不可能对其预先就有潜伏需求，更谈不上有现实需求，只是在这些产品开发出来以后，消费者才产生了需求。我们也可以回顾一下方便面在我国香港市场的开拓历程：起初香港人爱吃米不爱吃面的饮食习惯难倒了方便面厂家，后来厂家用免费给幼儿园孩子试吃的招数，使得二十世纪七八十年代出生的这批孩子在进入青年时代后成为消费方便面的主力军。

课堂讨论

银川万达嘉华酒店采用新营销方法“社群+拼团”——基于微信服务号的第三方工具91拼团，结合酒店的公众号和客户社群做的“自助餐券”拼团活动，短短1周时间0广告费将1 000张高客单价自助餐券全部售出。请思考：在团购盛行的今天，餐饮业老板们有什么潜在的需求？

提示： 餐饮行业的各商家为了给自己的门店引流纷纷选择团购平台，然而一味地降低自己的客单价，结果却并不尽如人意。流量始终是团购平台自己的，商家并没有形成自己的固定客流，客户复购率也很低，商家还需要交纳团购佣金。为解决客流问题习惯性依靠团购平台带来流量的做法终将会被多元化的方式所替代。

在市场营销中，利用表面机会和潜在机会虽然可以占有一定的市场，但这毕竟是针对实际存在需求，比较容易被发现和迅速得到满足。在激烈的市场竞争中，企业越来越意识到难以借此取得更多的利益，而把握全新机会则可创造需求，使企业占有竞争的绝对优势。

2.2.4　下降需求及其策略

下降需求是指市场对某种产品或服务的需求呈现下降趋势的一种需求状况。人们对一切产品和劳务的需求和欲望，总会有发生动摇或下降的时候，在这种情况下，营销人员必须分析市场衰退的原因，决定是否通过寻找新的目标市场、改变产品特色或采取更有效的沟通和促销手段重新刺激需求。此时，市场营销管理的任务是重振市场营销，通过创造性再营销，扭转需求下降趋势，使已下降的需求重新回升。

课堂讨论

2017 年 5 月，中关村在线刊发的《大数据拯救了磁带，冷存热存都不能少》一文中表述：在大数据物联网让数据呈爆发性增长的背景下，冷存最便宜、最合算的介质是已经过气的磁带。Clipper Group 资深分析师 David Reine 分析指出：硬盘存储方案几乎是磁带存储方案的 26 倍，单纯考虑功耗的话则是 105 倍。只是目前可以肯定的是，至少在未来相当长的一段时间内，磁带存储在这个数据爆炸的时代依然有着顽强的生命力。查询相关资料后，谈谈你的看法。

提示：随着各种存储技术层出不穷，最终鹿死谁手尚不清楚。但无论磁带市场是否真会在未来几年间枯木逢春，各家存储厂商都会时刻关注磁带市场的变化所引起的消费者需求的变化。

2.2.5　不规则需求及其策略

不规则需求是指某些产品或服务的市场需求随时间变化而出现上下波动很大的一种需求状况。许多产品和服务的需求是不规则的，即在不同时期、不同季节，甚至一天中的不同的时间，需求量都会发生很大的变化，如运输业、旅游业、娱乐业等都会出现这种需求状况。此时，市场营销管理的任务是协调市场营销，通过灵活定价、促销和其他激励措施来调节需求，使供求趋于平衡。

酒店有明显的淡旺季，客人的需求不规则，一般 4 月、5 月、9 月、10 月为最高峰。12 月、1 月为低谷，即淡季。酒店管理者必须通过灵活的价格及其他方法来调整供求关系，实施与不规则的淡旺季同步的营销方案，比如实行淡季价格与旺季价格。

课堂讨论

冬装夏卖已经成为商家反季节销售的利器。如果夏装冬卖，你认为效果如何？

提示：一般不会理想。

2.2.6 充分需求及其策略

充分需求又称饱和需求，是指当前市场对企业某种产品或服务的需求在数量上和时间上同预期的需求水平和时间达到一致的需求状况。当企业的业务量达到令人满意的程度时，所面临的就是充分需求，但这种充分需求状态不是静止不变的，而是动态的，它常常受到消费者的偏好和兴趣的改变，以及同行业的竞争这两种因素的影响而发生变化。因此，在充分需求状况下，市场营销管理的任务是维持市场营销，面对消费者偏好的改变和竞争的加剧，应努力保持或提高产品质量，不断测量消费者满意程度，通过降低成本来保持合理价格，做好售后服务，以维持现有的需求水平和销售水平。

2.2.7 过度需求及其策略

过度需求是指市场对某种产品或服务的需求量超过了卖方所能供给和愿意供给的水平的一种需求状况，原因可能是暂时性缺货，也可能是价格太低，还可能是由于产品长期过分受欢迎所致。如收费过低的电力供应、免费范围过宽的公费医疗，会使得电力部门和医院超负荷，甚至浪费很大。在过度需求状况下，市场营销管理的任务是降低市场营销，即通过提高价格、减少促销或服务、劝导节约等措施来降低市场需求水平。

2.2.8 有害需求及其策略

有害需求是指市场对某些有害产品或服务的需求。有害的产品或服务常常会引起有组织的力量反对其消费，如烟、毒品、有害公共利益的赌具、黄色书刊和音像制品等，都受到社会公众的反对和抵制。此时，市场营销管理的任务是反市场营销，即劝说喜欢有害产品或服务的消费者放弃它们，大力宣传其危害，大幅提高价格，减少购买机会或停止生产供应等。

单元小结

在现代市场经济条件下，企业必须高度重视市场营销管理，根据市场需求的现状与趋势制订计划，配置资源，通过有效地满足市场需求来赢得竞争优势，求得生存与发展。

单元3　市场营销观念的演变

课前思考

企业的经营思想和观念不是固定不变的，它在一定的经济基础上产生和形成，并随着社会经济的发展和市场形势的变化而发展变化。那些曾经为企业带来荣耀和光环的某些观念，是不是就一成不变了呢？

市场营销观念是指企业在开展市场营销活动时，在处理企业、顾客和社会三者利益方面所持的态度、思想和观念，即企业进行营销管理时的指导思想，它的核心是企业如何处理企业、顾客和社会三者之间的利益关系。了解市场营销观念的演变，对于企业更新经营观念，适应市场环境的变化，加强市场营销管理，提高企业市场竞争能力具有十分重要的意义。西方企业和我国企业的营销管理哲学思想都经历了由“以生产为中心”到“以顾客为中心”、从“以产定销”到“以销定产”的演变过程，如图3－1所示。

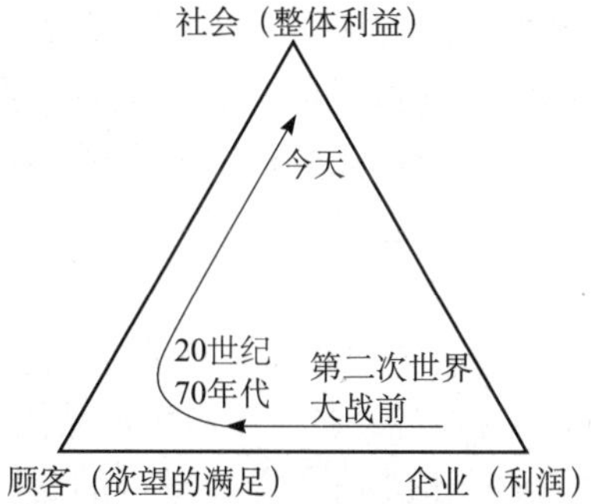

图3－1　企业营销观念变化趋势

3.1　生产观念

生产观念是指导企业营销行为的最古老的观念之一，它产生于20世纪20年代以前，在产品供不应求的卖方市场条件下产生。当时由于资本主义国家处于工业化初期，企业生产率还不高，物资紧缺，市场产品供不应求，因此，企业以生产为中心，能生产什么产品就销售什么产品，根本不考虑顾客的需求情况。

阅读材料

老福特的经营哲学

亨利·福特骄傲地说："不论顾客需要什么类型的车，我们只提供黑色T型车。"

资料来源：刘桂光．汽车销售［M］．北京：科学出版社，2013.

生产观念认为消费者总是喜欢那些可以随处买得到而且价格低廉的产品，企业应致力于提高生产效率和分销效率，扩大生产，降低成本，以扩展市场。生产观念的形成有两种情况：一是在物资短缺、市场商品供不应求时，消费者急于得到产品而不是产品的优点；二是在产品成本过高而导致产品的市场价格居高不下时，必须以提高劳动生产率来降低成本，扩大市场。

3.2　产品观念

欧洲各国在经过了第一次世界大战后生产和经济大发展的时期之后，商品供应日益充足，消费者对同类产品可以有不同的选择，但从总体上看，商品市场仍处于供不应求的状态，高质量、多功能和具有某种特色的产品的确是不愁销路的。这一观念使很多企业致力于生产高质量产品，并不断加以改进，力求精益求精。不少流行至今的世界著名品牌就诞生于这一时期。

产品观念认为顾客最喜欢高质量、多功能和具有某种特色的产品。因此，企业应致力于生产优良产品，并不断加以改进。这种观念产生于市场产品供不应求的卖方市场形势下。

"以产定销，以质取胜""好酒不怕巷子深""皇帝的女儿不愁嫁"等就是产品观念的具体表现，持这种观念的人认为只要产品质量好，顾客就会喜欢并积极购买。产品观念容易导致"市场营销近视症"，即片面强调产品本身的质量和性能，而不重视市场需求，从而使企业在营销管理中缺乏远见，只看到自己的产品质量好，看不到市场需求在变化，致使企业经营陷入困境。

课堂讨论

如何理解"生产观念和产品观念一样，都属于以生产为中心的经营哲学"这句话？

提示：两者的区别在于前者注重以量取胜，后者注重以质取胜，但两者都没有把顾客需求放在首位。

3.3　推销观念

推销观念（或销售观念）盛行于20世纪30年代和40年代。在这一时期，由于科技进步、科学管理和大规模生产的推广，产品产量迅速增加，社会生产已经由生产不足开始进入生产过剩，市场趋势由卖方市场向买方市场过渡，卖主之间市场竞争日益激烈的新形势使企业管理思想开始从生产观念或产品观念转移到了推销观念。这些企业认为要想在竞争中求得生存与发展，就必须使自己生产的产品卖得比竞争者更多，要想做到这一点，就必须重视推销。

阅读材料

一个注定要破灭的肥皂泡

1990年起步的秦池酒厂通过在当地电视台买断段位、密集投放广告，并对消费者实行免费品尝，还由当地技术监督部门对秦池酒进行鉴定等一系列活动迅速走红。

1995年，秦池以6 660万元中标央视黄金广告段成为“标王”，一夜成名，其白酒也身价倍增。1996年，秦池以3.2亿元的天价再度成为“标王”。两个月之后，一个从未被公众知晓的事实终于浮出了水面：秦池的原酒生产能力只有3 000吨左右，它从四川宜宾、邛崃收购大量的散酒，再加上本厂的原酒、酒精，勾兑成低度酒，然后以“秦池古酒”“秦池特曲”等品牌销往全国。该内幕被披露之后，秦池一蹶不振，最终从传媒的视野中消失。当有记者问：“秦池投标金额为3.212 118亿元的这个数字是怎么计算出来的?”厂长的回答是：“这是我单位的电话号码。”这样的对答，仿佛是一个让人哑然失笑的黑色幽默。

推销观念认为，消费者通常表现出一种购买惰性或抗衡心理，如果听其自然的话，消费者一般不会购买某一企业太多的产品。因此，企业必须积极推销和大力促销，以刺激消费者大量购买本企业产品。这一观念仍然强调的是企业的产品而不是顾客的需求，企业相信产品是“卖出去的”，而不是“被买去的”。企业采取各种可能的销售手段和方法，去说服和诱导顾客购买其产品。在现代市场经济环境中，推销观念在以下两种情况下是可行的：一是当产品供大于求，生产过剩时；二是可用于那些非渴求商品的销售。

课堂讨论

推销观念和生产观念的主要区别是什么？

提示：推销观念较生产观念不同的是，后者以抓生产为重点，通过增加产量、降低成本来获利；前者则以抓推销为重点，通过开拓市场、扩大销售来获利。从生产导向发展为推销导向是经营思想上的一大进步，但基本上仍然没有脱离以生产为中心、以产定销的范畴。因为它只是着眼于既定产品的推销，只顾千方百计地把产品推销出去，至于销售出去后顾客是否满意，以及如何满足顾客需要，达到顾客完全满意，则未能给予足够的重视。

3.4 市场营销观念

市场营销观念产生于20世纪50年代中期。第二次世界大战以后，随着第三次科学技术革命的兴起，西方各国更加重视研究和开发，社会生产力迅速发展，产品技术不断创新，新产品竞相上市，大量军工企业转型为民用企业，工业品和消费品供应量迅速增加，造成了生产相对过剩，市场已经由卖方市场转变为买方市场，企业之间的市场竞争进一步激化。同时，西方各国政府相继推行高福利、高工资、高消费政策，消费者有较多的可支配收入和闲暇时间，对生活质量的要求变高，消费者需求变得更加多样化，购买选择更为精明，要求也更为苛刻。在这种形势下，许多企业开始认识到以往单纯以卖主为中心的观念已不再适应市场的发展，它们开始重视消费者的需求和欲望，并研究其购买行为，正确选择为之服务的目标市场。具体表现是：顾客需要什么，企业就生产和供应什么。

市场营销观念认为实现企业目标的关键在于正确确定目标市场的需要和欲望，并比竞争者更有效地传送目标市场所期望的产品或服务，进而比竞争者更有效地满足顾客的需要和欲望。可见，现代市场营销观念是以顾客需要和欲望为导向的全新的经营哲学，是“消费者主权论”在企业市场营销管理中的体现，是由生产者导向转变为消费者导向的一个根本性改变。西方的学术界把这一观念的变革称为经营观念的一次大革命。

推销观念和市场营销观念的区别见表3-1。

表3-1 推销观念和市场营销观念的区别

项目	起点	重点	手段	目的
推销观念	企业	现有产品	销售促进	通过多销而赢利
市场营销观念	目标市场	顾客需求	协调营销	通过使顾客满意而赢利

3.5 社会市场营销观念

社会市场营销观念产生于20世纪70年代。当时，随着全球资源短缺、通货膨胀、人口爆炸性增长、失业增加、环境污染严重、消费者保护运动盛行等问题的日益严重，要求企业兼顾消费者整体利益与长远利益，即社会利益的呼声越来越高，而单纯的市场营销观念回避了消费者需要、消费者利益和长远社会福利之间隐含着冲突的现实。

社会市场营销观念就是不仅要满足消费者的需要和欲望，并由此使企业获得利润，而且要符合消费者和整个社会的长远利益，要正确处理消费者欲望、企业利润和社会整体利益之间的矛盾，统筹兼顾，求得三者之间的平衡与协调。这显然有别于单纯的市场营销观念：一是不仅要迎合消费者已有的需要和欲望，而且还要发掘潜在需要，兼顾长远利益；二是要考虑社会的整体利益。因此，企业不能只顾满足消费者眼前的生理上的或心理上的某种需要，还必须考虑个人和社会的长远利益，如是否有利于消费者的身心健康，是否可防止环境污染和资源浪费，是否有利于社会的发展和进步等。如洗衣粉满足了人们对清洗衣服的需要，却污染了河流，不利于鱼类生长；有些美味食品满足了人们的口腹之欲，却因脂肪含量太高而有碍身体健康。

阅读材料

餐饮市场的营销观念发展历程

1. 生产导向观念

生产导向观念认为："餐厅能提供什么就销售什么"，这一时期的餐饮供应品种非常单调，服务项目单一。

2. 产品导向观念

产品导向观念认为："顾客喜欢良好的菜品、设施和服务，因此餐饮企业要做的工作就是提供上述东西。"实践很快就证明了，物美价廉的产品并非都是畅销品。

3. 销售导向观念

销售导向观念认为："餐厅一方面要创新菜品、改善设施、改进服务，另一方面还需要加强推销"。销售导向观念的弊端是没有把顾客需求放在第一位，推销工作只是从自身利益出发，难以形成长期竞争优势和知名品牌。

4. 顾客导向观念

顾客导向观念在餐饮企业经营中表现为以下内容：满足顾客需求是餐饮企业一切工作的核心，企业不是考虑什么可供销售，而是考虑顾客需要什么。

5. 社会营销导向观念

企业的经营行为应寻求企业利益、顾客利益和社会利益的和谐统一。社会营销导向观念是顾客导向观念的进一步延伸，它们都是适应现代餐饮经营的正确的营销观念。

资料来源：陆明．餐饮市场营销［M］．北京：中国物资出版社，2011．

特定市场营销观念都是在特定的市场环境条件下产生和发展起来的。企业在不同市场环境中开展营销活动，受到不同营销观念的指导。在上述五种市场营销观念中，前三种观念统称为传统（旧）营销观念，它们是一种生产者导向观念，重生产，轻市场，以企业自身为中心，以现有产品为营销的出发点，奉行的是以产定销、产后销售的原则，通过提高产品的产销量、降低成本来实现企业短期利润的增长。后两种观念被称为现代（新）市场营销观念，它们是一种消费者导向观念，以市场需求为中心，以满足顾客需求为营销的出发点，奉行的是以销定产、产前销售的原则，通过开展整合市场营销，在满足顾客需求，实现社会利益的基础上，谋求企业长期经营利润的增长。

现代市场营销观念与传统市场营销观念的区别见表3-2。

表 3-2　现代市场营销观念与传统市场营销观念的区别

比较项	现代市场营销观念	传统市场营销观念
营销管理的理论基础	以消费者主权论为基础	以生产者主权论为基础
营销规划的战略性	战略性营销活动	对策性营销活动
营销决策的思维模式	以“以需定销、以销定产、以产定供”为思维导向组织安排企业的生产经营活动	遵循“以产定销、产后销售”的思维模式
营销工作的中心	以消费者需求为中心开展工作	以已经生产出来的产品为中心开展工作
营销实践的手段	以系统的、整体协调的市场营销活动为手段，体现为企业整体性营销活动	一般以单一的推销、广告等营销手段开展营销活动
营销活动的目的	通过最大限度满足消费者需求来实现自己赢利的目的	通过产品的生产与销售来实现赢利
营销决策的利益导向	在统筹消费者利益、社会整体利益与企业利益的前提下开展营销活动	以单一的企业利益为导向，忽略了或根本不考虑消费者与社会的利益

德技并修

树立立足长远的市场营销观念

市场营销观念反映的是每一个组织对企业利益、顾客利益和社会利益的权衡，它是看不见的手，会决定营销行为。市场营销观念的发展，是从生产观念发展到产品观念、推销观念，再到今天的市场营销观念和社会市场营销观念。探究市场营销观念在出发点、实施手段和目的等方面的历史演进，可以分析出市场营销观念的进步意义和弊端，需要我们用历史唯物主义观做出自己的价值判断。

单元小结

市场营销观念是随着市场环境的变迁而不断演变的。市场环境不同，企业感受到的竞争压力也就不同，在市场竞争压力的客观作用下，企业为生存与发展必须对所持的市场营销观念进行适应性转换。建立与环境相适应的市场营销观念，是企业正确开展市场营销活动的重要保证。

单元 4　营销发展与创新

课前思考

新浪网消息，“2018 天猫双 11 全球狂欢节”总成交额超 2 135 亿元人民币，产生物流订单量 10.42 亿单。有来自 75 个国家和地区、超过 19 000 个海外品牌参与中国电商购物节的相关活动。

你认为是什么成就了天猫的“双 11 神话”?

4.1　顾客价值理论

现代市场营销理论是以顾客为导向的，市场营销的最终目标是满足顾客的需求。企业通过满足顾客的需求获取利润。随着市场竞争的加剧，企业发现仅仅满足顾客的需求是不够的，市场营销理论更加强调对顾客的关注，企业要尽力做到让顾客满意，为顾客创造更多的价值，这是获得竞争优势的新来源。

4.1.1　顾客价值理论的内涵

所谓顾客让渡价值，是指顾客总价值与顾客总成本之差。顾客总价值就是顾客从某一特定产品或服务中获得的一系列利益，包括产品价值、服务价值、人员价值和形象价值等。顾客总成本是指顾客为了购买产品或服务而付出的一系列成本，包括货币成本、时间成本、精神成本和体力成本。顾客是价值最大化的追求者，在购买产品时，顾客总希望用最低的成本获得最大的收益，以使自己的需要得到最大限度的满足。

4.1.2 顾客购买的整体价值

使顾客获得更大让渡价值的途径是通过改进产品、服务、人员与形象，提高产品或服务的总价值。其中每一项价值因素的变化都对总价值产生影响，进而决定了企业生产经营的绩效。顾客让渡价值的途径如图 4-1 所示。

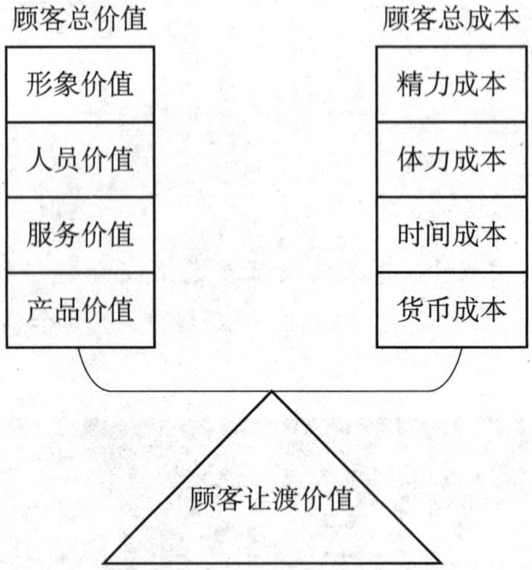

图 4-1 顾客让渡价值的途径

1. 产品价值

产品价值是由产品的功能、特性、品质、品种等所产生的价值构成，它是顾客需求的中心内容，也是顾客选购产品的首要因素，一般情况下，它是决定顾客购买总价值的关键和主要因素。但在经济发展的不同时期，顾客对产品有不同的需求，构成产品价值的要素不同，各要素对总价值的重要程度也不同；在同一经济发展时期，不同类型的顾客对产品价值也会有不同的要求。这就要求企业的营销工作者必须认真分析不同经济发展时期顾客的需求共性，以及同一经济发展时期不同消费群体的需求个性，据此进行市场细分和市场定位，确定目标市场和目标公众，进行产品的设计与开发，从而为顾客创造更大的价值。因此，在市场竞争日益激烈的条件下，企业更要注重产品功能的提高。企业应在市场需求调研的基础上，通过增加科技投入，注重产品创新工作，通过新产品开发及增加新产品的内在效用等途径来引导消费者的购买行为。

阅读材料

“佳洁士”成功打开中国牙膏市场

美国宝洁公司进入中国市场时，针对当时市场上多数牙膏只考虑牙病治疗的特点，开发了以预防牙病为主、能给牙齿穿防护衣的“佳洁士”牙膏。由于宝洁公司提高了牙膏的功能与特性，迎合了较多消费者的需求，从而在较短的时间内成功地开拓了中国市场。

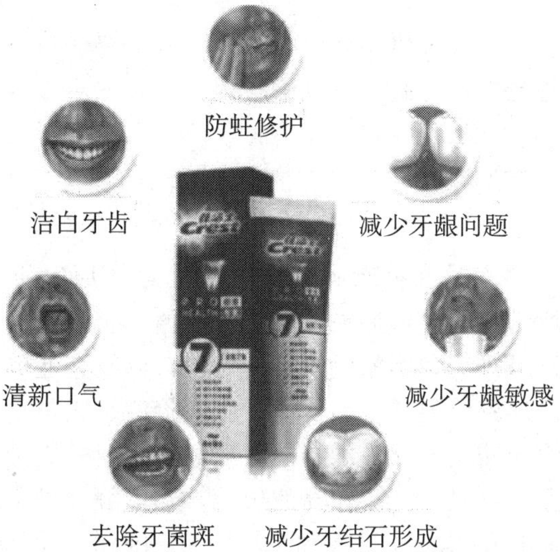

资料来源：顾客让渡价值理论．(2018-03-07)[2019-09-10]. https://baike.baidu.com/item/顾客让渡价值理论/9234984.

2. 服务价值

产品的服务价值是指伴随产品的出售，企业向顾客提供的各种附加服务，它包括产品介绍、产品保证等所产生的价值。服务价值是构成顾客总价值的重要因素之一。随着收入水平的提高和消费观念的改变，消费者在选购产品时，不仅注意产品本身价值的高低，而且更看重产品附加价值。企业向顾客提供的附加价值越大，顾客从中获取的实际利益就越多，从而购买的总价值也就越高。松下幸之助曾指出，售后服务制造永久的顾客。无论产品多么完善，价格多么合理，当它们投放市场时，都必须依赖于服务，缺乏服务的保证，所有努力都将功亏一篑。因此，在提供优质产品的同时，向消费者提供完善的服务，已成为现代企业市场竞争的新焦点。

3. 人员价值

人员价值是指企业员工的经营思想、知识水平、业务能力、工作效率与质量、经营作风及应变能力等产生的价值。企业员工的素质直接决定着企业为顾客提供的产品与服务的质量，决定着顾客购买总价值的大小。一个综合素质较高又具有顾客导向经营思想的员工，会比知识水平低、业务能力差、经营思想不端正的员工创造更高的价值，从而创造更多满意的顾客，进而创造出更大的市场。松下幸之助曾说过："创造名牌产品，首先必须创造名牌人"，这形象地说明了人员价值对提高产品价值的重要性。世界上许多成功的企业就是依靠高素质的员工，才使企业在激烈的竞争中得以生存和发展，这对服务性企业来说尤其重要。

因此，企业要提高顾客购买的总价值，还应从提高员工的综合素质和工作能力着手，不仅要培养员工的劳动技能，更要培养员工积极的劳动态度和对企业的忠诚。这虽然需要支付一定的教育费用，但通过提高人员的价值可增加顾客购买的总价值，企业可获得更大的收益。

课堂讨论

希尔顿饭店集团的创始人唐纳·希尔顿有句名言："今天你对顾客微笑了没有？"请据

此谈谈为什么要对顾客微笑。

提示：因为顾客能从企业员工的微笑中得到一种满足感、一种尊重感、一种精神的愉悦感。员工能否提供这种超常的、高于一般标准的劳动，取决于他是否具有丰富的知识和娴熟的服务技巧。

4. 形象价值

形象价值是指企业及其产品在社会大众中形成的总体形象所产生的价值。它包括产品、商标、工作场所等所构成的有形形象所产生的价值，企业员工的职业道德行为、经营行为、服务态度、工作作风等行为形象所产生的价值，以及企业的价值观念、管理哲学等理论形象所产生的价值。形象价值与产品价值、服务价值、人员价值密切相关，在很大程度上是上述三方面价值综合作用的反映和结果。形象是企业的无形资产，良好的形象会对产品产生巨大的支持作用，会赋予产品较高的价值，会给顾客带来精神上和心理上的满足感和信任感，使顾客的需要获得更高层次和更大限度的满足，正是在形象价值的激励下，创名牌才成为现代企业的时尚。

阅读材料

“真诚到永远”的青岛海尔

以“真诚到永远”作为企业信条的青岛海尔集团，销售前本着参与化的原则，通过情感交流和沟通，了解消费者潜在的需求；销售中本着方便化的原则，通过全方位的咨询引导，提供符合用户期望值的全新产品；销售后本着及时化的原则，通过国际星级服务，消除顾客一切烦恼，使完美的企业形象深植于顾客心中。海尔并未参与价格战，但其产品却十分畅销，海尔的成功靠的就是良好的企业形象，靠的就是最大限度地提高顾客的让渡价值。

资料来源：陆玉梅．海尔市场营销策略介绍．（2017-01-04）[2019-09-10]. http://www.oh100.com/ahsrst/a/201701/224437.html.

顾客是企业生存、发展的资源和财富。美国的相关调查表明，只要有一位顾客对企业不满意，就会导致326人的不满意，可见顾客满意对企业的重要意义。成功的企业必然是创造顾客满意的企业，而要使顾客满意，并不仅仅是靠降低价格就可以达到的。只有在企业的发展战略上，充分重视和理解顾客让渡价值理论，通过尽可能地提高顾客让渡价值，企业才有竞争的实力和持续发展的潜力。

4.1.3 影响顾客购买的成本因素

要实现最大程度的顾客让渡价值，仅仅创造价值是远远不够的，还应该设法降低顾客购买的总成本。顾客总成本不仅包括货币成本，而且还包括时间成本、体力成本、精力成本等非货币成本。通常情况下，顾客购买商品时首先要考虑货币成本的高低，因而货币成本是构成顾客总成本的主要和基本因素。除此之外，顾客在购买商品时所耗费的时间、体力和精力也是影响其购买决策的重要因素。因此，企业要想创造最大的让渡价值，使顾客能充分满意，就必须解决如何帮助顾客降低非货币成本的问题。

1. 货币成本

货币成本是指顾客购买和使用产品所付出的直接成本和间接成本。顾客总成本中最主要的成本就是价格，为顾客提供低价高质的产品是赢得顾客的最基本手段。企业要想赢得市场，就必须严格控制成本，对本企业产品或服务的各个环节进行成本控制，设身处地地以顾客的目光看待成本的高低和价格的可接受度。

课堂讨论

企业怎样做才能在保证产品品质的基础上尽可能降低顾客购买的货币成本?

提示：企业应通过降低生产成本和流通成本来进行成本控制。

2. 时间成本

时间成本是顾客为得到所期望的商品或服务而必须处于等待状态的时间和代价。时间成本是顾客满意和价值的减函数，在顾客价值和其他成本一定的情况下，时间成本越低，顾客购买的总成本越小，从而顾客让渡价值越大，反之顾客让渡价值越小。因此，为降低顾客购买的时间成本，企业经营者必须对提供商品或服务有强烈的责任感和事前的准备，在经营网点的广泛度和密集度等方面均需作出周密的安排，同时努力提高工作效率，在保证商品和服务质量的前提下，尽可能减少顾客为购买商品或服务所花费的时间支出，从而降低顾客购买成本，为顾客创造最大的“让渡价值”，增强企业产品的市场竞争力。

课堂讨论

顾客在购买餐馆、旅馆、银行等服务行业所提供的服务时，常常需要等候一段时间才能进入正式购买或消费阶段，在营业高峰期更是如此。这些服务企业怎样才能尽可能地减少顾客等待的时间?

提示：企业对顾客实际等待时间的优化可以通过等待线设计策略或使用一系列的激励措施以调节需求量来解决。顾客感觉中的等待时间更多的是一种心理体验。在排队不可避免的情况下，企业应该采取一些策略尽量缩短顾客感知中的等待时间，从而提高顾客的满意度，减少顾客的抱怨。比如，利用服务区域提供一些服务，如上网、看报纸杂志、听音乐、看电视等，分散等待顾客的注意力。

3. 体力成本

体力成本是指顾客在购买、消费产品或服务时必须消耗体力的多少。在相同情况下，体力成本越少，顾客的感知价值就越高。相反，体力成本越高，顾客的感知价值就越低。在紧张的生活与激烈的市场竞争中，顾客对购买产品或服务的方便性要求也在提高，因为顾客在购买过程的各个阶段均需要付出一定的体力。如果企业能够通过多种渠道减少顾客为购买产品或服务而花费的体力，便可降低顾客购买的体力成本，进而提升顾客的感知价值。

4. 精力成本

精力成本是指顾客购买商品时，在精力、精神方面的耗费与支出。在顾客总价值与其他成本一定的情况下，精力成本越小，顾客为购买商品所支出的总成本越低，从而顾客让渡价值越大。因此，企业如何采取有力的营销措施，从企业经营的各个方面和各个环节为顾客提供便利，使顾客以最小的成本耗费取得最大的实际价值是每个企业需要深入探究的问题。

课堂讨论

最新的顾客满意战略开辟了企业经营战略的新视野、新观念和新方法，其中顾客是一种广义的概念，它不仅包括企业产品的服务销售对象，还涵盖企业整个经营活动中不可缺少的合作伙伴。顾客满意战略中的顾客与企业的合作性体现在顾客对企业产品的高度满意上。请分析顾客满意战略应该包含哪些内容？

提示：

（1）站在顾客的立场上研究和设计产品。

（2）不断完善服务系统，包括提高服务速度、质量等方面。

（3）十分重视顾客的意见。

（4）千方百计留住老顾客，他们是最好的“推销员”。

（5）建立以顾客为中心的企业组织。

（6）分级授权。

4.2 体验营销理论

体验营销是新经济时代出现的新型营销模式，是指企业通过采用让目标顾客观摩、聆听、尝试、试用等方式，使其亲身体验企业提供的产品或服务，让顾客实际感知产品或服务的品质或性能，从而促使顾客认知、喜欢并购买的一种营销方式。这种方式以满足消费者的体验需求为目标，以服务产品为平台，以有形产品为载体，生产、经营高质量产品，拉近企业和消费者之间的距离，已为越来越多的企业所采用。

4.2.1 体验营销的概念

体验营销是指通过看（See）、听（Hear）、用（Use）、参与（Participate）的手段，充分刺激和调动消费者的感官（Sense）、情感（Feel）、思考（Think）、行动（Act）、联想（Relate）等感性因素和理性因素，重新定义、设计的一种营销方法。

阅读材料

迪士尼乐园的梦想体验

游客在进入美国加利福尼亚州迪士尼乐园时都会看到这样一句话：从这里开始，你将进入幻想和魔法的世界。如何才能在尘世中创造一处令人信以为真的魔法世界呢？迪士尼的回答是将游客/观众的体验放在最重要的位置。迪士尼游乐设施往往要同时调动游客听觉、视觉乃至嗅觉、触觉等多项感官，以求身临其境的体验。迪士尼追求更优质的体验并不仅仅局限于乐园，也体现在不同业务的细节中。迪士尼度假酒店的前台附近一般都设有适合儿童身高的电视及桌椅，整日不间断地播放卡通片，以期减少家长与儿童因在高峰期长时间排队而产生的烦躁感。迪士尼婴儿用品则广泛采用软化产品标签，避免伤及婴儿。这些做法看似微不足道，却能给消费者的体验带来明显的改善。

4.2.2　体验营销的特征

体验营销作为新兴的营销方式，主要有以下特点。

1. 需要顾客的主动参与

在体验营销中，顾客是体验活动的“主人”，体验活动必须要有顾客的主动参与，使企业和顾客之间产生互动。因此，顾客参与程度的高低直接影响体验的效果。

阅读材料

瑞典宜家的体验家居

宜家出售的一些沙发、餐椅的展示处会特意提示顾客：“请坐上去！感觉一下它是多么的舒服！”此外，宜家的店员不会像其他家具店的店员一样，顾客一进门就对着顾客喋喋不休，顾客走到哪里就跟到哪里，而是非常安静地站在一边，除非顾客主动要求店员帮助，否则店员不会轻易打扰，以便让顾客安静地浏览，在一种轻松、自由的气氛中作出购物的决定。

资料来源：杨丽佳．市场营销案例与实训．北京：高等教育出版社，2011.

2. 以顾客体验需求为中心

在体验营销的过程中，企业站在顾客的角度，从顾客的感觉、情感、思想、行动及关联五个方面进行产品和服务的设计，给顾客提供有不同体验的产品和服务，使顾客在物质上和精神上得到双重满足。

课堂讨论

顾客在星巴克咖啡店里品尝咖啡的时候，可以随意谈笑，甚至挪动桌椅随意组合。星巴克这样的体验营销风格能带给顾客什么样的启示？

提示：星巴克认为其产品不但是咖啡，而且是咖啡店的体验。星巴克更擅长咖啡之外的体验，如气氛管理、个性化的店内设计、暖色灯光、柔和音乐等。

3. 引导顾客感性消费

长期以来，传统营销把消费者看成理性购买决策者。事实上，很多人的购买行为是感性的，会存在幻想，有对感情、欢乐等心理方面的追求，并非非常理性地分析、评价后决定购买。在特定的环境下，顾客也会有冲动。正如美国哥伦比亚大学商学院教授伯恩德·H. 施密特所指出的那样：“体验式营销人员应该明白，顾客同时受感性和理性的支配。也就是说，顾客因理智和因为一时冲动而作出购买的概率是一样的。”这也是体验营销的基本出发点。因此，企业要考虑消费者的情感需要，应当“晓之以理，动之以情”。

4.2.3 实施体验营销应遵循的原则

1. 适用适度

体验营销要求产品和服务具备一定的体验特性，顾客为获得购买和消费过程中的“体验感觉”，往往不惜花费较大的代价。适用原则主要指体验营销模式的适用范围和行业选择，如旅游、餐饮、汽车、化妆品等适合采用体验营销。适度原则主要涉及社会伦理规范、社会道德标准、社会文化要求等方面。

2. 合理合法

体验营销能否被消费者接受，与地域差异关系密切。各个国家和地区由于风俗习惯和文化的不同，价值观念和价值评判标准也不同，评价的结果存在差异。因此，体验营销活动的安排必然要适应当地市场的风土人情，既要富有新意，又要符合常理。此外，体验营销还要在国家政策和法律法规允许的范围内进行，如消费者权益保护法、商标法、广告法、公司法、产品质量法、合同法等。

4.2.4 体验营销的主要策略

1. 感官式营销

感官式营销是指通过视觉、听觉、触觉与嗅觉，建立消费者感官上的体验。它的主要目的是创造知觉的体验。感官式营销可以识别公司和产品的差异，引发消费者购买动机和增加产品的附加值等。

2. 情感式营销

情感式营销是指在营销过程中，要触动消费者的内心情感，创造情感体验，这种情感体验可以是一种温和的心情，也可以是强烈的激动情绪。情感式营销需要真正了解什么刺激可以引起某种情绪，能使消费者自然地受到感染，并融入这种情景中来。

3. 思考式营销

思考式营销是指启发人们的智力，创造性地让消费者获得认识和解决问题的体验。它运用惊奇、计谋和诱惑，引发消费者产生统一或各异的想法。在高科技产品宣传中，思考式营销被广泛采用。

阅读材料

创意天才代言人

苹果电脑的IMAC计算机上市六个星期创造了销售27.8万台的业绩，被《商业周刊》评为年度最佳产品。其成功很大程度上得益于一个思考式营销方案。该方案将“与众不同的思考”的标语，配上许多不同领域的“创意天才”，包括爱因斯坦、甘地和拳王阿里等人的黑白照片，在各种大型广告路牌、墙体广告和公交车身上展示。当这个广告刺激消费者去思考苹果电脑的与众不同时，也促使他们思考自己的与众不同，并产生通过使用苹果电脑而使他们成为创意天才的感觉。

资料来源：苹果公司思考体验式营销策划．(2018-05-20)[2019-08-06]．http：//www.zhifu169.cn/yxsls/074pggssktysy_1.html.

4. 行动式营销

行动式营销是指通过偶像，如影视歌星或运动明星等来刺激消费者，使其生活形态发生改变，从而实现产品的销售。耐克可谓这方面的典范。耐克公司成功的主要原因之一是有出色的“Just do it”的广告，从而升华身体运动的体验。

5. 关联式营销

关联式营销包含感官、情感、思考和行动以及营销的综合。关联式营销战略特别适用于化妆品、日常生活用品、私人交通工具等领域。

阅读材料

体验营销实施模式

(1) 节日模式。针对“假日消费”，企业如能把握好商机，便可大大增加产品的销售量。

(2) 感情模式。通过寻找消费活动中导致消费者情感变化的因素，掌握消费态度形成的规律以及有效的营销心理方法，以激发消费者积极的情感，促使营销活动顺利进行。

(3) 文化模式。利用一种传统文化或一种现代文化，使企业的商品及服务与消费者的消费心理形成一种社会文化氛围，从而有效地影响消费者的消费观念，进而促使消费者自觉地接近与文化相关的商品或服务，促使消费行为的发生，甚至形成一种消费习惯和传统。

(4) 美化模式。商品能为消费者创造出美和美感以及商品本身存在客观的美的价值，这类商品能给消费者带来美的享受和愉悦，使消费者体验到了美，满足了消费者对美的追求。

(5) 服务模式。对企业来说，卓越的服务模式可以征服广大消费者的心，赢得消费者的信任，同样也可以使产品的销售量大增。

(6) 环境模式。良好的购物环境，不但迎合了现代人文化消费的需求，也提高了商品与服务的外在质量和主观质量，还使商品与服务的形象更加完美。

(7) 个性模式。在掌握消费者忠诚度之余，满足了消费大众参与的成就感，同时也增进了产品的销售。

(8) 多元化。现代销售场所集购物、娱乐、休闲为一体，使消费者在购物过程中也可娱乐、休息，使消费者进行心理调节的同时还创造了更多的销售机会。

资料来源：体验式营销．(2016-02-11)．https：//baike.baidu.com/item/体验式营销/8609395.

4.3 精准营销理论

4.3.1 精准营销的概念

精准营销是当下非常时髦的一个营销术语，是指充分利用各种新式媒体，将营销信息推送到比较准确的受众群体中，从而既节省营销成本，又能起到最大化的营销效果。这里的新式媒体，一般意义上指的是除报纸、杂志、广播、电视之外的媒体。精准营销，就是在精准定位的基础上，依托现代信息技术手段建立个性化的顾客沟通服务体系，实现企业可度量的低成本扩张之路，是有态度的网络营销理念中的核心观点之一。精准营销是当今时代企业营销的关键，如何做到精准是一个系统化的流程。

阅读材料

一汽丰田大数据精准投放营销案例

一汽丰田大数据精准投放项目目前已经与市场上 6 家主流门户（搜狐、新浪、腾讯、网易、凤凰、今日头条）、5 家主流视频（优酷土豆、爱奇艺、腾讯视频、搜狐视频、乐视）和 4 家汽车垂直媒体（汽车之家、易车、爱卡、太平洋汽车）完成了技术及数据的无缝对接，从而为一汽丰田构建了阵容强大的数据池，可以实现一汽丰田 DMP 到第三方技术公司、再到媒体的数据互通，形成了三者之间的 cookie 数据、人群标签两两交换的数据优化闭环。三方间的数据不断互换校正，使得一汽丰田在广告投放中可以越来越准确地找到目标受众，同时可以根据不同用户所属的人群组，采取相应的投放机制，进行“千人千面”投放，对于唯一车型关注用户、多车型关注用户、未标识用户进行不同机制、不同素材的轮播推送，同时配合跨媒体频次控制等一系列优化手段，使得广告投放更有效率，最终有效助力销售转化。

资料来源：黄远萍．一汽丰田大数据精准投放营销案例．（2016－08－12）［2019－09－11］．http：//auto. sohu. com/20160812/n463882224. shtml.

4.3.2 精准营销的三大要素

精准营销的三大要素如图 4－2 所示。

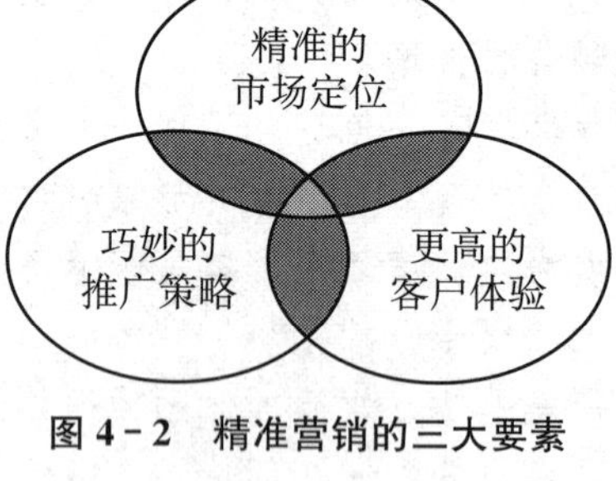

图 4－2 精准营销的三大要素

1. 精准的市场定位

市场营销中有一个著名的“20/80法则”，它充分说明了不同的顾客会给企业带来不同的价值。因此，当企业准备将产品推向市场时，必须先找到准确的市场定位，然后集中公司的优势资源，才有可能获得市场战略和营销活动的成功。同时，著名的长尾理论也提出，只要存储和流通的渠道足够多，那些之前被认为冷门或不易销售的产品共同占据的市场份额就可以和那些数量不多的热卖品所占据的市场份额相匹敌甚至更大。尽管上述两个理论存在一些争论点，但它们却一致向我们表明，产品要想受到顾客的青睐，必须能够在恰当的时间，提供恰当的产品，用恰当的方式，送到恰当的顾客手中。而这“恰当”到一定程度即可称为“精准”。

阅读材料

美国大选背后的大数据和精准营销

美国东部时间2016年11月9日，特朗普成为美国历史上首位毫无从政经验的地产商出身的总统。在这场盛大的政治活动中，频繁出现了许多名词：大数据、社交网络、软件机器人、黑客，甚至是维基解密。两党候选人都组织起了庞大的技术班底，将大量资金花在获取和使用投票者的信息上，并且借助社交网络的力量，将自己获胜的希望最大化。在长达半年的总统竞选活动中，会有许多组织通过不同方式进行大量调查，将结果汇总成民意调查数据。在更大的数据规模上，总统候选人们也采用了同样的策略，所依赖的数据来源也不仅仅是民意调查的结果，还涵盖了诸多社交网站和公开及私有的数据库。及时收集这些数据，并且帮助竞选团队制定策略以获得更多选民的技术，成了两党候选人的重要武器。

资料来源：美国大选背后的大数据和精准营销.（2016-11-09）[2019-09-11]. https://www.sohu.com/a/118547492_506713.

2. 巧妙的推广策略

长期以来，企业的市场推广无非就是广告、促销、渠道等营销手段。当企业花费大量的金钱与精力，致力于这种声势浩大的市场推广时，许多营销经理却又有着这样的迷茫与困惑——明知道促销费用浪费了很多，但不知道浪费在哪里。精准营销正是借助数据库的筛选，寻找到目标客户，实施有效的推广策略，实现精准销售，从而大大减少营销费用的浪费。

3. 更高的客户体验

在以市场导向、消费者为中心的营销新时代，企业要想获得收益，就必须关注客户价值。客户价值的实现才可能带给企业丰厚的利润和回报。当然，只有当客户的需求转化为企业价值时，企业才是真正满足了客户需求，而这必须通过客户体验来表明。由此可见，以消费为导向、关注消费个体体验就是精准营销中要实现更高的客户体验的真谛。

课堂讨论

查询资料，并思考当作为“第五媒体”的手机用户基数远远高于互联网，企业应该如何借助手机进行精准营销呢？

提示： 工信部公布的数据显示，2018 年上半年三家基础电信企业的移动电话用户总数达 15.1 亿户。其中移动宽带用户占移动电话用户的 83.2%。手机广告具有很强的分众性和互动性，其最大特点就是能够以用户数据库为基础开展精确定向营销，准确地筛选出目标用户，并施以有针对性的行销策略。应充分利用与之配套的“受众属性挖掘平台”对用户的操作习惯进行分析、挖掘和积累。

4.3.3 精准营销的操作方法

1. 精准的市场定位体系

市场的区分和定位是现代营销活动中关键的一环。只有对市场进行准确区分，才能保证有效的市场、产品和品牌定位。通过对消费者消费行为的精准衡量和分析，并建立相应的数据体系，通过数据分析进行客户优选，并通过市场测试验证来区分所做定位是否准确有效。对一个大规模上市的产品投入很少的测试费用，就可以知道上千万投入的效果，这就是精准定位的魅力。

阅读材料

大数据对营销方式的影响

谁是准确的目标受众？如何在合适的时间、合适的地点、以合适的方式传达给消费者正确的信息？随着数据收集、存储、管理、分析、挖掘与应用的技术体系的发展，这些问题的答案已经可以显现于眼前。数据挖掘与分析将隐藏于数据汪洋中的瑰宝打捞出来；各渠道数据融合提高了精准营销的准确度；可视化技术把复杂的数据打磨为直观的图形，使之成为浅显易懂、人皆可用的工具和手段；完备的数据服务器集群提供强大而稳定的数据计算能力，实时洞察消费者行为，及时响应；移动终端的普及，让数据分析随地可行……大数据营销使得营销行动目标明确、可追踪、可衡量、可优化，从而造就了以数据为核心的营销闭环，营销行动进入良性循环。

资料来源：大数据背景下的营销方式．(2017-10-17) [2019-09-11]. http: //www.sohu.com/a/198278613_99968711.

2. 与顾客建立个性传播沟通体系

精准营销采用的不是大众传播，它要求的是精准。这种传播有以下几种形式：DM、EDM、直返式广告、电话、短信、网络推广等。DM 就是邮件，EDM 就是网络邮件。直返式广告是对传统大众广告的改良，主要是宣传一个活动，让感兴趣的人参与，设计核心是活动诱因设计，原则是让精准定位的目标人群对广告感兴趣，设计这部分人群感兴趣的活动、感兴趣的东西，达到让他们参与的目的，实现下一步一对一的沟通。活动诱因是指让特定的客户感兴趣的东西，它更多涉及消费心理研究、购买行为研究。

课堂讨论

国内领先的生活服务平台 58 同城曾推出一项增值服务——商家可以借助 58 同城上亿的用户流量，在不同的分类信息板块中优先显示自己的信息，从而达到产品服务与目标客户无缝对接的效果。请问，58 同城“精准推广”是大海捞针还是有的放矢？

提示：精准推广服务的出现改变了网络营销因信息量巨大导致的传播分散的弊病。与其他网络媒体相比，58 同城的受众媒体聚焦更精准、受众的倾向性更强。

3. 适合一对一分销的集成销售组织

精准营销的销售组织包括两个核心组成部分：一个是全面可靠的物流配送及结算系统；另一个是顾客个性沟通主渠道呼叫中心。便捷快速的物流配送系统和可靠的结算系统是制约精准营销的主要因素。呼叫中心是通过网络技术和电话建立起来的实现和顾客一对一沟通的平台，它的主要职能是处理客户订单、解答客户问题、通过实施客户关怀来维系客户关系。精准营销摆脱了传统营销体系对渠道及营销层级框架组织的过分依赖，实现一对一的分销。

4. 提供个性化的产品

与精准的定位和沟通相适应，只有针对不同的消费者、不同的消费需求，设计、制造、提供个性化的产品和服务，才能精准地满足市场需求。个性化的产品和服务在某种程度上就是定制。如宝马汽车已经实现了按照客户订单来完成整车配置并及时送达的精准生产模式。

5. 顾客增值服务体系

精准营销的最后一环是售后客户保留和增值服务。对于任何一家企业来说，完美的质量和服务只有在售后阶段才能实现。同时，营销界一般认为，忠诚顾客带来的利润远远高于新顾客。只有通过精准的顾客服务体系，才能留住老顾客，吸引新顾客，达到顾客的链式反应。

阅读材料

相宜本草红景天——高原级防晒，让城市无惧阳光

相宜本草作为定位偏中高端的女性护肤品牌，在 PC 端已经拥有了众多的用户。为了进一步拓展移动端的用户市场，快速实现对移动市场的拉动，企业以公益科普的视角着力宣传，取得了良好效果。首先，引导用户使用手机贴脸测试“高原指数”并综合所在城市指数及测试结果给出防晒建议。其次，通过移动广告网络的女性类、生活类、影音娱乐类、阅读类等媒体资源，实现对年轻女性群体的广泛覆盖，达到精准传播。再次，后台融合多项数据接口（整合天气指数、紫外线指数、污染指数、海拔高度等多项指标）进行综合运算，给出防晒建议，促使消费者对产品产生兴趣并购买。最后，通过移动广告网络的女性类、生活类、影音娱乐类、阅读类等媒体资源，实现对年轻女性群体的广泛覆盖，从而达到精准传播的目标。

资料来源：相宜本草防晒，测一测你的城市高原指数．(2018-07-09) [2019-09-11]. http://www.hixianchang.com/201807/23718.html.

4.4　关系营销理论

1985 年，美国著名学者、营销专家巴巴拉·本德·杰克逊提出了关系营销的概念，使人们对市场营销理论的研究又迈上了一个新的台阶。

4.4.1 关系营销的概念

所谓关系营销，是指把营销活动看成一个企业与消费者、供应商、分销商、竞争者、政府机构及其他公众发生互动作用的过程，其核心是建立和发展与这些公众的良好关系，这是企业营销的核心。营销就好比育儿，建立顾客满意度、顾客忠诚度和获取收益不是立竿见影的事情。作为商业服务企业，只有建立和维护与顾客之间亲密和持久的关系才能获取收益，即关系营销取代了更为传统的交易定位的营销观点，用大力强调“通过完善和维持关系创造消费者价值”的观点取而代之。

4.4.2 关系营销的本质特征

关系营销的本质特征可以概括为以下几个方面。

1. 双向沟通

在关系营销中，沟通应该是双向而非单向的。这种双向沟通可以从企业开始，也可以从顾客开始。只有通过广泛的信息交流和信息共享，才可能使企业赢得各个利益相关者的支持与合作。

阅读材料

乔·吉拉德的“250定律”

乔·吉拉德把成交看作推销的开始。他在与客户成交之后，并不是把他们弃于脑后，而是继续关心他们，并恰当地表示出来。他每月要给自己的1万多名客户寄去一张贺卡。一月份祝贺新年，二月份纪念华盛顿诞辰日，三月份祝贺圣帕特里克日……凡是在他那里买了汽车的人，都会收到他的贺卡。正因为他没有忘记自己的客户，客户才不会忘记乔·吉拉德。乔·吉拉德在销售过程中总结出了著名的“250定律”。他认为在每位客户的背后，都大约站着250个人，这是与他关系比较亲近的人：同事、邻居、亲戚、朋友。如果一位推销员在年初的一个星期里见到50个人，其中只要有两个客户对他的态度感到不愉快，到了年底，由于连锁效应，就可能有500个人不愿意和这位推销员打交道。因此，在销售过程中不能得罪任何一个客户，得罪一个客户就等于得罪了250个客户。反过来讲，如果你赢得了一个客户的口碑，就等于赢得了250个客户。

资料来源：乔·吉拉德．这样迈向巅峰［M］．北京：中国人民大学出版社，2016.

2. 合作

一般来说，关系有两种基本状态：对立和合作。只有通过合作才能实现协同，因此合作是“双赢”的基础。

阅读材料

唯品会网

唯品会是国内知名的品牌折扣B2C网站，率先在中国开创了“名牌折扣＋限时抢购＋正品保险”的商业模式，主要是进行时尚名牌商品的销售。唯品会以“闪购＋折扣”，即以每日精选的形式进行折价商品发布，并限制购买时间，重点把握各个关键顾客接触点（如网站页面及功能、呼叫中心、商品质量与价格、物流速度及服务等），不计成本、最大限度地满足顾客需求，强调购物体验，提升顾客满意度及忠诚度。同时与会员、合作伙伴精诚合作，将唯品会打造成为中国B2C电子商务平台的名牌折扣网上第一店。

资料来源：果子狸．电商CRM的成功案例——唯品会客户管理分析．(2015-01-06)[2019-09-11]. http://www.wangjubao.com/wenzhang/245639956905.

3. 双赢

关系营销旨在通过合作增加关系各方的利益，而不是通过损害其中一方或多方的利益来增加其他各方的利益。

课堂讨论

一谈到“关系”，很多人就觉得这是中国人的“陋习”。请对这种狭隘的认识进行评价。

提示：中国传统文化中的很多糟粕是当代人要坚决摒弃的，例如宣扬“脸厚心黑”的权谋术就是有害的，但是中国人“肝胆相照、荣辱与共”“先交朋友后做生意”“一个篱笆三个桩”“得道多助，失道寡助”的人际关系理念，却是传统文化的精华，是需要继承和发扬的。这也是西方学者提出的“关系营销理论”的核心思想之一。

4. 亲密

关系能否得到稳定和发展，情感因素也起着重要作用。因此关系营销不只是要实现物质利益的互惠，还必须让参与各方能从关系中获得情感需求的满足。

5. 控制

关系营销要求建立专门的部门，用以跟踪顾客、分销商、供应商及营销系统中其他参与者的态度，由此了解关系的动态变化，及时采取措施消除关系中的不稳定因素和不利于关系各方利益共同增长的因素。此外，通过有效的信息反馈，也有利于企业及时改进产品和服务，更好地满足市场的需求。

4.4.3　关系营销的原则

关系营销的实质是在市场营销中与各关系方建立长期稳定的、相互依存的营销关系，以使彼此协调发展，因而必须遵循以下原则。

1. 主动沟通原则

在关系营销中，各关系方都应主动与其他关系方接触和联系，相互沟通信息，了解情况，形成制度或以合同形式定期或不定期碰头，相互交流各关系方需求变化情况，主动为关系方服务或为关系方解决困难和问题，增强伙伴合作关系。

2. 承诺信任原则

在关系营销中，各关系方相互之间都应作出一系列书面或口头承诺，并以自己的行为履行诺言，才能赢得关系方的信任。承诺是自信的一种表现，履行承诺就是将诺言变成行动，是维护和尊重关系方利益的体现，也是获得关系方信任的关键，是企业与关系方保持融洽伙伴关系的基础。

3. 互惠原则

在与关系方交往过程中，必须做到相互满足关系方的经济利益，并通过在公平、公正、公开的条件下进行成熟、高质量的产品或价值交换，使关系方都能得到实惠。

阅读材料

航空公司的“常旅客计划”

常旅客计划（Frequent Flyer Program）是指航空公司、酒店等行业向经常使用其产品的客户推出的以里程累积或积分累积奖励为主的服务促销手段。假如你是航空公司的“常旅客”，只要飞行里程数达到一定标准，便可得到免费机票、免费升舱位等级、免费住宿宾馆等待遇。旅客申请“常旅客计划”十分简单，只要买机票乘坐航空公司的班机，再填写一张申请表格，便可成为该公司的常旅客。从此，只要你乘坐该公司的班机，便可获得相应的奖励里程，计入你的账户中累积。当达到一定累积数时，便可享受到各种免费服务。这项服务已成为各航空公司吸引公（商）务旅客、提高公司竞争力的一种营销手段。

资料来源：徐炳强．从顾客忠诚度谈航空公司常旅客计划．（2012－09－17）［2019－09－11］．http://news.carnoc.com/list/233/233427.html.

4.4.4 关系营销的形态

关系营销是在人与人之间的交往过程中实现的，而人与人之间的关系非常复杂，归纳起来大体有以下几种形态。

1. 亲缘关系营销形态

亲缘关系营销形态是指依靠家庭血缘关系维系的市场营销，如以父子、兄弟姐妹等亲缘为基础进行的营销活动。这种关系营销的各关系方盘根错节，根基深厚，关系稳定，时间长久，利益关系容易协调，但应用范围有一定的局限性。

2. 地缘关系营销形态

地缘关系营销形态是指以公司（企业）营销人员所处地域空间为界维系的营销活动，如利用同省同县的老乡关系或同一地区企业关系进行的营销活动。这种关系营销在经济不发达，交通邮电落后，物流、商流、信息流不畅的地区作用较大。在我国社会主义初级阶段的市场经济发展中，这种关系营销形态仍不可忽视。

3. 业缘关系营销形态

业缘关系营销形态是指以同一职业或同一行业之间的关系为基础进行的营销活动，如同事、同行、同学之间的关系，由于接受相同的文化熏陶，彼此具有相同的志趣，在感情上容易紧密结合为一个“整体”，可以在较长时间内相互帮助、相互协作。

4. 文化习俗关系营销形态

文化习俗关系营销形态是指以公司（企业）及其人员之间具有的共同的文化、信仰、风俗习惯为基础进行的营销活动。由于公司（企业）之间和人员之间有共同的理念、信仰和习惯，在营销活动的相互接触交往中易于心领神会，对产品或服务的品牌、包装、性能等有相似需求，容易建立长期的伙伴营销关系。

5. 偶发性关系营销形态

偶发性关系营销形态是指在特定的时间和空间条件下发生突然的机遇形成的一种关系营销，如营销人员在车上与同行旅客闲谈中可能使某产品成交。这种营销具有突发性、短暂性、不确定性等特点，往往与前几种形态相联系，但这种偶发性机遇又会成为企业扩大市场占有率、开发新产品的契机，如能抓住机遇，可能成为一个公司（企业）兴衰成败的关键。

阅读材料

明明是小米召开的发布会，怡宝却成了主角

2016 年，怡宝积极开展跨界营销，推出阶段性推广主题“为纯粹的热爱喝彩”。小米营销选择借助“小米 Note2 及 MIX 手机新品发布会”，配合企业级大事件做线上借势传播。在发布会开始的前一天，怡宝官微介绍 # 小米新品价格猜猜猜 # 玩法 & 奖品。在小米 Note2 发布会上，4 000 瓶特制怡宝出现在了位于北京大学里的发布会场馆。4 000 个特制水瓶标签，加上供书写的笔，入场可领，直接可玩。线上，小米社区对活动全程进行了露出与直播——小米社区官方微博发布现场照片、小米社区发布会直播贴露出、小米直播全程露出。

资料来源：解读小米 4M 智能营销体系．（2017 - 04 - 14）［2019 - 09 - 11］．http：//www.chinaz.com/manage/2017/0414/687884.shtml.

4.4.5　关系营销的具体要求

1. 关系营销的组织设计

为了对内协调部门之间、员工之间的关系，对外向公众发布消息、处理意见等，通过有效的关系营销活动，使得企业目标能够顺利实现，企业必须根据正规性原则、适应性原则、针对性原则、整体性原则、协调性原则和效益性原则建立企业关系管理机构。该机构除协调内外部关系外，还担负着收集信息资料、参与企业决策的责任。

2. 关系营销的资源配置

人力资源配置主要是通过部门间的人员转化、内部提升和跨业务单元的论坛和会议等进行。关系营销的信息资源共享方式主要是利用电脑网络、制定政策或提供帮助削减信息超载、建立“知识库”或“回复网络”以及组建“虚拟小组”。

3. 关系营销的效率提升

关系各方环境的差异会影响关系的建立以及双方的交流。跨文化的人们在交流时，必须克服文化所带来的障碍。对于具有不同企业文化的企业来说，文化的整合对于双方能否真正协调运作具有重要的影响。关系营销是在传统营销的基础上，融合多个社会科学的思想而发展起来的，它吸收了系统论、协同学、传播学等思想。关系营销理论认为，对于一个现代企业来说，除了要处理好企业内部关系外，可能还要与其他企业结成联盟，企业营销过程的核心是建立并发展与消费者、供应商、分销商、竞争者、政府机构及其他公众的良好关系。无论在哪一个市场上，关系都有很重要的作用，甚至成为企业市场营销活动成败的关键。所以，关系营销日益受到企业的关注和重视。

4.5 整合营销理论

4.5.1 整合营销的内涵

整合营销是指以消费者为核心重组企业行为和市场行为，综合协调地使用各种形式的传播方式，以统一的目标和统一的传播形象，传递一致的产品信息，实现与消费者的双向沟通，迅速树立产品品牌在消费者心目中的地位，建立产品品牌与消费者长期密切的关系，更有效地达到广告传播和产品行销的目的。

4.5.2 整合营销的特点

在整合营销传播中，消费者处于核心地位。对消费者深刻全面的了解，是以建立资料库为基础的。整合营销传播的核心工作是培养真正的“消费者价值”观，与那些最有价值的消费者保持长期的紧密联系，以本质上一致的信息为支撑点进行传播。企业不管利用什么媒体，其产品或服务的信息一定得清楚一致。以各种传播媒介的整合运用为手段进行传播，紧跟移动互联网发展的趋势，尤其是互联网向移动互联网延伸、手机终端智能化以后，新技术对原有PC互联带来了前所未有的颠覆和冲击。在这个过程中，企业应当紧盯市场需求，整合现有的资源，包括横向和纵向的资源，成为一个移动营销价值的整合者和传播者。

4.5.3 整合营销的工具

整合营销的工具包括广告、促销、直销、宣传与公关、赞助、展会、包装、商品交易、口头传播、电子营销、CI、体验营销等。

阅读材料

宝洁多品牌整合营销

宝洁的成功离不开它卓越的多品牌战略，它拥有65个领先品牌，其中的25个品牌的销售额甚至达到数十亿美元。具体来说，宝洁公司没有以P&G这个名称来命名和推广自己的产品，而是以每类产品的不同品牌为核心来运作。这样一种“一品多牌”策略的第一个特点就是种类多，宝洁的经营范围囊括了个人护理、家庭清洁以及食品等多个领域；第二个特点是一类产品多个牌子，例如洗发液在中国销售的就有包括“飘柔”“海飞丝”“潘婷”“沙宣”“伊卡璐”这五个品牌。宝洁以不同的功能特点来建立品牌之间的差异化，使其能与特定的竞争者品牌竞争并满足不同的消费者需求。

资料来源：谭宇轩，汤春玲．宝洁公司的多品牌营销战略探析［J］．中国市场，2017（32）：132-134．

4.5.4　整合营销的内容

整合营销是一种在满足顾客需求的同时，最大限度地实现企业目标的双赢营销模式。一方面，企业从“4Cs”理论出发，按照消费者的需求和欲望开发和提供合适的产品，在顾客愿意付出的成本内确定产品价格，以为顾客提供购物便利为依据进行分销，并持续一致地与顾客保持双向沟通；另一方面，企业还是一个营利组织，有生存、发展及利润等目标。企业要想在满足顾客需求的同时实现企业目标，就必须借助于整合营销，把企业战略、营销战略和沟通战略联结和协调起来，把顾客利益、顾客需求转化为企业利益和企业目标，实现顾客和企业的双赢。

1. 营销战略整合

整合营销观念认为，企业的所有部门而不仅仅是营销部门，都要为“满足顾客需要”而工作，同时，企业的所有部门不仅仅要考虑顾客利益，还要考虑企业利益。通过整合营销，可以实现二者的统一，形成企业持久的竞争优势。整合营销观念把企业的营销由策略提升到战略的层次，从而提出了业务整合和系统规划的必要性。营销战略整合理论把营销的视角分为三个层次：企业层次、营销层次、营销沟通层次，相应的有企业组合战略、营销组合战略、沟通组合战略，如图 4-3 所示。

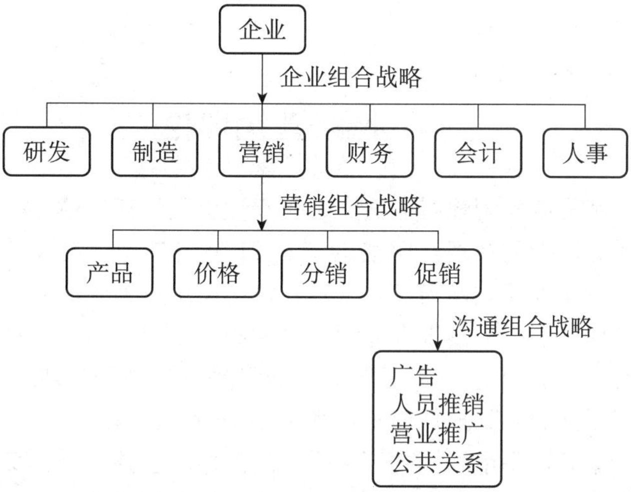

图 4-3　营销战略整合的三个层次

2. 营销工具整合

营销战略整合必须通过具体的营销方案来实施，其内容就是实现营销资源在各种营销工具之间的分配，达到效益最大化。营销工具主要包括产品、价格、分销和促销（沟通）。营销工具整合的内容包括营销组合要素之间的整合以及营销组合中每一要素的内部整合。

3. 营销沟通整合

营销沟通面临的主要问题是如何以最低的成本取得一定的沟通效果；如何以一定的成本取得最大的沟通效果。为此，必须对各种沟通工具进行研究，通过各种沟通工具的协调运用达到协同效果。

课堂讨论

“咪咕”一反互联网企业追求“高端大气国际化”“低调奢华黑科技”的线上策略，转身去农村刷墙体广告。它用一大波反常理的刷墙广告占领了农村墙面，进而反攻互联网，从“刷墙”演变为“刷屏”，以极小的成本实现了品牌的引爆。请对此做法进行评价。

提示：

(1) 用户即王道。当互联网用户的“人口红利”挖掘殆尽时，“咪咕”开始把目光转向占据中国人口 44%、数量超过 6 亿的农村人口。

(2) 内容是核心。只有用户叫好，才能掌声不断。“咪咕”索性将“乡村”这个点充分挖掘，在“村”到极致的同时，实现雅俗共赏。

(3) 选择制造爆点。“旧瓶装新酒”，用看似老套的营销方式做出新意，打造充满黑科技与前沿感的“互联网”与最接地气的“乡村风”的最萌反差，从而瞬间引发“吃瓜群众”的关注。

(4) 跨媒体传播，放大营销影响力。

整合以上要素，并将每一项都做到该领域的前 25%，就诞生了这样一则让人拍手叫好的案例。

4.6 网络营销理论

目前，互联网已经发展成为辐射面更广、交互性更强的新媒体，互联网市场也已经成为一个急速扩展、潜力巨大的市场。网络营销是 21 世纪最有代表性的一种低成本、高效率的全新商业形式，它是以互联网为核心平台，以网络用户为中心，以市场需求和认知为导向，利用各种网络应用手段去实现企业营销目的的一系列行为。虽然网络营销以互联网为核心平台，但也可以整合其他的资源形成整合营销，比如销售渠道促销、传统媒体广告、地面活动等。互联网拥有其他任何媒体都不具备的综合营销能力，网络营销可进行从品牌推广，到销售、服务，到市场调查等一系列的工作，包括电子商务、企业展示、企业公关、品牌推广、产品推广、产品促销、活动推广、挖掘细分市场、项目招商等方面。

4.6.1 网络营销的概念

网络营销（On-line Marketing 或 E-Marketing）也称线上营销或者电子营销，指的是一种利用互联网的营销形式，建立在互联网的基础上，以线上营销为导向，以网络为工具，由营销人员利用专业的网络营销工具，面向广大网民开展一系列营销活动的新型营销方式。

4.6.2 网络营销的主要特点

1. 时域性

营销的最终目的是占有市场份额，由于互联网能够超越时间约束和空间限制进行信息交换，使得营销脱离时空限制进行交易成为可能，企业有了更多的时间和更大的空间进行营销，可每周 7 天、每天 24 小时地提供全球性营销服务。

2. 富媒体

互联网可以传输多种媒体的信息，如文字、声音、图像等，使得为达成交易进行的信息交换能以多种形式存在，可以充分发挥营销人员的创造性和能动性。在传统营销方式中，企业做营销几乎是没有自主空间和话语权的，被各种媒体牵制着，比如电视媒体、广播媒体、平面媒体、户外媒体等，即使互联网站盛行，媒体的话语权仍然掌握在网站手里。只有当自媒体出现以后，企业的自主空间才越来越大，越来越有话语权，不再受制于媒体。

课堂讨论

小米科技的黎万强曾说过："每个公司都是自媒体!"他的观点是：自媒体不是试验田，是主战场；先做服务，再做营销；每天都要上头条，让员工成为粉丝，让粉丝成为员工。请关注该企业的相关做法并作出评价。

提示： 全身披挂自媒体——小米有今天的成就与其践行的这个口号有很大关系。但将公司做成自媒体并不那么简单，它不是浅尝辄止而已，往往要组建一个自媒体的内容运营团队，周期长、成本高，还需在企业媒体化、产品媒体化、员工媒体化、内容媒体化等多方面作出努力。

3. 交互式

互联网通过展示商品图像，通过商品信息资料库提供有关的查询来实现供需互动与双向沟通，还可以进行产品测试与消费者满意调查等活动。互联网为产品联合设计、产品信息发布以及各项技术服务提供最佳工具。

4. 个性化

互联网上的促销是一对一的、理性的、消费者主导的、非强迫性的、针对性的、循序渐进式的，而且是一种低成本与人性化的促销，避免了推销员强势推销的干扰，并通过信息提供与交互式交谈使企业与消费者建立长期良好的关系。

阅读材料

卫龙辣条——食品界第一网红

小食品界有一个奇葩，就像是开了挂一样，从"垃圾产品"的光荣代表迅速蹿成了"食品界第一网红"，这么反常的现象令其他同行们十分震惊。卫龙辣条的成功在于其网络上整合营销的成功，论坛上脑洞大开的段子、微博上让人捧腹的表情包，以及敢于模仿和创意无限的电商网站，如此顺应互联网思维的创意营销让消费者更容易接受，形成一个热门话题。平时网络上关注这些信息的群体也正好是辣条的主要消费者，卫龙投放信息的定位十分精准和明确，在不断增加品牌曝光度的同时引导潜在的消费者

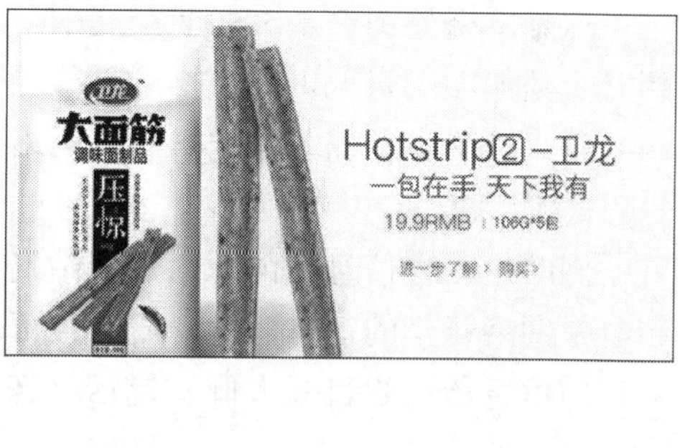

关注他们的产品，最终转化成了实际的销量。

资料来源：苗庆显．辣条火了，谁还能成为下一个“网红食品”？.（2016－10－30）［2019－09－11］．http：//www.emkt.com.cn/article/651/65140.html.

5．成长性

互联网使用者数量快速成长并遍及全球，使用者多为年轻的中产阶级，受教育水平较高，由于这部分群体不仅购买力强，而且具有很强的市场影响力，因此是一种极具开发潜力的市场渠道。

6．整合性

互联网上的营销可由发布产品信息至收款、售后服务一气呵成，因此也是一种全程的营销渠道。以统一的传播资讯向消费者传达信息，避免了不同传播中不一致性产生的消极影响。

7．高效性

计算机可储存大量的信息，供消费者查询，可传送的信息数量与精确度远超其他媒体，并能顺应市场需求，及时更新产品或调整价格，因此能及时有效地了解并满足顾客的需求。

8．经济性

通过互联网进行信息交换，代替了以前的实物交换，一方面可以减少印刷与邮寄成本，可以无店面销售，免交租金，节约水电费与人工成本，另一方面可以减少由于多次交换带来的损耗。网络营销大部分是通过网上工作者进行宣传、推广的，这其中的技术含量相对较低，对于客户来说是小成本大产出的经营活动。

4.6.3 网络营销的基本职能

网络营销的职能不仅表明了网络营销的作用和网络营销工作的主要内容，同时也说明了网络营销可以实现的效果，对网络营销职能的认识有助于全面理解网络营销的价值和网络营销的内容体系，因此网络营销的职能是网络营销的理论基础之一。

网络营销的基本职能可以归纳为以下几个方面。

1．网络品牌

网络营销的重要任务之一就是在互联网上建立并推广企业的品牌，知名企业的网下品牌可以在网上得以延伸，一般企业则可以通过互联网快速树立品牌形象，并提升企业整体形象。网络品牌建设是以企业网站建设为基础，通过一系列的推广措施，使顾客和公众认知和认可企业。在一定程度上，网络品牌的价值高于通过网络获得的直接收益。

2．网址推广

这是网络营销最基本的职能之一，在几年前，有人甚至认为网络营销就是网址推广。相对于其他功能来说，网址推广显得更为迫切和重要。网站所有功能的发挥都要以一定的访问量为基础，所以，网址推广是网络营销的核心工作。

3．信息发布

网站是一种信息载体，通过网站发布信息是网络营销的主要方法之一，同时，信息发布也是网络营销的基本职能，所以也可以这样理解：无论哪种网络营销方式，结果都是将一定的信息传递给目标人群，包括顾客/潜在顾客、媒体、合作伙伴、竞争者等。

课堂讨论

“充电五分钟，通话两小时！”从网站到线下随处可见的 OPPO 广告可以给你哪些启示？

提示：网络营销与线下营销需要结合。网络营销里的营销定位包括产品卖点的定位。OPPO 在营销方面有两点值得借鉴：一是广告语既说出了用户的痛，又说出自己产品的最大卖点；二是将 O2O 营销做到了极致。

4. 销售促进

营销的基本目的是为增加销售提供帮助，网络营销也不例外。大部分网络营销方法都与直接或间接促进销售有关，但促进销售并不限于促进网上销售，事实上，网络营销在很多情况下对于促进网下销售具有重要意义。

课堂讨论

中国有数亿的 QQ 用户，很多人都用 QQ 空间来分享朋友间的点点滴滴，QQ 空间用户这样的习惯对于企业来说蕴藏着怎样的商业价值？

提示：QQ 空间是一个独立的、免费的平台，QQ 空间所具有的营销能力就是通过好友之间的分享实现的，因为如果某一个商品或者信息是你的朋友传递或者推荐给你的，你会觉得可信度更高一些。所以，QQ 空间也往往成为企业软文营销的主要发布平台。

5. 销售渠道

一个具备网上交易功能的企业网站本身就是一个网上交易场所，网上销售是企业销售渠道在网上的延伸，网上销售渠道建设也不限于网站本身，还包括建立在综合电子商务平台上的网上商店及与其他电子商务网站不同形式的合作等。

6. 顾客服务

互联网提供了更加方便的在线顾客服务手段，从形式最简单的 FAQ（常见问题解答），到邮件列表，以及 BBS、QQ、微博、微信等各种即时通信服务，顾客服务质量对于网络营销效果具有重要影响。

7. 顾客关系

良好的顾客关系是网络营销取得成效的必要条件，网络营销通过网站的交互性、顾客参与等方式，在开展顾客服务的同时，也增进了顾客关系。

8. 网上调研

企业通过在线调查表或者电子邮件等方式，可以完成网上市场调研。相对于传统市场调研，网上调研具有高效率、低成本的特点，因此，网上调研成为网络营销的主要职能之一。开展网络营销的意义就在于充分发挥各种职能，让网上经营的整体效益最大化，仅仅由于某些方面效果欠佳就否认网络营销的作用是不合适的。

网络营销的职能是通过各种网络营销方法来实现的，网络营销的各个职能之间并非相互独立，同一个职能可能需要多种网络营销方法的共同作用，而同一种网络营销方法也可能适用于多个网络营销职能。

4.6.4 网络营销的主要方法

在当前社会中，网络营销已经成为各大企业进行宣传的重要手段，如果不会合理应用网络营销，企业在竞争中将会处于弱势。网络营销的方法和技巧主要有以下几种。

1. 所属企业博客（微博）营销模式

玩转博客已经不是单一个体的事情，随着网络时代的快速发展，以博客为推手，对自己的企业进行合理有序的广告推广，已经成为众多企业进行营销的方法。微博就有很好的互动性和沟通性，有利于网民的参与和发挥创造力。企业可以通过企业博客或微博的形式进行对内对外的交流沟通，达到增进客户关系、改善商业软环境、拉近与关注人群的距离的效果。企业博客或微博在透露公司主要指标的基础上，应将公司的相关成绩或产品及时发布在博客或微博上，并及时更新信息。

阅读材料

“可口可乐昵称瓶”摘下艾菲奖

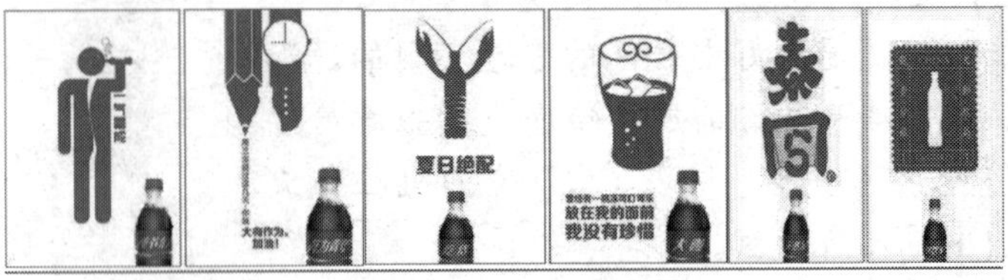

2014年夏天，在新浪微博上，可口可乐最初借助媒体明星、草根大号等意见领袖进行内容的预热，赠送了印有这些意见领袖名字的昵称瓶，于是他们纷纷在社交网络上晒出自己独一无二的可口可乐定制昵称瓶。之后可口可乐与新浪微博微钱包一起合作推广可口可乐昵称瓶定制版，让更多普通的消费者也可以定制属于自己的可口可乐昵称瓶。消费者在微博上定制一瓶属于自己的可口可乐，从“线上”微博定制瓶子到“线下”消费者收到定制瓶，继而通过消费者拍照分享又回到“线上”，O2O模式让社交推广活动形成一种长尾效应。2014年10月底，中国艾菲奖举行颁奖仪式，全场大奖被案例“可口可乐昵称瓶”收入囊中。

资料来源：“可口可乐昵称瓶”何以摘下艾菲奖.（2017-06-30）[2019-09-11]. https://www.sohu.com/a/153350248_644018.

2. 使用免费的软件开展网络营销

企业的网络营销一般在初始阶段都是利用一些免费或收费的软件进行的，企业的目的是清楚的，那就是达到推广的效果，企业当然会选择使用成本低且效果好的软件。通过这些软件，企业可以得到大量用户，从而得到有价值的商业信息。

课堂讨论

微信营销是网络经济时代企业营销模式的一种创新，是伴随着微信的火热而兴起的一种网络营销方式。谈一谈你对微信营销的体会。

提示：微信不受距离的限制，用户注册微信后，可与周围同样注册的“朋友”形成一种联系，用户订阅自己所需的信息，商家通过提供用户需要的信息推广自己的产品，从而实现点对点的营销，比较突出的如体验式微营销。

3. 互联网互动式广告营销模式

目前，互联网的发展已经超出人们的想象，企业可以通过百度、Google 等平台来推广自己，可以利用百度这样的平台去刷新企业的排名，将企业相关信息及成功案例上传至相关页面，提高企业点击率，从而达到广泛宣传的目的。这些广告的投放成本不高，但回报率却很高。

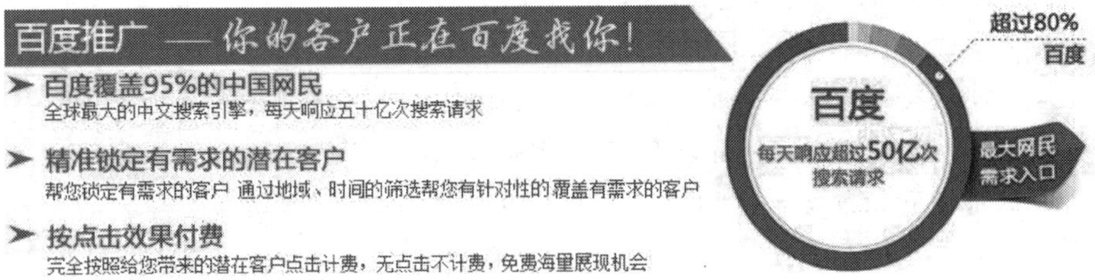

4. 区域营销模式

发展中的企业可以在指定区域开展一些网络营销活动，通过企业交流会或者产品发布会，为自己的企业或产品造势，引入加盟商，从而提高人气。

单元小结

在市场营销近百年的发展历史中，市场营销理论的内涵和外延都发生了很大的变化。时至今日，市场营销理论已经不仅仅局限于原有的研究领域，经济学、管理学、社会学、心理学、统计学等学科的发展，为市场营销理论提供了更广阔的研究范围和研究深度。市场的变化、技术的进步、经济的增长和社会的发展，带动企业不断实现着市场营销的理论创新和实践创新。关注营销发展动态，掌握最新的营销理论，是企业市场营销创新的内在要求。

本模块知识与技能训练

关键概念认知

需求　市场　市场营销　市场营销管理　市场营销观念　社会营销观念　顾客让渡价值　体验营销　精准营销　整合营销　关系营销　网络营销

职业判断

一、单项选择题

1. 市场营销管理的实质是（　　）。

A. 刺激需求　　B. 生产管理　　C. 销售管理　　D. 需求管理

2. 下列有关交换的说法中，正确的是（　　）。
A. 人们要想获得所需要的产品，必须通过交换
B. 交换仅仅是一个结果而不是一个过程
C. 交换也就是交易的另一种说法
D. 交换是人们获得自己所需要的某种产品的一种方式
3. 下列说法中，正确的是（　　）。
A. 市场营销者可以通过市场营销活动创造需求
B. 需要就是消费者对某种具体产品的需求
C. 市场营销者可以通过营销活动影响人们的欲望，进而影响需求
D. 有了欲望，需求自然产生
4. 对于负需求市场，营销管理的任务是采取（　　）。
A. 刺激性市场营销策略　　B. 扭转性市场营销策略
C. 维持性市场营销策略　　D. 恢复性市场营销策略
5. 对于充分需求市场，营销管理的任务是采取（　　）。
A. 刺激性市场营销策略　　B. 扭转性市场营销策略
C. 维持性市场营销策略　　D. 恢复性市场营销策略
6. 在（　　）观念下容易出现“市场营销近视”。
A. 生产观念　　B. 推销观念
C. 产品观念　　D. 社会市场营销观念
7. 在买方市场条件下，一般容易产生（　　）。
A. 推销观念　　B. 生产观念
C. 市场营销观念　　D. 社会市场营销观念
E. 产品观念
8. 许多企业主动采用绿色包装以降低白色污染的做法反映了企业的（　　）。
A. 社会营销观念　　B. 销售观念　　C. 市场观念　　D. 生产观念
9. 顾客购买总价值与顾客总成本之间的差额就是（　　）。
A. 顾客让渡价值　　B. 企业利润　　C. 企业让渡价值　　D. 顾客利益
10. 下列关于关系营销的论述，不正确的是（　　）。
A. 关系营销就是通过不正当途径搞市场营销
B. 关系营销是交易市场营销的一种方式
C. 关系营销没有交易市场营销公平
D. 关系营销认为保持老顾客比吸引新顾客更重要
11. 网络营销的本质是（　　）。
A. 营销　　B. 沟通　　C. 信息传递　　D. 促销
12. 下列说法中，正确的是（　　）。
A. 以消费为导向、关注消费个体体验就是精准营销中要实现更高的客户体验的真谛
B. 实现精准销售，造成营销费用的提高
C. 顾客因理智和因为一时冲动而作出购买决定的概率是不一样的
D. 竞争者价值链之间的差异对企业获得竞争优势没有影响

13.（ ）不是关系营销的原则。

A. 主动沟通原则 B. 跟随原则

C. 承诺信任原则 D. 互惠原则

14. 以下产品不适合网上销售的产品是（ ）。

A. 音乐 B. 书籍

C. 计算机及零部件 D. 古董

二、多项选择题

1. 市场包括（ ）等要素。

A. 销售者 B. 人口 C. 购买力

D. 市场营销机构 E. 购买欲望

2. 市场营销的基本要点包括（ ）。

A. 市场营销的核心功能是交换

B. 市场交换活动的基本动因是满足交换双方的需求和欲望

C. 市场营销活动的价值实现手段是创造产品与价值

D. 市场营销活动是一个社会和管理过程，而不是某一个阶段

3. 过量需求的原因可能是（ ）。

A. 暂时性缺货

B. 价格太低

C. 不同时期、不同季节需求量发生的变化

D. 产品长期过分受欢迎所致

4. 市场营销管理哲学的核心是正确处理（ ）之间的利益关系。

A. 企业 B. 顾客 C. 社会

D. 供应商 E. 中间商

5. 在社会营销观念的指导下，企业制定营销决策时应同时考虑（ ）因素。

A. 消费需求的满足 B. 社会的长期整体利益

C. 努力推销已生产出来的产品 D. 提高企业的经济效益

6. 顾客购买总价值包括（ ）。

A. 服务价值 B. 产品价值 C. 人员价值

D. 货币价值 E. 形象价值

7. 顾客购买总成本包括（ ）。

A. 货币成本 B. 精神成本 C. 体力成本

D. 时间成本 E. 效益成本

8. 关系营销的本质特征包括（ ）。

A. 双赢 B. 合作 C. 双向沟通 D. 控制

9. 精准营销的要素有（ ）。

A. 更少的费用成本 B. 准确的市场定位

C. 巧妙的推广策略 D. 更高的客户体验

10. 下列属于网络营销特点的是（ ）。

A. 个性化 B. 跨时空 C. 经济性 D. 交互性

三、判断题

1. 市场营销是销售部门的工作。(　　)
2. 市场就是商品交换的场所。(　　)
3. 市场营销管理的实质是需求管理。(　　)
4. 市场营销既是一门科学，又是一门艺术。(　　)
5. 市场营销就是研究产品的销售。(　　)
6. 推销观念更注重卖方需求，而市场营销观念则兼顾买卖双方的需要。(　　)
7. 市场营销观念是销售部门的工作指导思想。(　　)
8. 体验营销需要顾客的主动参与。(　　)
9. 网上交易的成本要远大于传统交易成本。(　　)
10. 关系营销强调顾客忠诚度，保持老顾客比吸引新顾客更重要。(　　)

四、简答题

1. 什么是市场？如何正确理解“市场营销”这个概念？
2. 在不同的需求状况下，市场营销管理的任务有哪些？
3. 传统的市场营销观念有哪几种？现代的市场营销观念有哪几种？
4. 市场营销观念与推销观念相比具有哪些区别？
5. 如何正确理解顾客让渡价值的内涵？
6. 网络营销的主要方法有哪些？请详细说明。

职业能力训练

任务 1　立足校园经济，制订一份开店选址计划的提纲。

任务 2　结合你的认识，为自己熟悉的某一种行业或企业设计服务宗旨。

任务 3　以小组为单位模拟创建一个公司，给公司选择一位领导人，并进行简单的分工；给公司取名，设立一个品牌并经营一个产品。推选 1 名小组成员，用 5 分钟向大家介绍你们公司的基本情况、经营的产品和品牌。

任务 4　以小组为单位模拟一家公司，就如何在网上开展营销发表见解。

综合案例分析

美团的远见：一站式场景化布局

2018 年 6 月 25 日，美团在港交所提交招股书，这也意味着美团正式启动了上市计划。随着早期从千团大战中脱颖而出，到 2015 年合并大众点评，美团渐渐成长为一个超级平台。现在，美团不仅承载了中国网民们有关“吃”的服务选择，还承载了中国网民们的玩乐、亲子、婚嫁等服务需求。2010 年成立的美团，经过 8 年奋斗，第一次把成绩单亮了出来。美团的订单量、交易额保持强劲增长，日均餐饮外卖交易笔数从 2015 年的 170 万笔增加到 2017 年的 1 120 万笔，交易额也从 2016 年的 2 366 亿元上涨至 2017 年的 3 570 亿元。此外，美团一直拥有充裕的现金储备。招股书显示，截至 2017 年 12 月 31 日，美团现金、现金等价物及短期投资共计 452 亿元，为美团各项业务及新业务的发展奠定了坚实的基础。

远见：抢先“定标准”

2017年，美团点评CEO王兴在参加“中国发展高层论坛2018年会”时就首次谈及美团无人配送，称目前美团无人配送车已在朝阳大悦城内测试运营，预计在2019年实现规模化运营。美团已率先宣布建立无人配送开放平台，联合政府、高校、企业三方，牵手北京智能车联产业创新中心、华夏幸福、Segway等近20家合作伙伴，试图构建一个完整的无人配送生态圈。作为牵头者，美团在不断围绕自身的业务生态建设壁垒，这显露了美团抢先“定标准”的远见。尽管目前无人配送业务在场景选择上有很多标准，但只要能够实现部分比例订单的“人机混送”，对美团而言也是利大于弊的。

场景：通过“餐饮＋其他”剑指“无边界”场景

无人配送贯穿美团主题“Eat better，Live better”中“吃”的核心，在吃的场景中，从到店到外卖，餐饮在美团的地位可谓是“引擎”。随着这个引擎的推动，美团布局的一站式的美好生活场景消费会“跑”起来。这一点，其实即便是大企业如阿里巴巴、腾讯也未能做到。美团通过“引擎”餐饮横向引流、纵向为用户提供高度相关性的生活服务项目，除了吃饭之外，看电影、打车、住酒店、旅游等，都可以相伴相生。同时，在到店综合业务中，美团点评已涵盖休闲娱乐、结婚、丽人、亲子、家装、学习培训等垂直行业并基本在这些品类中处于行业第一的位置，仅休闲娱乐频道的月均活跃用户就突破了1.2亿次。投入美团怀抱的摩拜，有望与美团的到店、到家、酒旅等业务形成共振，进而跳出共享单车的小天地，作为拼图的一部分联动上下游和左右方，释放共享单车的活力。

上市：以技术创新驱动新物种

作为中国最具互联网基因的公司，美团的发展很好地诠释了何为“互联网经济”。它为消费者和商家提供交流和服务的平台，双方在平台上各取所需。当然，美团想做的不止这些，它希望平台能够形成用户和商家的良性循环互动。整体来看，作为生活服务电商中的领跑者，美团通过满足用户刚需和高频的场景需求，形成了闭环，并通过技术驱动下的生态释放网络效应。美团从小做起，逐步做大、做深、做透，这个过程成就了美团今天的成功，但IPO仅仅是一个新的起点，未来的美团势必会在连接人与服务上，为消费者和商家提供更多服务和解决方案，甚至会催生更多以技术创新驱动的新物种，这才是美团商业价值的未来想象空间所在。

观察：构建跨场景的闭环需求

美团始于团购、兴于外卖，这两个业务拥有众多用户和超高流量。2017年美团为全国超过2 800个市县的3.1亿年度交易用户提供服务，也就是说，全国有1/5以上的人使用过美团，这一数字极为惊人。此外，美团餐饮外卖在中国的市场份额从2015年的31.7%增至2017年的56%，截至2018年第一季度又增至59.1%。当然，美团不仅提供外卖服务。美团以外卖为入手和突破口，欲将用户引流到新业务的发展上来，如它提供的是包含到店、酒旅等在内的“吃、住、游、行、购、娱”一站式服务，打造超级生活平台。这样的跨场景的需求闭环的力量其实很强大。用户每天都会和平台发生消费关系，某种程度上，这种全场景需求闭环，带给用户的是管家式的服务体验，无形中也提升了美团在生活服务大领域的竞争力。

如此，美团打造的“网上城市综合体”已初具规模。一个城市，需要有基础设施，需要有一站式的生活需求的满足。这其中，吃喝玩乐、衣食住行是民生之基本。在日益增长的美好生活需要之下，单纯的线下商业已经无法满足用户的全部需求，而单纯的线上平台也无法满足用户线下的消费需求。这培养了用户的使用习惯，增加了用户与美团的黏性，并通过布局出行进行流量赋能，疆域日益拓展，这样的不断渗透的全场景模式成就了美团的现在，也让美团的未来更加令人期待。

资料来源：郭梦仪．美团的远见：一站式场景化布局．(2018-08-04) [2019-09-11]. http://www.cb.com.cn/gongyeyucaikuang/2018_0804/1250233.html.

请思考：

（1）谈一谈你的美团消费体验，并列举其增加用户黏性的做法。

（2）评价一下美团无人配送开放平台的未来前景。

学习模块二

分析营销环境　捕捉市场商机

案例导入

中国玩具市场“钱”景广阔

有关数据显示，中国现有玩具企业2万余家，从业人员超过400万，年产值1 000多亿元，产量占世界总产量的70%以上。

一、市场现状分析

（一）市场容量

据有关部门统计，在我国现有的14亿人口中，14岁以下的少年儿童及婴幼儿有4亿人，其中城市儿童1亿人，农村儿童3亿人。随着人们对休闲、娱乐需求的增加，以及人们对玩具功能观念的改变，玩具的消费群体也正在迅速扩大。玩具已不再是儿童的专利，越来越多高档、新颖的玩具开始成为成年人的休闲、娱乐用品。中国城市儿童玩具人均年消费仅55元，而农村儿童玩具人均消费不足30元。城市中成年人玩具平均年消费仅20元，农村成年人玩具人均年消费基本上为零。这种极低的消费金额差异，恰好反映出我国玩具消费市场所拥有的难以估量的发展潜力。

（二）行业分析

由于玩具市场潜力巨大以及城乡消费差距的存在，决定了我国玩具市场在今后相当长的一段时间内各个档次、各类品种共存的态势。随着城市居民收入的提高，家长对孩子的智力开发极为重视。给孩子买玩具，是家长表达爱心、对孩子进行智力开发的重要方式，而集知识趣味、动手动脑于一体的玩具迎合了城市家长们望子成龙的心理。有50%的城市消费者对电子型玩具情有独钟，30%的城市消费者认为智能型玩具更有吸引力，20%的城市消费者则青睐于高档的毛绒、布制装饰类玩具。农村消费对象仍然以传统的玩具类型为主，48%的农村消费者愿意购买电动型玩具，28%的农村消费者愿意购买拼装型玩具，24%的农村消费者愿意购买中低档次的毛绒、布制装饰类玩具。显然，电动型与智能型玩具无论是在城市还是农村都有绝大多数受众，甚至可以代表“玩具”。

（三）行业要素分析

1. 环球经济

由于中国制造已占全球的70%，使得全球经济态势必然影响着中国的玩具业。欧洲的债务危机、人民币升值与美国经济的衰退都对中国玩具业出口有着巨大的影响。以美国市场为例，失业和对未来的不确定性让消费者变得非常节俭。

2. 原材料成本

原材料综合成本的迅速上涨，尤其是塑料、化纤、棉花等玩具原材料价格一路攀升，而玩具出厂报价一分钱没加，目前只保持2%～3%的利润空间。虽然生产成本还处于上涨的趋势，但现在订单已开始回落，转入淡季时期涨价的机会更微乎其微，如果玩具生产商无法消化成本，估计还要放弃一些订单。

3. 创意、销售

在进行玩具创意设计的时候，设计师不仅需要考虑设计构思到包装的整个环节，并且需要考虑如何增加产品的卖点、如何通过营销手段令产品更流行，让消费者认可产品的价值等重要因素。

4. 质量

《欧盟新玩具安全指令》于 2011 年 7 月 20 日起正式实施，该指令被认为是目前世界上最严格、最苛刻的玩具法规。国外对中国玩具的质量要求也在提高，如何迎合新的欧盟法则，是对国内玩具业产品质量的一大考验。

二、中国玩具业未来出路

（一）品牌建立与整合

企业必须从 OEM 贴牌加工生产方式向 ODM 自主设计和 OBM 自创品牌方式转变，培育发展一批以自主创新为核心、以知名品牌为标志、具有较强竞争力的优势玩具企业。

（二）发掘潜力巨大的成人玩具市场

到目前为止，我国还未出现专门生产成人玩具的企业，市场上也鲜见成人玩具专柜。据业内人士分析，与儿童消费群体相比，成年人消费群体更具购买玩具的经济实力。我国成人玩具的开发还是一个空白，而在美国和日本，成人玩具的成功开发已经给玩具商们带来了丰厚的回报。在美国，早就有了生产成人玩具的专业公司，其中 40%以上的玩具是专门为成人设计制造的。

（三）加强产品内销

随着中国经济的持续发展，人民生活水平的提高，以及独生子女政策的实施，父母更愿意花钱在子女身上，而玩具在国民经济以及个人家庭中占的消费比重会越来越大。2010 年中国玩具内销不仅不受金融危机的影响，需求甚至大幅增加了 10%至 15%。该年度的一项社会调查显示，中国儿童消费已占到家庭总支出的 30%左右，全国 0～12 岁的孩子每月消费总额超过 35 亿元。但中国 14 岁以下的儿童和青少年的人均年玩具消费仅为 2.4～3.6 美元，远低于亚洲儿童人均年玩具消费 13 美元和全世界儿童人均年玩具消费 34 美元的水平。假设中国玩具消费达到亚洲平均水平，市场规模预计将突破 300 亿元。300 亿元的市场代表着内销会占中国玩具业一年销售额的 1/4，而目前却是众多玩具业厂商不重视的一个市场，所以对于内销市场，国内企业应该加大投入力度，力争中国市场成为另外一个美国市场。

资料来源：2015—2020 年中国婴儿玩具产业运行态势及投资战略研究报告．(2015 - 12 - 01). http://www.chinabgao.com/report/1270045.html.

学习任务分析

知识目标：

（1）掌握微观营销环境与宏观营销环境分析要素。

（2）了解市场营销环境的分析方法。

（3）了解消费者购买行为的影响因素，熟悉消费者购买决策过程。

（4）掌握市场调查的基本方法。

（5）熟悉市场调查的主要步骤。

能力目标：

（1）能够分析某一产品的市场营销环境，识别市场营销机会和威胁，并进行营销决策。

（2）能够分析某种产品消费者购买行为和购买决策过程。

(3) 能够按照市场调查的步骤与基本方法进行市场调查。

素质目标：

(1) 树立营销环境意识。

(2) 树立顾客至上的观念，确立满足顾客需要，使顾客在满意中求发展的意识。

(3) 培养判断市场机会的敏锐触觉。

知识结构图

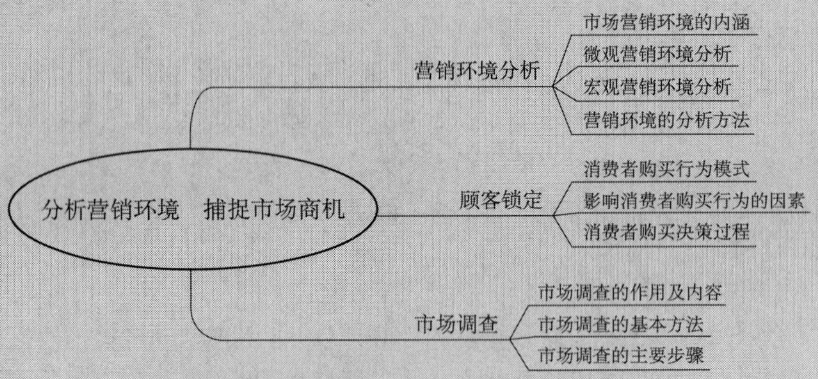

单元 5　营销环境分析

课前思考

2013 年 4 月，一条热门微博备受关注："又不让吃鸡！又不让吃鸡！又不让吃鸡！有点事就不让吃鸡！丢不丢人！丢不丢鸡！你让鸭怎么看鸡？让大鹅怎么看鸡？让鸡今后在家禽界怎么混？有流感就让人喝板蓝根，板蓝根，板蓝根！为嘛不直接给鸡吃板蓝根！"——有才！你说说怎样才能让养鸡户走出如此尴尬的营销困境？

5.1　市场营销环境的内涵

企业并不是生存在一个真空内，作为社会经济组织或社会细胞，它总是在一定的外界环境条件下开展市场营销活动。企业必须重视对市场营销环境的分析和研究，并根据市场营销环境的变化制定有效的市场营销战略，扬长避短，趋利避害，适应变化，抓住机会，从而实现自己的市场营销目标。

5.1.1　市场营销环境的含义

市场营销环境是指与企业营销活动有潜在关系的所有外部力量和相关因素的集合。不同的因素对营销活动各个方面的影响和制约也不尽相同，同样的环境因素对不同的企业所产生的影响和形成的制约也会大小不一。

5.1.2　市场营销环境的构成要素

微观营销环境直接影响和制约企业的市场营销活动，而宏观营销环境主要以微观营销环境为媒介，间接影响和制约企业的市场营销活动。前者可称为直接营销环境，后者可称为间接营销环境。两者之间并非并列关系，而是主从关系，即直接营销环境受制于间接营销环境，如图 5-1 所示。

营销管理者的任务不但在于适当安排营销组合，使之与外部不断变化的营销环境相适应，而且要积极地、创造性地适应和改变环境，创造或改变目标顾客的需要。只有这样，企业才能发现和抓住市场机会，因势利导，在激烈的市场竞争中立于不败之地。

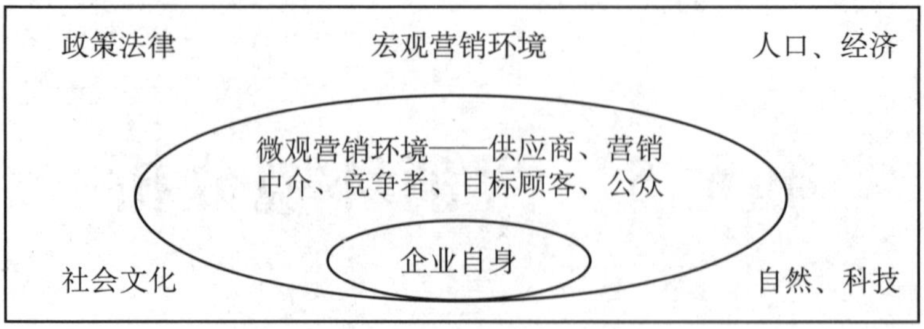

图 5-1 市场营销环境层次结构图

5.2 微观营销环境分析

5.2.1 企业自身

企业的生产能力、财务能力、职工的素质、研究和发展的状况以及企业在公众中的印象等，构成了企业微观营销环境的主要内容，影响和决定着企业为消费者提供商品和服务的能力和水平。

阅读材料

中石化的企业标识解读

S:Sustainable　可持续发展
I:International　建设世界一流能源化工公司
N:National　奉献国家
O:Oil　每一滴油都是承诺
P:People　回报股东、服务社会、造福员工
E:Environment　关注环境
C:Cooperation　合作共赢

资料来源：你了解中国石化的标识吗．(2017-07-07)[2019-09-12]．http：//www.sohu.com/a/155300677_687587.

5.2.2 供应商

对于供应商，传统的做法是选择几家供应商，按不同比重分别从它们那儿进货，并使它们互相竞争，从而迫使它们利用价格折扣和优质服务来尽量提高自己的供货比重。但也存在供货质量参差不齐、过度的价格竞争使供应商负担过重、放弃合作等情况。企业应把供应商视为合作伙伴，设法帮助它们提高供货质量和及时性。

课堂讨论

三聚氰胺事件一度使中国奶业整个产业链陷入困境，由此引爆的奶源革命能给你什么启示？

提示：表面上看是供应商的问题，但从更深层次看，是奶牛养殖模式的问题。只有乳品企业和奶农真正实现风险共担的养殖模式才是可持续的。

5.2.3　目标顾客

目标顾客是企业的服务对象，是企业产品的直接购买者或使用者。顾客的需求正是企业营销努力的起点和核心。因此，认真分析目标顾客需求的特点和变化趋势是企业极其重要的基础工作。满足目标消费群，不是"没有最好，只有更好"，而是用心揣摩目标顾客的需求，适合的才是最好的。

5.2.4　营销中介

营销中介是协助企业促销、销售和配送其产品给最终购买者的企业或个人。营销中介实际上起到了联系企业和消费者的桥梁作用，它包括以下几个方面。

1. 中间商

中间商是指产品从生产商流向消费者的中间环节或渠道，一般分为买卖中间商和代理中间商两大类。

阅读材料

中粮：打造粮油"全产业链"

中粮集团这家国内最大的粮油食品企业在2009年率先提出"全产业链战略"，即以市场为导向，从产业链源头做起，涵盖从田间到餐桌，从农产品原料到终端消费品，包括农业服务、种植、收储物流、贸易、加工、养殖屠宰、食品制造与营销等多个环节。通过对各环节的有效组织和管理，实现食品安全可追溯，为消费者奉献安全、营养、健康的食品，实现自身全面、协调、可持续发展。

资料来源：全产业链模式助力粮食产业转型升级．中国粮食经济，2017（10）：44-45.

2. 物流机构

现代物流是通过市场体系和营销网络组织商品集散，使生产价值、使用价值和剩余价值的时间与空间合理流动的经济运行业务。它能有机地衔接消费、销售、运输、供给、生产与开发，建立合理的“供应链”，并使人才流、商业流、信息流、资金流集成一体化而发展成为现代物流产业。

3. 营销服务机构

营销服务机构主要有广告公司、市场调研公司、营销咨询公司、传播媒介公司，如今大多数企业都要借助这些服务机构来开展营销活动。企业需要分析并选择能为本企业提供有效服务的机构。

4. 金融机构

金融机构包括银行信用公司、保险公司和其他金融组织机构。金融机构可以为企业营销活动提供融资及保险服务，企业应与金融机构保持良好的关系。

5.2.5 竞争者

处于竞争日趋激烈的当今社会，每一家企业都不可避免地受到竞争者的攻击，同时也可能自身就是竞争行列的新加入者，或者是试图改变市场地位而展开竞争攻势的老企业。波特五力模型就是将五种竞争的主要来源汇集于同一模型，用以分析一个行业的基本竞争态势，如图 5－2 所示。

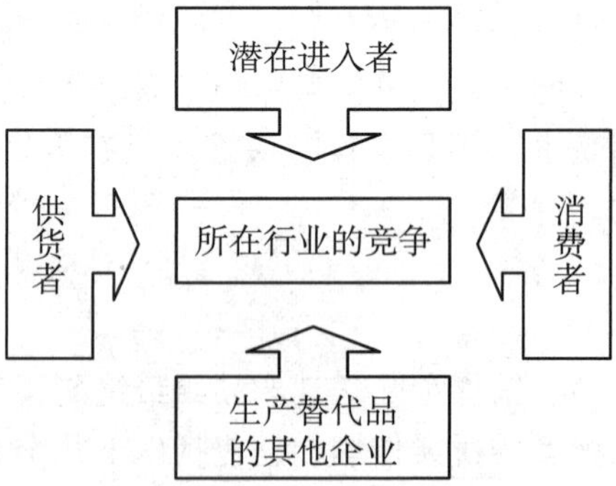

图 5－2 波特五力模型

1. 潜在进入者

营销环境由多种动态变化的因素所构成，每个行业随时都可能有新的进入者参与竞争。它们会给整个行业的发展带来新的生产力，同时也会形成行业内企业之间更激烈的竞争。

2. 所在行业的竞争

同行业内现有企业之间的竞争是最直接、最显见的。这种竞争往往因为企业争取改善自身的市场地位而引发，一般通过价格、新产品开发、广告战以及增加为客户提供的服务内容等手段表现。

阅读材料

加多宝“对不起体”逆袭 加多宝王老吉微博营销战打响

王老吉商标是由广药集团注册的，加多宝公司与广药集团签订了商标使用权租用合同，合同 2010 年到期。原广药高管又与加多宝集团签了一个补充协议，延长至 2020 年，但后来查出该合同是在受贿情况下签订的，故补充协议被判无效。加多宝集团最终失去了“王老吉”商标的继续使用权。2013 年 2 月，广州中院作出裁定，禁止加多宝使用“全国销量领先的红罐凉茶改名为加多宝”作为广告语，为此，加多宝在其官方微博上连发四个“对不起”逆袭而来，网友们迅速替王老吉回应了一组“没关系”，两者的微博营销战就此拉开序幕。

业界相关营销专家认为加多宝此次“对不起”微博营销案件大打感情牌，加上王老吉的“没关系”系列，两者虽针锋相对却不乏诙谐幽默。一场硝烟弥漫却又轻松的微博战斗，不少网友以及相关媒体成了二者的助推器，在某种程度上算是双赢的局面。

资料来源：加多宝王老吉双方卷入微博营销战［N］. 广州日报 . 2013 - 02 - 06.

3. 消费者

消费者是企业产品（服务）的直接购买者和使用者，关系到企业营销目标的实现与否。消费者的竞争威胁往往意味着企业让利的代价，它们可以通过压低价格、追求更好的产品质量、寻求更全面的服务项目等，从竞争企业彼此对立的状态中获得好处。

课堂讨论

2018 年 1 月，路演、排片都不占优势的电影《前任 3》票房却大爆特爆。有评价说该电影把握住了“与往事干杯”“对往事念念不忘”的“前任情怀”，靠着刺探用户的情感，通过接地气的营销将情怀转化成了 18 亿元的真金白银。请你试着分析一下原因。

提示：

(1) 精准定位目标用户，全方位借势营销。该电影目标用户画像精准地定位在都市女白领以及大学生和中学生。猫眼和淘票票等购票平台数据表明《前任 3》观影主力女性占 68%，其中二线城市占近 40%。从两大男主演韩庚和郑恺的选择、主打贱萌的笑点和两性话题，都是目标用户感兴趣的主题。

(2) 聚焦用户痛点，引起情感共鸣。打开快手、抖音等短视 App，就能看到各种跟《前任 3》相关的主题视频。平台用户与目标用户群体的一致以及最接地气的路线，是戳中用户内心的孤独点和敏感点的最佳方式。

(3) 与用户深度互动，并带动传播。映前《前任 3》官博发起“给前任捎句话”的互动话题，获得了 338.6 万的阅读和众多的讨论，微博搞笑排行榜发的两条与《前任 3》有关的微博也获得了八万多条的评论，近两万条转发。

4. 供货者

为了减少供货者的竞争威胁，企业应该在保证供货相对稳定的基础上，尽可能使自己的供货者多样化，这样可以促使供货者之间竞争，使企业处于相对有利的竞争位置。

5. 生产替代品的其他企业

对于许多企业而言，尽管彼此生产的产品（服务）在形式、内容等方面并不雷同，然而这些产品（服务）却都从特定的角度满足市场的需求，吸引社会购买力。

一般来说，替代品竞争力量会有以下几种：

（1）愿望竞争力量。它也称欲望竞争者，是指消费者想要满足的各种现实欲望，是提供不同产品以满足不同需求的替代品竞争力量。比如对于家电经营企业而言，房产、证券、文化娱乐、汽车等不同类型的行业都属于愿望竞争者。

（2）平行竞争力量。它是指消费者能满足其某种愿望的各种途径和方法，提供能满足同一种需求的不同产品的替代品竞争力量。比如自行车、摩托车、助力车在满足交通需要上是可以相互替代的。从行业来看，电影可能以同属于影视业的电视为主要的竞争对手。但是从市场的观点来看，特别是从满足消费者需要来看，消费者感兴趣的是满足其对欣赏影视作品的需要。因此，能够直接播放 VCD、DVD 以及可以上网下载、浏览视频的电子计算机也构成了对电影业的竞争威胁。

（3）产品形式竞争者。它是指能够满足消费者的某种愿望的各种产品的型号。比如在购买电视机时，是买 43 英寸的、50 英寸的，还是买 55 英寸的呢？那么提供种类相同，但质量、型号、包装等有所不同的产品的各个企业就在这一部分市场上形成了竞争关系，互为产品形式竞争者。

（4）品牌竞争者。它是指能满足消费者的某种愿望的同类产品的其他品牌。比如一个消费者购买一款手机时，可以选择苹果、摩托罗拉、华为，甚至 TCL，那么提供种类相同，但牌子不同的知名企业之间就在这一部分市场上形成了竞争关系，互为品牌竞争者。

课堂讨论

在你的学校周边，卖盒饭的商家的竞争者有哪几种类型？

提示：

（1）愿望竞争力量——减肥的意愿和把餐费花在上网等娱乐方式上的意愿。

（2）平行竞争力量——卖米粉、卷饼等其他食品的，包括食堂、饭店和小卖店出售的食品。

（3）产品形式竞争者——卖蛋炒饭的。

（4）品牌竞争者——其他卖盒饭的。

5.2.6 公众

公众是指对本组织实现其营销目的的能力具有实际的或潜在影响力的群体。企业应争取公众的支持和偏爱，为自己营造和谐的社会环境。目前，许多企业建立了公共关系部门，专门筹划与各类公众建立良好关系，为企业营造宽松的营销环境。企业公众的内涵相当广泛，主要有以下六种。

1. 金融公众

金融公众是指能够影响企业融资的机构。比如银行、投资公司、保险公司、证券交易所等。

2. 媒介公众

媒介公众是指掌握传媒工具、能直接影响社会舆论对企业的认知和评价的传播实体。比如报纸、杂志、电台、电视、网络等传播媒介。

3. 政府公众

政府公众是指与企业营销活动有关的各级政府部门，它们所制定的方针、政策对企业营销活动或是带来限制，或是带来机遇。政府公众包括行业主管部门，财政、工商、税务、物价、商品检验等部门。

4. 群众团体

群众团体是指与企业营销活动有关的非政府机构。如消费者协会、环境保护团体及其他有影响力的团体。这些群众团体的意见、建议往往对企业的营销决策有着十分重要的影响。

5. 社区公众

社区公众主要是指企业所在地周围的居民和社区团体。社区是企业的邻居，企业保持与社区的良好关系，为社区的发展做一定的贡献，会受到社区居民的好评，他们的口碑能帮助企业在社会上树立良好形象。

6. 内部公众

内部公众是指企业内部的决策层、管理人员、职工等。处理好内部公众关系是搞好外部公众关系的前提，企业应采取措施调动他们开展市场营销活动的积极性和创造性。

5.3　宏观营销环境分析

5.3.1　人口环境

市场营销所指的市场是有购买意愿和购买能力的人群的集合。企业必须重视对人口环境的研究，密切关注人口特性及其发展动向，不失时机地抓住市场机会，当出现威胁时，应及时、果断地调整营销策略以适应人口环境的变化。

1. 人口数量与增长速度

人口数量是指一个国家或地区人口的总数。据估计，目前世界总人口已经超过60亿，并将在2025年达到79亿以上。20世纪的最后20年中，世界人口居然增长了近18亿。世界上大多数人口集中在低收入国家和中等收入国家，这个比例大约为80%，而高收入发达国家人口约占20%。

课堂讨论

《辽宁省人口发展规划（2016—2030年）》率先提出探索对生育二孩的家庭给予更多奖励政策。请问这将对市场带来怎样的影响？

提示：随着各地区相应政策的出台，生育高峰期将推迟4～5年。到时婴幼儿数量的增长会带来奶粉、儿童用品等市场的新增需求。但预测数据显示，该政策对一线城市与二线以下城市的新生婴儿数量影响幅度会有所不同。

2. 人口结构

人口结构往往决定市场产品结构、消费结构和产品需求类型。人口结构主要包括年龄结构、性别结构、受教育程度和家庭特点，它们是最终购买行为的重要因素。根据阿里大数据所呈现的信息，中国网购人群的近一半分布在19～28岁这一年龄段，但29～35岁的轻熟群体是购买力最强的人群。这一现象也符合个人从踏入职场到进入收入稳定期而使购买力逐渐提高的规律。如果一个城市网购人口在19～35岁年龄段集中，其消费稳定性会较一般的城市更好，远期的消费潜力可能会更大。

目前，世界人口年龄结构正出现人口老龄化和出生率下降两大趋势。

阅读材料

人口老龄化标准及中国老龄化的特征

国际上的通常看法是，当一个国家或地区60岁以上老年人口占人口总数的10%，或65岁以上老年人口占人口总数的7%，即意味着这个国家或地区处于老龄化社会。目前我国是世界上唯一一个老年人口超过两亿的国家，老年人口数量多、老龄化速度快等问题，让我国应对人口老龄化的任务显得越发繁重。数据显示，截至2016年年底，中国60岁及以上老年人口超过2.3亿，占总人口的16.7%；65岁及以上老年人口超过1.5亿，占总人口的10.8%。预计到2050年，中国老年人口将达到4.8亿，届时约占亚洲老年人口的2/5、全球老年人口的1/4，比现在美、英、德三个国家人口总和还要多。

就性别结构而言，男性和女性在生理、心理和社会角色上的差异决定了消费内容和特点的不同。一些产品有明显的性别属性，只为男性或女性专用。

课堂讨论

职业女性的数量增加将带来哪些市场机遇？

提示：职业装、化妆品、净菜、快餐、托儿服务、家政服务等。

家庭的数量直接影响到某些商品的数量。目前，世界上普遍呈现家庭规模缩小的趋势，越是经济发达地区，家庭规模就越小。国家卫生计生委2015年发布的《中国家庭发展报告》显示，我国家庭的户均人数下降到了3.02人。来自沈阳市统计局的数据显示，截至2018年3月底，沈阳市户籍人口为737.6万人，家庭户数为273万户，平均每户家庭人口为2.7人，虽然家庭户数增多，但家庭户规模却进一步缩小，并且低于全国平均水平。

课堂讨论

分析“421家庭”模式及影响。

提示： 一对独生子女结婚生子后，他们的家庭结构包括4个父母长辈、1个小孩和夫妇2人。我国家庭结构的重新洗牌，除了考验我国的社会福利体系之外，还蕴藏着巨大的商机，如引起对炊具、家具、家用电器和住房等需求的迅速增长。

特定的职业常常和一定的生活方式联系，进而影响消费方式、消费习惯。即使收入水平相同，出租车司机和大学教授的消费兴趣也不会相同。我国的人口绝大部分在农村，农村人口约占总人口的80%。因此，农村是个广阔的市场，有着巨大的潜力。

课堂讨论

随着农民生活水平的提高，家电生产企业的市场也在“下乡”，家电生产企业应该注意些什么呢？

提示： 家电生产企业必须充分考虑到农村居民的消费需求和使用环境。以冰箱为例，生产企业不仅可以将“节能”“防潮防锈”等个性化功能加入产品当中，还可以特设防鼠盖板，并针对农村灰尘较多的实际情况，采用可拆卸门封以便于清洗。另外，生产企业可根据农村部分地方的特殊路况，采用合适的包装设计等。

3. 人口的地理分布

我国人口主要集中在东南沿海一带，约占总人口的94%，西北地区人口仅占6%左右，人口密度逐渐由东南向西北递减。另外，城市的人口比较集中，尤其是大城市人口密度很大，在我国就有上海、北京、重庆等好几个城市的人口超过1 000万人，而农村人口则相对分散。人口的这种地理分布表现在市场上，就是人口的集中程度不同则市场大小不同，消费习惯不同则市场需求特性不同。

阅读材料

“南甜北咸东辣西酸”都去尝尝

一个人的口味要宽一点、杂一点，“南甜北咸东辣西酸”都去尝尝。对食物如此，对文化也应该这样。

资料来源：汪曾祺．“南甜北咸东辣西酸”都去尝尝．（2017-08-05）［2019-09-12］．https：//www.sohu.com/a/162546778_743805.

5.3.2 经济环境

市场不仅是由人口构成的，这些人还必须具备一定的购买力。一定的购买力水平是市场形成并影响其规模大小的决定因素，也是影响企业营销活动的直接经济环境。

1．消费者收入水平的变化

消费者收入是指消费者个人从各种来源中所得到的全部收入。但消费者并不是把全部收入都用来购买商品或劳务，购买力只是收入的一部分，是在个人可支配收入中减去用于维持个人与家庭生存不可缺少的费用，如房租、水电、食物、燃料、衣着等项开支后剩余的部分。这部分收入是消费需求变化中最活跃的因素，也是企业开展营销活动时所要考虑的主要对象。因为这部分收入主要用于满足人们基本生活需要之外的开支，一般用于购买高档耐用消费品、旅游、储蓄等，它是影响非生活必需品和劳务销售的主要因素。

阅读材料

实际收入与货币收入

货币收入是名义收入，没有考虑当时的通货膨胀因素；实际收入是在考虑通货膨胀因素之后的收入水平。在实际生活中，通货膨胀都表现为物价水平的上涨。如果物价上涨的幅度超过了货币收入的上涨幅度，那么实际收入是下降的。

资料来源：张友直．中国实物货币通论［M］．北京：中国财政经济出版社，2009.

2．消费者支出模式

随着消费者收入的变化，消费者支出模式会发生相应变化，继而使一个国家或地区的消费结构也发生变化。恩格尔系数表明，在一定的条件下，当家庭个人收入增加时，收入中用于食物开支部分的增长速度要小于用于教育、医疗等方面的开支增长速度。食物开支占总消费量的比重越大，恩格尔系数越高，生活水平越低；反之，食物开支所占比重越小，恩格尔系数越小，生活水平越高。这种消费支出模式不仅与消费者收入有关，而且还受到其他因素的影响。

阅读材料

中国恩格尔系数首破 30%

根据联合国粮农组织提出的标准，恩格尔系数在 59%以上为贫困，50%～59%为温饱，40%～50%为小康，30%～40%为富裕，低于 30%为最富裕。国家发改委组织编写的《2017 年中国居民消费发展报告》中出现了一个引人关注的数字：2017 年全国居民恩格尔系数为 29.39%。

资料来源：中国恩格尔系数首次低于 30%.（2018 - 04 - 17）[2019 - 09 - 12]. http：//money.163.com/18/0417/00/DFIA42QD002580S6.html.

3. 消费者储蓄和信贷情况的变化

消费者个人收入不可能全部花掉，总有一部分以各种形式储蓄起来，这是一种推迟了的、潜在的购买力。所谓消费者信贷，就是消费者凭信用先取得商品使用权，然后按期归还贷款，以购买商品。这实际上就是消费者提前支取未来的收入，提前消费。

课堂讨论

"月光族"可以说是及时行乐的代言人，是消费主义与信用卡推销员制造的阴谋。比"月光族"更糟的，是"星光族"与"日光族"。请就此说说你的观点。

提示："月光族"是信贷消费最坚定的支持者和实践者，是商家最喜欢的消费者。对于青年朋友而言，在理财上容易犯的通病莫过于花钱大手大脚。这样看似潇洒的花钱做派既不利于个人事业的发展，也不利于今后家庭生活的美满。因此，养成良好的消费习惯是十分必要的。

5.3.3　政治法律环境

政治因素像一只有形之手，调节着企业营销活动的方向，法律则为企业规定商贸活动行为准则。政治与法律相互联系，共同对企业的市场营销活动发挥影响和作用。

政治环境是指企业市场营销活动的外部政治形势和状况以及国家方针政策的变化对市场营销活动带来的或可能带来的影响。

阅读材料

韩国"萨德事件"损失统计

2017 年 2 月，韩国同意"萨德"部署的消息一经传出，中国的舆论就炸了锅，并引发中国民众纷纷自发抵制韩国，其中处于风口浪尖的"乐天"更是损失巨大，韩国经济也因"萨德事件"发酵，各方面被中国民众抵制，其国家经济各方面纷纷下滑。有人根据网络数据统计了一份结果，可以从中看出韩国到底损失了多少钱。

社会层面	经济损失（2017 年 3—5 月）（亿元）	税收损失（亿元）	影响
政治			国家动乱
商业	21	12.8	销售下滑，失业率上升
旅游	15	8.7	旅游及相关产业下滑，失业率上升
制造	210	121.8	成本上升，销量减少
科技	14	8.12	成本上升，销量减少
娱乐	6	3.48	文化输出减少
航空	17	9.86	产业困局
体育	100	58	税收和收入减少
能源	300	174	物价上扬
国际			无法估量
海运贸易	600	348	经济倒退
合计	1 283	744.14	

资料来源：萨德事件最专业的统计结果出来了．（2018-04-17）[2019-09-12]. http://dy.163.com/v2/article/detail/CKNN890P0518BIP4.html.

对企业来说，法律是评判企业营销活动的准则，只有依法进行的各种营销活动，才能受到国家法律的有效保护。因此，企业开展市场营销活动，必须了解并遵守国家或政府颁布的有关经营、贸易、投资等方面的法律、法规。如果从事国际营销活动，企业就既要遵守本国的法律制度，还要了解和遵守市场国的法律制度和有关的国际法规、国际惯例和准则，这些因素对国际企业的营销活动有深刻影响。

企业必须知法守法，自觉用法律来规范自己的营销行为，并自觉接受执法部门的管理和监督。同时，企业还要善于运用法律武器维护自己的合法权益，当其他经营者或竞争者侵犯自己正当权益的时候，要勇于运用法律手段保护自己的利益。

5.3.4 自然环境

自然环境即自然界提供给人类各种形式的物质财富，如矿产资源、森林资源、土地资源、水资源等。自然环境也处于发展变化之中。目前，自然资源日益短缺，能源成本不断增加，环境污染日益严重，政府对自然资源的管理和干预不断加强。企业必须积极从事研究开发，尽量寻求新的资源或代用品。

课堂讨论

企业在经营中推出“绿色产品”“绿色营销”，以适应环保潮流。这对你有何启发？

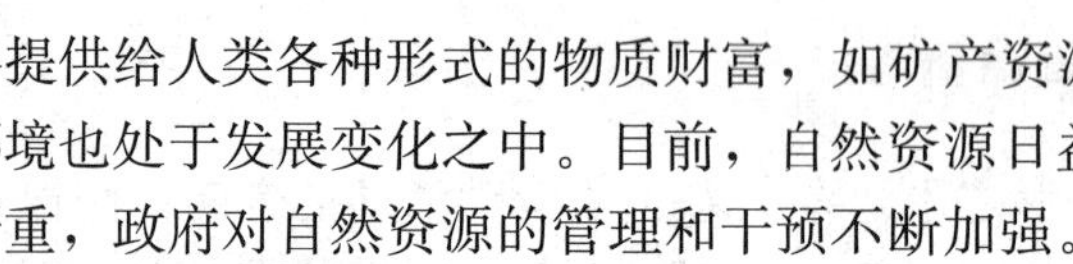

提示：地球是我们共同的家园，企业在经营中要有高度的环保责任感。

5.3.5 科技环境

现代科学技术是社会生产力中最活跃的和决定性的因素，它作为重要的营销环境因素，不仅直接影响企业内部的生产和经营，而且还与其他环境因素相互依赖、相互作用，影响企业的营销活动。企业应特别重视科学技术这一重要的环境因素对企业营销活动的影响，以使企业能够抓住机会，避免风险，求得生存和发展。

课堂讨论

苹果 iPhone 手机发布仅 4 年后，移动设备出货量就正式超过了 PC。对此谈谈你的感想。

提示：新技术的发展导致智能手机对 PC 构成致命打击。

5.3.6 社会文化环境

不同国家、不同地区的人民，不同的社会与文化，代表着不同的生活模式，对同一产品可能持有不同的态度，直接或间接地影响产品的设计、包装、信息的传递方法、产品被接受的程度、分销和推广措施等。

1. 教育水平

目标顾客不同的文化修养表现出不同的审美观，购买商品的选择原则和方式也不同。企业采用的营销手段及效果也因目标顾客的受教育程度而异。另外，企业的分销机构和分销人员的受教育程度等，也对企业的市场营销产生一定的影响。

2. 亚文化

亚文化是指存在于一个较大社会群体中的一些较小社会群体所具有的特色文化，具体表现为语言、信念、价值观、风俗习惯的不同。如在美国等西方国家的大城市里都有“唐人街”，那里集中体现了中国的文化，但总体上受着所在国地域文化的影响。中国的少数民族在饮食、服饰、建筑、宗教信仰等方面表示出与汉族明显的不同。

即便是同一个民族，居住在不同的地区，由于各方面的环境背景不同，也会形成不同的地域亚文化。以旅游为例，它正是一种不同地区、不同民族以及不同人群文化差异形成的交流过程。

3. 宗教信仰

不同的宗教信仰有不同的文化倾向和戒律，从而影响人们认识事物的方式、价值观念和行为准则，影响人们的消费行为，带来特殊的市场需求，与企业的营销活动有密切的关系。特别是在一些信奉宗教的国家和地区，宗教信仰对市场营销的影响力更大。不同宗教教徒的信仰和禁忌也不相同，这些信仰和禁忌限制了教徒的消费行为，这些都是企业营销时必须注意的因素。

4. 语言文字

要想进入某个市场，就必须掌握市场所在地区的语言，通过用当地语言交流，向顾客介绍自己的产品和服务。不懂当地语言就会影响营销活动，这在国际营销中尤为重要。

阅读材料

容易产生语言误区的产品

我国的“Maxi Puke”扑克牌在国内销路很好，译成英语就是“最大限度地呕吐”；“白象牌”电池，译为White Elephant，结果在美国市场上很少有人问津，原因是被理解成俚语“无用而累赘的东西”；芳芳化妆品容易让国人产生美好的联想——亭亭玉立的美女，芬芳袭人的香气，但当音译为FangFang（英文意思是“蛇的牙齿”），西方人一看，恐怖之情油然而生；白翎牌金笔译为“White Feather”，在英文中“To Show The White Feather”是“临阵脱逃、软弱”之意。五羊（Five Goats）牌自行车的“羊”（Goat）在英语中常常用来比喻“不正经的男子、色鬼”。

资料来源：陈阳．市场营销学．3版．北京：北京大学出版社，中国林业出版社，2016.

5. 价值观念

不同的文化背景下，人们的价值观念差别是很大的，而消费者对商品的需求和购买行为深受其价值观念的影响。如在西方国家中，许多人的价值观念是“能挣会花”，用明天的钱追求今天的享受。因此，分期付款、赊销等形式在西方国家非常通行，人们普遍习惯于借债消费；中国人多数崇尚“节俭”，消费原则是“量入为出”，不习惯借债消费。

6. 风俗习惯

不同的国家、不同的民族有不同的风俗习惯，它对消费者的消费偏好、消费模式、消费行为等具有重要的影响。

课堂讨论

“金狮（Goldlion）”为何改名“金利来”？

Goldlion 金利来

提示：“金狮”用粤语方言表达时，谐音是“净输”，犯了商家的禁忌。“金利来”则意寓能给人们带来滚滚财源。

中国、日本、美国等国家对熊猫特别喜爱，但一些阿拉伯人却对熊猫很反感。墨西哥人视黄花为死亡，红花为晦气，而喜爱白花，认为可驱邪。匈牙利人忌用“13”。日本人忌荷花、梅花图案，也忌用绿色，认为不祥。南亚有些国家忌用狗做商标。法国人忌用核桃，认为核桃是不祥之物。在法国，仙鹤是蠢汉和淫妇的代称，法国人还特别讨厌墨绿色，这是基于对第二次世界大战的痛苦回忆。新加坡华人多，所以对红、绿、蓝色都比较喜欢，但视黑色为不吉利，在商品上不能用如来佛的形态，禁止使用宗教语言。伊拉克人认为绿色代表伊斯兰教，但视蓝色为不吉利。日本人在数字上禁忌“4”和“9”，因为在日语发音中“4”同“死”相近，“9”同“苦”相近。我国港台商人忌送茉莉花和梅花，因为“茉莉”与“末利”同音，“梅花”与“霉花”同音。

5.4 营销环境的分析方法

企业的生存与发展、企业战略计划的制订和对市场营销过程进行管理都离不开对市场营销环境的分析。由于市场营销环境的客观性、多变性、复杂性，决定了企业应当主动地适应环境、利用环境，并善于分析和识别由于环境变化所造成的市场机会和威胁，及时、有针对性地制定和调整自己的战略和策略，不失时机地利用营销机会，使其经营管理与市场营销环境的发展和变化相适应，尽可能减少威胁带来的损失，获取最大的利益。

5.4.1　SWOT 分析法

SWOT 分析法是把组织内外环境所形成的优势（Strengths）、劣势（Weaknesses）、机会（Opportunities）、威胁（Threats）四个方面的情况，结合企业实际情况进行分析，以寻找制定适合本组织的经营战略的方法。“S”指企业内部的竞争优势，“W”指企业内部的竞争劣势，“O”表示来自企业外部的机会，“T”表示企业面临的外部威胁，如图 5－3 所示。

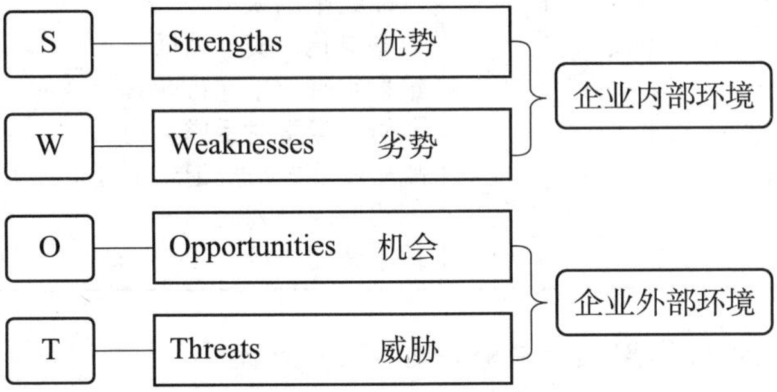

图 5－3　SWOT 分析法

1. 优势

优势是企业的特殊能力，是从企业可获得的资源和能力的基础上发展起来的。优势会使企业在竞争中处于有利地位。

2. 劣势

劣势是企业相对于竞争对手而言存在的资源或能力上的限制或缺陷，它会损害企业在竞争中的地位。

3. 机会

机会是指对企业特别有利的状态。机会的来源之一是关键的发展趋势。对细分市场的预测、竞争环境的变化、技术变革、与顾客或者供应商关系的改善都能给企业带来机会。

4. 威胁

威胁是对企业发展不利的外部因素，是妨碍企业目前或未来市场地位的主要因素。竞争者的进入、市场增长的减缓，主要客户或供应商讨价还价能力的增强、技术变革和法律法规的修订，都会给企业的成功带来威胁。

企业内外部环境分析的关键要素如表 5－1 所示。

表 5-1　企业内外部环境分析的关键要素

项目	潜在外部威胁	潜在外部机会
外部环境	市场增长较慢 竞争压力增加 不利的政府政策 新的竞争者进入行业 替代品销售额正在上升 用户讨价还价能力增强 用户偏好逐步转变 通货膨胀递增和其他	纵向一体化 市场增长迅速 可以增加互补产品 能争取到新的客户群 有进入新市场的可能 有能力进入更好的企业集团 在同行业中竞争业绩优良 扩展产品线，满足用户需要及其他
内部环境	潜在内部优势	潜在内部劣势
	产权技术 成本优势 竞争优势 特殊能力 产权创新 具有规模经济 公认的行业领先者 良好的财务资源 高素质的管理人员 买方的良好印象	竞争劣势 战略方向不明 竞争地位恶化 产品线范围太窄 设备老化，资金拮据 销售水平低于同行业其他企业 相对于竞争对手成本高 战略实施的历史记录不佳 不明原因的利润率下降 技术开发滞后

基于 SWOT 分析可以得出四种战略，如表 5-2 所示。

表 5-2　SWOT 分析模型与战略

项目	优势（S）	劣势（W）
机会（O）	SO 战略：增长战略（发挥优势，利用机会）	WO 战略：转移战略（抓住机会，减少或避开劣势）
威胁（T）	ST 战略：多元化战略（利用优势，避免威胁）	WT 战略：收缩防御战略（克服劣势，避免威胁）

5.4.2　环境威胁和环境机会分析法

在一定时期内，经营最为成功的企业之所以成功，关键在于它拥有因环境变化需要而采取新的经营行为的自我调节能力。分析研究营销环境，目的在于抓住和利用市场机会，避免环境威胁。

1. 环境威胁分析

所谓环境威胁，是指环境中不利于企业营销的因素的发展趋势，对企业形成挑战，对企业的市场地位构成威胁，是在市场中具有共性的因素产生的不利影响。比如能源危机、环境污染危机、政治危机等。应对环境威胁的营销策略包括以下几点。

（1）减轻策略。

减轻策略是指当企业面临环境威胁时力图通过调整市场策略（如适应或改善环境）来尽量降低环境威胁对企业的负面影响程度。

阅读材料

星巴克种族歧视门

2018 年 4 月 12 日，美国咖啡零售连锁企业星巴克因为拒绝两名黑人用卫生间而陷入种族歧视门。事件发生在美国费城的一家星巴克，两名黑人在等朋友时想借用门店洗手间遭拒，该门店经理发现二人未在店内消费又不肯离开便向当地警方报警，警察赶到后将二人逮捕。该事件引发美国民众的强烈抗议，并呼吁抵制星巴克。随后，星巴克 CEO 凯文·约翰逊就此事件公开发表道歉信，道歉信称星巴克员工报警的做法是错误的，但这不代表星巴克的理念和价值观，他本人愿意亲自到费城向这两名黑人道歉，并在 5 月 29 日下午关闭全美约 8 000 家直营店面，对 17 万员工进行“反种族歧视”的相关培训。

资料来源：汤先营．“星巴克事件”再掀种族歧视风波，荒诞的悲剧为何在美国屡屡上演．(2018－04－20) [2019－09－12]. http：//news. gmw. cn/2018－04/20/content _ 28403727. htm.

（2）转移策略。

转移策略也称转变或回避策略，即企业通过改变自己受到威胁的主要产品的现有市场或转移投资方向，来避免环境变化对企业的威胁。

课堂讨论

“光盘行动”倡导厉行节约，反对铺张浪费，带动大家珍惜粮食，吃光盘子中的食物。在这场持续的“厉行勤俭节约，反对铺张浪费”活动中，请为餐饮企业策划设计餐饮提示牌等宣传品。

提示：企业也应具有社会责任感。

（3）反抗策略。

反抗策略是指企业试图通过自己的努力限制或扭转环境中不利因素的发展。如通过各种方式促使（或阻止）政府通过某种法令或有关权威组织达成某种协议，努力促使某项政策或协议的形成以用来抵消不利因素的影响。

2. 环境机会分析

所谓环境机会，是指对企业市场营销有利的各项因素的总和。有效地捕捉和利用环境机会是企业营销成功和发展的前提，企业应从自身的专长出发，结合自身的资源和能力，及时抓住市场提供的机会，就能从中发现商机，开拓市场，提高企业的经济效益。利用环境机会的营销策略包括以下几点：

（1）及时利用策略。

当环境机会与企业的营销目标一致，企业却不具备利用环境机会的资源能力时，企业应当机立断，抓住时机，迅速出击，争取获取最大的经济效益和社会效益。

（2）待机利用策略。

有些环境机会相对稳定，但企业暂时不具备利用环境机会的条件，这时企业应积极创造条件，待时机成熟以后再利用。

阅读材料

赶制酒桶迎新政

当年富兰克林·罗斯福一步步迈向白宫总统宝座的时候，商业奇才哈默认为罗斯福“新政”一定会成功，禁酒令届时将被废除。于是他订购了几船桶板，设立桶板加工厂和现代化酒桶工厂。当哈默的酒桶从生产线上滚滚而出的时候，恰好赶上废除禁酒令，哈默的酒桶被那些最大的威士忌酒厂和啤酒制造厂用高价抢购一空。

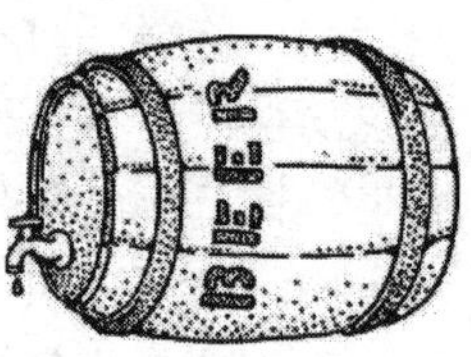

资料来源：陈姐讲历史．美国巨富哈默的发家史．（2018－07－23）［2019－09－12］. https：//baijiahao.baidu.com/s? id＝1606774960579136684&wfr＝spider&for＝pc.

（3）果断放弃策略。

环境机会虽然存在，但企业却一点都不具备利用的条件，此时企业应作出决策，果断放弃。

3. 环境威胁-机会综合分析

在企业实际面临的客观环境中，单纯的威胁环境和机会环境是少有的。一般情况下，营销环境带来的对企业的威胁和机会是并存的，威胁中有机会，机会中也有挑战。在一定条件下，两者可相互转化，从而增加了环境分析的复杂性。在不同的情况下，企业的应对亦有所不同。环境分析综合评价表如图 5－4 所示。

机会水平＼威胁水平	低	高
高	理想环境	冒险环境
低	成熟环境	困难环境

图 5－4　环境分析综合评价表

（1）理想环境。

理想环境即高机会与低威胁的环境。在这种环境中，利益大于危险，这是企业难得遇上的好环境，企业必须抓住机遇，万万不可错失良机。

（2）冒险环境。

冒险环境即高机会与高威胁的环境。在这种环境中，机会与危险同在，利益与风险并存，企业应当进行全面分析，慎重抉择，争取利益。

（3）成熟环境。

成熟环境，即低机会和低威胁的环境。这种环境是一种比较平稳的环境，企业一方面按常规经营取得平均利润，另一方面也可以积蓄力量，为进入理想环境做准备。

（4）困难环境。

困难环境即低机会和高威胁的环境。在此条件下，企业处境十分艰难，必须想方设法扭转局面，说不定“柳暗花明又一村”，如果无法扭转，则应后果断放弃，另谋发展。

单元小结

企业的市场营销环境由能影响企业有效地为目标市场服务的能力的外部所有行动者和力量所组成。企业必须密切关注营销环境的变化趋势，以便随时发现市场机会和监视企业可能受到的威胁。企业的生存与发展、企业战略计划的制订和对市场营销过程进行管理都离不开对市场营销环境的分析。企业应当主动地适应环境、利用环境，并善于分析和识别由于环境变化所造成的市场机会和威胁，及时地、有针对性地制定和调整自己的战略和策略，不失时机地利用营销机会，使自身的经营管理与市场营销环境的发展和变化相适应，尽可能减少威胁带来的损失，获取最大的利益。

单元6　顾客锁定

课前思考

随着科技的发展，个人计算机成了个人生活、学习必不可少的工具。
什么样的个人计算机受大学生欢迎呢？大学生在购买个人计算机时要考虑哪些因素？

6.1　消费者购买行为模式

6.1.1　消费者市场的认知

按照顾客购买目的或用途的不同，市场可划分为消费者市场和组织市场。消费者市场是指为满足生活消费需要而购买货物和劳务的所有个人和家庭。一切企业，无论是否直接为消费者服务，都必须研究消费者市场，因为只有消费者市场才是最终市场。其他市场，如生产者市场、中间商市场等组织市场，虽然购买数量很大，但仍然要以最终消费者的需要和偏好为转移。因此，消费者市场是一切市场的基础，是最终起决定作用的市场。

课堂讨论

制革厂的产品一般不直接卖给消费者，而是卖给皮革加工厂制成皮衣、皮鞋等产品出售，制革厂属于什么类型的市场？它们还需要研究消费者的需要吗？

提示：制革厂属于组织市场。组织市场即购买商品和服务以用于生产性消费，以及转卖、出租，或用于其他非生活类消费的企业或社会团体。制革厂也需要研究消费者市场，因为它们必须以消费者的需要为依据来制订营销方案。

6.1.2　消费者购买行为模式

企业的营销活动对一个具体的消费者来讲，能否产生作用，能够产生多大的作用，对哪些人最为有效，可以从“营销刺激-反应模式”来加以认识，如图6-1所示。

具有一定需要的消费者首先是受到企业营销活动的刺激和各种外部环境因素的影响而产生购买意向；不同特征的消费者对于外界的各种刺激和影响，又会基于其特定的内在因素和决策方式作出不同的反应，从而形成不同的购买取向和购买行为。在这一购买行为模式中，各种“外部刺激”是可以看到的，购买者最后的决策和选择也是可以看到的，但是

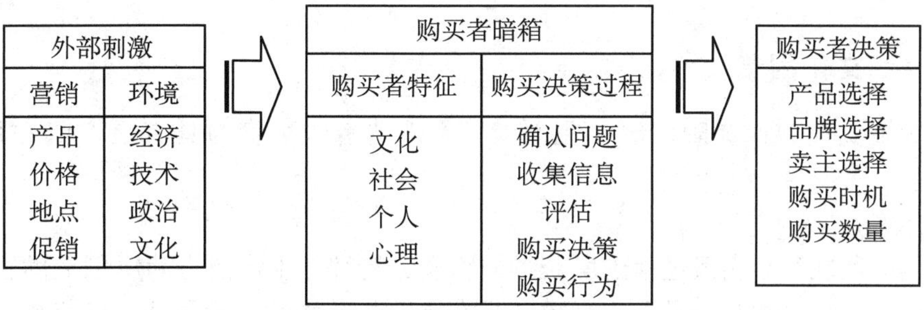

图 6-1　营销刺激-反应模式

购买者如何根据外界的刺激进行判断和决策的过程却是看不到的。这就是心理学中所谓的“暗箱”效应。购买者行为分析就是要对这一“暗箱”进行分析，设法了解消费者的购买决策过程以及这一决策过程中各种因素的影响规律。

对消费者购买行为的研究主要包括两个部分：一是对影响消费者行为的各种因素的分析；二是对消费者购买决策过程的研究。

课堂讨论

什么是暗箱？

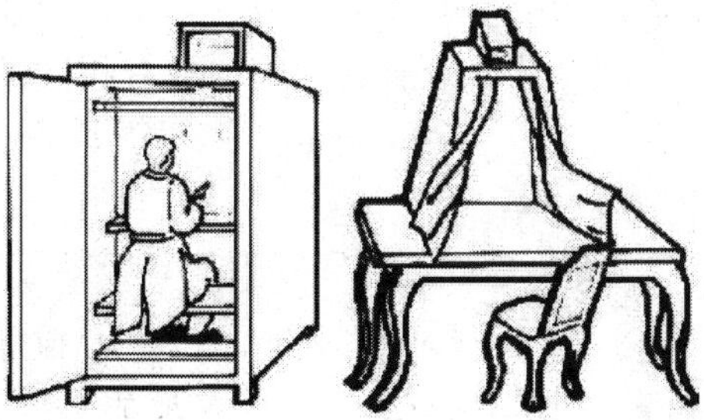

提示： 暗箱是照相机上装感光片的设备，其结构严密，绝不透光。这里比喻消费者购买心理活动的隐秘性。

6.2　影响消费者购买行为的因素

研究影响消费者购买行为的因素对企业开展有效的市场营销活动至关重要。消费者购买心理和行为在很大程度上受到文化、社会、个人和心理等因素的影响，具体见表 6-1。

表 6-1　影响消费者购买行为因素

文化因素	社会因素	个人因素	心理因素
文化 亚文化 社会阶层	参照群体 家庭 社会角色 社会地位	家庭生命周期 职业 经济状况 受教育水平 个性 生活方式 自我观念	动机 知觉 学习 态度和信念

6.2.1 文化因素

文化、亚文化和社会阶层等文化因素，对消费者购买行为具有最广泛和最深远的影响。

1. 文化

文化是人类在社会实践过程中所获得的物质、精神的生产能力和所创造的物质财富、精神财富的总和。文化是一种历史现象，具有历史的继承性、阶段性、民族性、地区性、多样性等特征，文化背景不同，人们的需求就不同，因此文化是影响消费者购买行为的最基本的因素。

文化差异引起消费者购买行为的不同，主要表现在婚丧嫁娶、服饰、饮食、建筑风格、传统节日、礼仪等方面。

2. 亚文化

亚文化是指存在于一个较大社会群体中的一些较小社会群体所具有的特色文化。总体来讲，亚文化群体主要有民族亚文化群体、宗教亚文化群体、种族亚文化群体和地理亚文化群体等。

3. 社会阶层

社会阶层也称社会分层，是指根据财富、权力、知识、职业或声望等标准将社会成员区分为高低不同的等级序列。同一社会阶层的人往往具有相同的价值观、生活方式、思维方式和审美观。

课堂讨论

宝马通过降低门槛，向社会中层人士抛出“橄榄枝”，以迎合世界各地的中产阶级的心理。在营销实践中，这种做法能否成功？

提示：宝马的这种策略在中国行不通。作为成功人士的象征，宝马一旦降低门槛，有钱人和成功人士不会再购买。事实也证明，这个策略在中国市场上节节败退，最终失败。

6.2.2 社会因素

参照群体、家庭、社会角色和社会地位等社会因素是影响消费者购买行为的重要因素。

1. 参照群体

参照群体也称相关群体，是对个人的信念、态度和价值观产生影响，并将其作为评价事物尺度的群体。它既可以是实际存在的，也可以是想象存在的。

参照群体又可分为直接参照群体和间接参照群体。参照群体的分类见表 6-2。

表 6－2　参照群体的分类

直接参照群体	间接参照群体
首要群体	向往群体
次要群体	厌恶群体

（1）直接参照群体。直接参照群体是某人所属的群体或与其有直接关系的群体。它又分为首要群体和次要群体两种。首要群体也称基本群体、初级群体，是人们经常面对面直接交往的群体，如家庭、邻里、同学、同事等，一般都是非正式群体。次要群体是人们不经常面对面直接交往的社会组织，如机关、企业、学校、消费者协会等。

阅读材料

俞敏洪的“空城计”

俞敏洪离开北大，成立“新东方大学英语培训部”。第一天，来了两个学生，看到学校里破旧的设备、干干净净的花名册，满脸狐疑，虽然经老俞劝说交了钱，但马上又退钱而去。随后两天，来人不少，可只有三个学生报名交钱。俞敏洪疑惑：为什么好多人来，看看花名册就走人了呢？于是，老俞心生一计。第二天，他在托福、GRE 所有花名册上各填上 30 个假名字。这一招果真灵验，报名人数越来越多。

资料来源：吴敏．俞敏洪回忆创业惨痛经历．（2013－07－10）［2019－09－12］. http：//finance. ifeng. com/a/20130710/10121326 _ 0. shtml.

（2）间接参照群体。间接参照群体是指某人的非成员群体，即此人虽不属于这个群体，但又受其影响。它可分为向往群体和厌恶群体。向往群体也称渴望群体，是指消费者渴望成为其群体中的一员，模仿其群体成员的消费模式与购买行为，如影视明星、体育明星。厌恶群体也称隔离群体，是指消费者厌恶、回避、远离的群体，消费者希望在各方面与其保持距离，甚至反其道而行之。

2. 家庭

家庭是由婚姻、血缘或收养而产生的亲属间的共同生活组织。家庭是社会组织中的基本单位，是消费者最基本的参照群体，对消费者的购买行为有重要影响。根据家庭权威中心点的不同，家庭购买决策类型分为以下四种：

（1）独裁型。它是指家庭购买决策权掌握在丈夫、妻子或子女手中。如购买家庭日常用品往往由妻子决定。

（2）协商型。它是指家庭购买决策由家庭成员协商决定。如购买住房、汽车等耐用消费品往往是全家协商后决定。

（3）民主集中制型。它是指在参考全家人意见的基础上，由某个家庭成员作出最后购买决策，一个人独自做主，全家参与意见。如购买家用电器。

（4）自治型。它是家庭成员各自对自己所需产品作出购买决策。如购买服装等。

家庭购买决策权主要掌握在夫妻手中，夫妻决策权的大小取决于购买商品的种类、双方工资收入、生活习惯、家庭内部劳动分工等各种因素。由于我国独生子女家庭多，子女在家庭购买决策中所起的作用也不容忽视。

课堂讨论

宝宝的纸尿裤主要由谁来购买？这对生产厂家的广告策划有什么启示？

提示：宝宝的纸尿裤主要由妈妈来购买，策划广告时的诉求对象应该为孩子的妈妈，创意应站在宝宝妈妈的立场上进行。

3. 社会角色

社会角色是与人的社会地位相联系，并按规范执行的行为模式。社会角色是人的各种社会属性和社会关系的反映，是社会地位的外在表现。社会生活中任何一个人都要扮演不同的社会角色，如一个人在家庭中是妻子、母亲，在工作单位又是经理等。社会角色的不同在某种程度上影响消费者购买行为。如女儿在母亲节购买康乃馨送给母亲、恋爱男女在情人节购买玫瑰花和巧克力送给自己的恋人。

4. 社会地位

社会地位是人们在各种社会关系网中所处的位置，是对决定人们身份和地位的各种要素综合考察的结果。这些要素包括个人的政治倾向、经济状况、家庭背景、文化程度、生活方式、价值取向、审美观及所担任的角色和所拥有的权利等。消费者往往根据自己的地位作出购买选择，许多产品和品牌由此成为一种身份和地位的象征，如劳力士手表、LV手提包等。

6.2.3 个人因素

消费者年龄、性别、所处的家庭生命周期阶段、个性、职业、经济状况、生活方式以及自我观念等个人因素是影响消费者购买行为的主要因素。

1. 家庭生命周期

家庭生命周期是指以家长为代表的家庭生活的全过程。按年龄、婚姻、子女等状况的不同，家庭生命周期可分为以下八个阶段：

(1) 未婚期阶段，即单身的青年人。消费支出以服装、娱乐为主，追逐时尚，是新产品促销的重要目标市场。

(2) 新婚期阶段，即年轻、没有子女的夫妻。这是人生一个消费高峰期，购买产品种类多，是住房、家用电器、家具、服装等单价较高的耐用消费品的主要购买者。在我国，购买上述消费品的经济来源有很大一部分是父母多年的储蓄。

(3) “满巢”Ⅰ阶段，即年轻夫妻，家中有一个6周岁以下的孩子。在这个时期孩子的启蒙教育、营养开支较大。

(4) “满巢”Ⅱ阶段，即年轻夫妻，有6周岁以上的孩子。一般家庭经济状况良好，孩子的教育支出逐渐增多，有自己喜爱的品牌产品。

(5) “满巢”Ⅲ阶段，即中年夫妻，有经济未独立的子女。这是一个家庭经济状况最好的阶段。以前没有房子的家庭已经购买了房子，小房子换成大房子，因此他们是商品房的重点销售对象，也是二手房的主要购买者；他们结婚时购买的家用电器、家具等消费品已经过时，需要更新，因此他们又是家用电器、家具等消费品的主要购买者；这时家庭中夫妻二人负担也比较重，上有父母需赡养，下有子女需供养；家庭中子女的教育支出开支较大，尤其是孩子上大学的费用占家庭总收入很大一部分。

（6）“空巢”Ⅰ阶段，即未满60周岁的中年夫妻。子女经济独立，大部分已组成自己的新家庭；夫妻二人经济条件较好，是旅游产品、保健品的主要购买者；在中国独生子女家庭中，儿女虽然已成家，但大部分离父母家较近的年轻夫妻在经济上依赖父母，小孩子需要父母照顾。

（7）“空巢”Ⅱ阶段，即年龄在60周岁以上的老年夫妻。消费支出主要在医疗保健方面，经济条件好的家庭外出旅游增多，因此这个阶段的家庭是旅行社的重点目标市场。

（8）鳏寡期，指单身独居的老人。消费支出主要是医疗保健品、健身器材。单身老人再婚问题、护理问题是值得社会关注的重点工作。

课堂讨论

在设计保险理财产品时应该考虑家庭生命周期吗？

提示：应该考虑。在家庭生命周期的不同阶段，消费者需要的保险理财产品应该是不同的。

2. 个性

个性是指个人稳定的心理品质。个性导致对自身所处环境相对一致和连续不断的反应。个性特征有若干类型，如外向与内向、细腻与粗犷、谨慎与急躁、乐观与悲观、领导与追随、独立性与依赖性等。一个人的个性影响着消费需求和对市场营销因素的反应。比如，外向的人爱穿浅色衣服和时髦的衣服，内向的人爱穿深色衣服和庄重的衣服；追随性或依赖性强的人对市场营销因素敏感度高，易于相信广告宣传，易于建立品牌信赖和渠道忠诚，独立性强的人对市场营销因素敏感度低，不轻信广告宣传；家用电器的早期购买者大都具有极强的自信心、控制欲和自主意识。

3. 生活方式

生活方式是指一个人在生活中表现出来的活动、兴趣和看法的模式。生活方式类型不同，人们的消费重点也有所区别。如“娱乐型”人的生活丰富多彩，紧跟时尚；“生活型”人的购物以满足家庭舒适生活为主，“事业型”的人喜欢购买书籍等。

4. 自我观念

自我观念即自我概念，是指个人关于自己的观念体系，即消费者想使自己成为一种什么样的人。它包括三个方面：一是认知，是对自己的品质、能力、外表、社会意义等方面的认识；二是情感，包括自尊、自爱和自卑等；三是评价意志，是指自我评价。由于自我观念不同，人们的购买行为也有很大的差异性，如在服饰选择方面，如果消费者想把自己塑造成风度翩翩的“绅士”，其偏重购买名牌西装、领带、皮鞋等，如果想把自己塑造成自然、潇洒、悠闲的人，则购买以休闲服饰为主。

6.2.4 心理因素

消费者的动机、知觉、学习、态度和信念是影响消费者购买行为的主要心理因素。

1. 动机

动机是指引起和维持个体活动并使之朝一定目标和方向进行的内在心理活动，是引起行为发生、造成行为结果的原因。动机的产生必须具备两个条件：一是具有一定强度的需要；二是具有满足需要的目标和诱因。需要、动机和购买行为三者的关系如图 6-2 所示。

图 6-2 需要、动机和购买行为三者关系图

课堂讨论

俗话说“饥思食、渴思饮”，在实际生活中，一定是饿了才吃吗？这又说明什么？

提示：动机分为生理动机和心理动机两种。饿了吃饭属于生理动机，企业改变不了，也不是营销研究的对象。如果是在心情和环境的影响下进食则属于心理动机，是可以通过营销努力来改变的。

2. 知觉

知觉是客观事物直接作用于人的感觉器官导致人脑对客观事物整体的反映。如有一个事物，我们通过视觉器官感到它具有圆圆的形状、红红的颜色；通过嗅觉器官感到它特有的芳香气味；通过手的触摸感到它硬中带软；通过口腔品尝到它的酸甜味道，于是，我们把这个事物反映成苹果。它包括选择性注意、选择性曲解和选择性记忆。

（1）选择性注意。选择性注意是人在注意时，从当前环境中的许多刺激对象或活动中选择一种或几种刺激，使自己产生高度的兴奋、感知和清晰的意识。引起选择性注意的原因有两种：一是客观因素，如刺激强度大、新奇、对比鲜明、反复出现、不断变化等；二是主观因素，如需要、动机、精神状态、知识经验、任务、世界观、价值观等。如消费者在家电商场买电视，他只注意收集电视的品牌和价格等有关电视的信息，而对冰箱等其他家用电器视而不见。

课堂讨论

请问为什么公司或者个人小店的开业典礼都很隆重，并且都要放鞭炮？

提示：其目的是想引起消费者的注意。

（2）选择性曲解。选择性曲解是指人们有选择地将某些信息加以歪曲，使其符合自己的想象。由于选择性曲解的作用，人们容易忽视自己喜爱品牌的缺点和其他品牌的优点。

（3）选择性记忆。选择性记忆是指人们由于观点、兴趣、生活经验的不同，对所经历过的事情有选择地识记、保持、再现或再认。

3. 学习

学习是指由于后天经验引起的个人知识、结构和行为的改变。人类的行为大都来源于学习，人们的学习过程就是驱使力（即动机）、刺激物、提示物反应和强化的结果。如在中国人们右侧通行，司机见红灯就停、绿灯就行就是一种后天学习的结果。

4. 态度和信念

态度是消费者对有关事物的概括性评估，是以持续的赞成或不赞成的方法表现出来的对客观事物的倾向。态度导致人们对某一事物产生或好或坏、或亲近或疏远的感情。信念是在态度得到不断强化的基础上所产生的对客观事物的稳定认识和倾向性评价。如某顾客在当地百货公司购买了洗衣机后，非常满意，形成态度。后来又购买了电冰箱、电视机、空调，也非常满意，这时候会形成信念，他会认为这家百货公司信誉卓著、商品货真价实、服务热情周到。

6.3　消费者购买决策过程

6.3.1　了解消费者购买决策的角色

购买决策有时候并不是一个人单独作出的，也包括其他成员的参与，是一种群体决策的过程。根据购买决策的参与者在购买活动中所起的作用，消费者购买决策的参与者可以分成以下五种角色：

（1）发起者，即第一个建议或想到要购买某种产品或服务的人。

（2）影响者，即对最后决策有直接或间接影响的人。

（3）决策者，即对是否购买、怎样购买有权进行最终决策的人。

（4）购买者，即执行具体购买任务的人。

（5）使用者，即实际消费或使用产品或服务的人。

这五种角色相辅相成，共同促成了购买行为，它们是企业营销的主要对象。五种角色的存在并不意味着每一种购买决策都必须五个人才能作出，在实际购买行为中，有些角色可在一个人身上兼而有之。认识购买决策的群体参与性，对于企业营销活动有十分重要的意义。

课堂讨论

孩子说："爸爸，我想要一台笔记本电脑"；爷爷说："孩子可以用笔记本电脑学习，提高孩子学习效率"；妈妈认为孩子确实需要，家庭经济情况也有能力购买，决定满足孩子的愿望；爸爸了解了笔记本电脑的选购知识，去了电子产品市场，买回了笔记本电脑。请分析以上购买决策参与者的五种角色。

提示：孩子——发起者；爷爷——影响者；妈妈——决策者；爸爸——购买者；孩子——使用者。

6.3.2 购买行为的类型

不同类型的消费者对于不同类型的商品的购买决策行为也有很大差异。根据消费者对产品的熟悉程度和购买决策的风险大小（很大程度上取决于产品价格的昂贵与否），购买行为可分为四种类型，具体见表 6-3。

表 6-3 购买行为的类型

购买决策风险	对产品的熟悉程度	
	低	高
高	复杂性购买行为	选择性购买行为
低	简单性购买行为	习惯性购买行为

1. 复杂性购买行为

对于那些消费者认知度较低、价格昂贵、购买频率不高的大件耐用消费品，消费者往往表现出复杂性购买行为。由于价格昂贵，购买决策的风险比较大，消费者的购买行为必然比较谨慎；消费者对产品不够熟悉，需要收集的信息比较多，进行选择的时间也比较长。

2. 选择性购买行为

同样是价格比较昂贵的商品，有较大的购买决策风险，但是由于消费者对于某类商品比较熟悉，知道应当怎样进行选择，在购买决策时无须再对商品的专业知识做进一步的了解，而只要对商品的价格、购买地点以及各种款式进行比较选择就可以了，此时消费者往往表现出选择性购买行为。

3. 简单性购买行为

对于某些消费者不太熟悉的新产品，由于价格比较低廉，购买频率也比较高，消费者不会花很大的精力去进行研究和决策，而常常会抱着"不妨买来试一试"的心情来进行购买，所以购买过程相对比较简单，此时消费者往往表现出简单性购买行为。

4. 习惯性购买行为

对于那些消费者比较熟悉而价格比较低廉（通常产品的稳定性也比较好）的产品，消费者会采用习惯性购买行为，即不假思索地购买自己习惯用的品种、品牌和型号。若无新的强有力的外部吸引力，消费者一般不会轻易地改变其固有的购买方式。

了解购买行为的不同类型，有助于企业根据不同的产品和消费者情况去设计和安排其营销计划，知道哪些是应当重点予以推广和宣传的，哪些只需要做一般的介绍，以使企业的营销资源得到合理的分配和使用。

6.3.3　消费者购买过程

每一个消费者在购买某一商品时，都要经历一个过程，只是因为所购买产品类型、购买者类型的不同而使购买过程有所区别，但典型的消费者购买过程如图 6-3 所示。

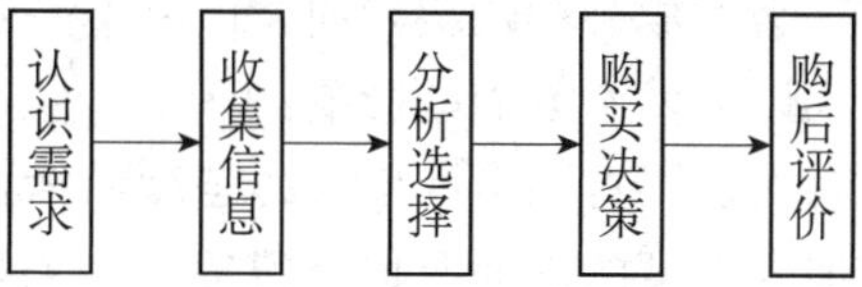

图 6-3　消费者购买过程

1. 认识需求

认识需求即消费者接受某种刺激而对某种产品或服务产生需求。这种刺激可能来自消费者内部的生理及心理缺乏状态而产生需要，如饥、渴、冷及对友情、爱情的需要等，也可能是来自外部环境的刺激而产生的需要，如看到别人穿新潮服装、戴珠宝首饰，自己也想购买。对企业来讲，应通过适当的方式刺激顾客，使之了解、喜欢本企业产品，并产生需求。

2. 收集信息

消费者一旦产生了需求，便会着手进行有关信息的收集。信息的收集就是寻找和分析与满足需要有关的商品和服务的资料。消费者信息的来源主要有四个方面：经验来源，指通过对各种商品的触摸、查看、试验、使用等得来的信息；个人来源，包括家庭成员、亲朋好友、同事邻居等；公共来源，包括报纸、杂志、电台、电视等；商业来源，即产品介绍、营销人员介绍、商品展示等。

对于不同的消费者，其对广告媒体的选择也有所不同。比如，给出租车司机做宣传，他接收信息的主要通道可能是交通广播台，他在收听路况信息的同时也就接收了其他有关信息，因此，针对出租车司机的宣传应以交通广播台为主。

3. 分析选择

在收集到足够的商品信息后，消费者需要根据个人的经济实力、兴趣爱好及商品的效用的满足程度，对购买客体进行认真分析、评价，对比它们的优缺点，淘汰某些不满意或不信任的商品类型和品牌，然后对所确认的品牌进行价格、质量、售后服务的比较推敲，以便挑选出最佳性价比和最大满足感的商品。

课堂讨论

评价轮胎、旅馆、照相机的标准分别是什么？

提示：轮胎——安全、耐磨、价格；旅馆——位置、干净、安全、价格；照相机——像素、外观设计、功能、价格。

4. 购买决策

消费者经过产品评估后，会形成一种购买意向，但是不一定导致实际购买，真正将购买意向转为购买行动还会受到以下两个方面的影响：

（1）他人的态度。消费者的购买意图会因他人的态度而增强或减弱。他人态度对消费意图影响力的强度，取决于他人态度的强弱及他与消费者的关系。一般来说，他人的态度越强、他与消费者的关系越密切，其影响就越大。如丈夫想买一台大屏幕的彩色电视机，而妻子坚决反对，丈夫就极有可能改变或放弃购买意图。

（2）意外的情况。消费者购买意向的形成，总是与预期收入、预期价格和期望从产品中得到的好处等因素密切相关。但是当他欲采取购买行动时发生了一些意外的情况，诸如因失业而减少收入，因产品涨价而无力购买，或者有其他更需要购买的东西等，这一切都将会使他改变或放弃原有的购买意图。

企业在这个实际购买的阶段，要做到热情接待、周到服务，让顾客在非常温馨的交易情景下接受商品。因为在这个实际购买的过程中，顾客依然可能作出否定购买的决策。因此，必须按照顾客接受的最佳状态、最佳时机来考虑接待方式。

5. 购后评价

消费者购买了商品并不意味着购买行为过程的结束，因为其对于所购买的商品是否满意，以及会采取怎样的行为对于企业目前和以后的经营活动都会带来很大的影响，所以重视消费者购买后的感觉和行为并采取相应的营销策略同样是很重要的。

消费者购买商品后，通过自己的使用和他人的评价，会对自己购买的商品产生某种程度的满意或不满意。假如所购商品完全符合自己的意愿，甚至比预期的还要好，消费者不仅自己会重复购买，还会积极地向他人宣传推荐；相反，如果所购商品不符合自己的需要，或效用很差，消费者不仅不会再购买这种商品，还会发泄自己的不满情绪，竭力阻止他人购买。可见，购后评价常作为一种购买经验，对消费者以后的购买行为产生重要的影响。

在消费者购买过程的不同阶段，企业应采用不同的营销策略，给消费者以支撑，促成良性的购买行为。

德技并修

抵制“灰色营销”

灰色营销，指企业的销售人员通过向买方代理人个人（如采购人员）出让某种利益而销售商品的营销方式。其中出让的利益有回扣、请吃、请玩、送昂贵的礼品等，或者提供其他不直接的以金钱表达的好处。灰色营销违反了营销人员的道德，通过损害他人或社会的利益而自己得力，我们应该抵制这种现象。

单元小结

购买者行为理论认为，企业在其营销活动中，必须认真研究目标市场中消费者的购买行为规律及特征。即使同样类型的消费者，购买行为也会有所不同。一切企业，无论是否直接为消费者服务，都必须研究消费者市场。在消费者市场上，应主要研究影响购买者行为的各种因素和消费者购买决策过程。只有认真研究和分析消费者的购买行为特征，才能有效地开展企业的营销活动。

单元 7　市场调查

课前思考

2017 年北京空气质量优良天数为 226 天，比 2016 年增加 28 天，重污染日 23 天，比 2016 年减少 16 天。与更多人感受到的 2017 年北京雾霾无论是频次还是污染程度明显降低，蓝天白云更为常见。然而，多地大范围的雾霾给我们带来的环境警示以及对未来车市可能造成的影响仍值得思考。自从中国成为汽车大国以来，汽车污染程度也位居世界前列。汽车制造企业面对这种情况，应如何调查、分析消费者需求变化带来的种种影响，因势利导地推出新能源汽车？

7.1　市场调查的作用及内容

在现实的市场竞争中，没有任何一家企业能够一帆风顺地经营下去，国际上知名的企业也是如此。企业的任何经营决策都存在着不确定性和风险，企业只有通过切实有效的市场调查，掌握足够的市场信息，才能比竞争对手更早地发现和更好地满足消费者的需求，赢得竞争优势。在竞争日趋激烈的市场环境中，市场机会稍纵即逝，越来越多的企业认识到，信息是一种重要的社会资源，能帮助企业了解自身所处的生存、发展和竞争环境的变化，增强企业的应变能力，掌握经营的主动权，创新营销策略，实现企业预期的生产经营目标。因此，市场调查已经成为企业了解市场、把握顾客需求、作出决策、赢得竞争优势的重要手段。

7.1.1　市场调查的含义

市场调查（Marketing Research）是指运用科学的方法，有目的地、系统地收集、记录、整理有关的市场营销信息和资料，分析市场情况，了解市场的现状及发展趋势，为市场预测和营销决策提供客观、正确的资料。市场调查包括市场环境调查、市场状况调查、销售可能性调查，还可对消费者及消费需求、企业产品、影响销售的社会和自然因素、销售渠道等开展调查。市场调查具有系统性、客观性、时效性、多样性和不确定性等特点。

阅读材料

“中国将出兵朝鲜”

1950年初，朝鲜战争到了剑拔弩张、一触即发的时刻。美国政府就发动朝鲜战争后中国是否会出兵的问题展开了反复讨论。讨论的结果认为中华人民共和国刚刚成立，百废待兴，自顾不暇，不会也不敢出兵。当时，美国对华政策研究室接到一个秘密情报：欧洲有个“德林软件公司”，集中了大量人力和财力研究一项对美国来说非常有用的课题——“如果美国出兵朝鲜，中国的态度将如何?”。研究成果出来以后，打算把它卖给美国。据说这个成果只有一句话，却索价500万美元（当时能折合一架最好的战斗机）。用500万美元买一句话，美国人认为这简直是发疯，对此一笑置之。朝鲜战争结束后，美国国会开始辩论“究竟出兵朝鲜是否有必要”的时候，才有人想起德林软件公司的研究成果。美国才以300万美元买下了德林软件公司的研究成果，其实最终的研究成果只有7个字：“中国将出兵朝鲜”，另附了几百页的论证材料。美军侵朝司令麦克阿瑟谈起这件事时，感慨地说：“我们最大的失策是：舍得几百亿美元和数十万军人的生命，却吝惜一架战斗机的代价。”

资料来源：陈启杰，江晓东．市场调研与预测．4版．上海：上海财经大学出版社，2014.

7.1.2　市场调查的作用

市场调查的主要功能有描述、诊断和预测。市场调查的主要作用是通过信息把营销者和消费者、公众联系起来，通过对信息的分析来寻找市场机会，制定、完善和评估市场营销方案，控制市场营销行为，为企业经营决策活动提供重要依据。企业经营的重点是决策，而决策的重点是信息，信息的来源就是市场调查。因此，市场调查对企业有着重要作用。

课堂讨论

市场调查的目的是什么?

提示：市场调查的目的是通过了解目标市场上的顾客、竞争对手、产品使用、销售、促销等方面的情况，为企业作出决策提供客观依据，减少决策中的不确定因素，提高决策方案的科学性与可行性，为企业赢得经济效益。

1. 市场调查活动是企业了解市场的重要手段

企业的营销活动是从市场调查开始的。通过市场调查，企业可以发现市场机会，制定营销战略，进行市场细分，选择目标市场，进行准确的市场定位，设计营销组合策略。在整个市场营销活动过程中，市场调查贯穿始终，每一步决策都需要市场调查结论作为决策的依据。否则，没有准确的市场调查结论而脱离实际情况的决策，会给企业带来不必要的损失。

阅读材料

袖珍苹果 iPod 的成功

苹果公司的 iPod 并不是第一款数字音乐播放器，但它却是第一个风靡全球的。苹果公司经过缜密的市场调查研究，发现人们希望如何消费数字音乐的关键点在于他们想将所有的音乐都随身携带，但又不希望自己的音乐播放器太显眼。根据这一调查，苹果设定了两个基本目标——使音乐播放器像一张卡片一样小，能存储 1 000 首歌。以这一发现为基础，加上苹果的设计冲击力和实用性魔力，一款了不起的产品诞生了。苹果不断扩大 iPod 产品线，已经为苹果公司产生亿万美元的收入。

资料来源：巧艳．苹果 iPod 音乐播放器诞生十五周年！历代经典机型盘点．（2016－10－25）［2019－09－16］．http：//s. newhua. com/2016/1025/310746. shtml.

2. 有助于企业更好地吸收国内外先进经验和最新技术，提高管理水平

当今世界，科技发展迅速，新发明、新创造、新技术和新产品层出不穷，日新月异。这种技术的进步自然会在商品市场上以产品的形式反映出来。通过市场调查，有助于我们及时地了解市场经济动态和科技信息，为企业提供最新的市场情报和技术生产情报，以便更好地学习和吸收同行业的先进经验和最新技术，改进企业的生产技术，提高人员的技术水平，提高企业的管理水平，从而提高产品的质量，加速产品的更新换代，增强产品和企业的竞争力，保障企业的生存和发展。

阅读材料

婴儿手足印

日本的一家公司经过市场调查，发现许许多多的父母都希望自己的子女出生之后，能留下美好而完整的记录。因此，公司推出了令人耳目一新的产品——“婴儿手足印”纪念框，年轻的父母替小宝宝印下手印或足印后，该公司据此用黏土做成模型，并且注入特殊的树脂原料，等其凝固后，便成为一个立体的手形或足形。然后，在其表面镀上一层金色或银色、棕色，再将手形或足形镶入木框之中，铸上格言、感想或人名等合适的字眼。这种产品在日本一上市即呈现出畅销的势头。

资料来源：孙超峰．营销故事大全．（2015－06－07）［2019－09－16］．http：//www. qisuu. la/du/17/17700/.

3. 为企业管理部门和有关负责人提供决策依据，有检验和修正作用

任何一家企业都只有在对市场情况有实际了解的情况下，才能有针对性地制定市场营销策略和企业经营发展策略。在企业管理部门和有关人员要针对某些问题进行决策时，如在制定产品策略、价格策略、分销策略、广告和促销策略时，通常要了解的情况和考虑的问题是多方面的，主要有：本企业产品在什么市场上销售较好，有发展潜力；在哪个具体的市场上预期可销售数量是多少；如何才能扩大企业产品的销售量；如何掌握产品的销售价格；如何制定产品价格，才能保证在销售和利润两方面都能有良好表现；怎样组织产品推销，销售费用又将是多少等。这些问题只有通过具体的市场调查，才可以得到具体的答

复，而且只有通过市场调查得来的具体答案才能作为企业决策的依据。通过市场调查，企业可以检验其经营战略和计划是否可行，有无疏忽和遗漏，是否需要修正，并可以根据市场调查结论提供相应的修正方案。否则，企业就会制定出盲目的和脱离实际的决策，而盲目则往往意味着失败和损失。

阅读材料

新口味可口可乐的失败

作为一个家喻户晓的全球大品牌，可口可乐在20世纪80年代中期也曾出现过一次致命的失误。尽管公司前期花费了两年时间和数百万美元进行市场调查，但可口可乐忽略了最重要的一点，那就是对于购买可口可乐的消费者，尤其是老消费者而言，口味并不是最主要的购买动机。传统配方的可口可乐背后承载着一种传统的美国精神，放弃传统配方就等于背叛美国精神，这是可口可乐公司市场调查计划失败的主要原因。

资料来源：壹串通品牌策划集团．品牌策划中品牌调研策略的重要性．(2017-08-03) [2019-09-16]. https://www.sohu.com/a/161951932_196915.

4. 增强企业的竞争力和生存能力

商品市场的竞争由于现代社会化大生产的发展和技术水平的进步而变得日益激烈。市场情况在不断地发生变化，而促使市场发生变化的原因，不外乎产品、价格、分销、广告、推销等市场因素和有关政治、经济、文化、地理条件等市场环境因素。这两种因素往往又是相互联系和相互影响的，而且在不断地发生变化。因此，企业为适应这种变化，就只有通过广泛的市场调查，及时地了解各种市场因素和市场环境因素的变化，从而有针对性地采取措施，通过对市场因素，如价格、产品结构、广告等的调整，去应付市场竞争。对于企业来说，能否及时了解市场变化情况，并适时地采取适当的应变措施，是企业能否取胜的关键。

课堂讨论

家居用品企业如何另辟蹊径提升市场竞争力？

提示：家居用品网络营销的盛行，除受市场竞争加剧、商家急于突破的因素影响外，更深层次的原因是家居用品企业了解到消费者的消费观念和方式正在发生转变。目前，“80后”和“90后”正逐渐成为消费主力军，他们喜欢通过网络这种足不出户就能购物的方式，网络购物将成为年轻人最爱的购物方式。因此，家居用品企业应充分利用网络营销赢得竞争优势。

7.1.3　市场调查的内容

市场调查是企业市场营销活动的开始，并贯穿其全过程。那么市场调查的内容究竟有哪些呢？市场调查的内容涵盖了市场营销活动的全过程，从识别市场机会、选择目标市场、制定营销策略，到评价营销效果，都可以作为市场调查的对象。具体来讲，市场调查主要包括以下内容。

1. 消费者消费行为分析调查

这是指对于产品购买者在购买动机、购买行为模式、购买过程等方面所进行的调查活动。消费者需求是产品的基点与起点，成功的产品定位必须建立在对消费者需求的深刻理解与把握上。在产品研发、定位的各个阶段都要深入调查，把握消费者需求特征以及需求的变化，并积极主动地将消费者的意见与建议纳入产品研发中来。

2. 市场营销环境调查

企业经营的市场环境主要是指在较大的范围和较长的时间内，对企业经营活动发生较大影响的宏观因素，以及企业目标市场所在地的各种微观环境因素。企业开展市场营销环境调查的主要目的如下：

（1）为了发现市场可提供的各种机会，以便进一步利用市场机会。

阅读材料

重新认识农村白酒大市场

农村白酒市场是一块大蛋糕，有大能量，近些年来，受消费升级等因素的影响，农村市场隐藏着非常多的机会。农村白酒市场有以下特点：

第一，人情关系复杂。酒商依托人情关系做市场建设，完成招商，做业务，并以此作为推广的一种手段。

第二，信息易获取、易传播。以婚宴等宴席为例，某款产品很容易就被获知并成为潜在消费者的重点留意产品。

第三，名酒开发产品多。不少消费者名酒概念模糊，对品牌有一定影响力、价格又在消费水平范围内的产品大受欢迎。

第四，消费节点集中、趋于同化。在比较固守传统礼节的农村，中秋节前后非常容易引爆白酒市场的活力。

第五，线上发展潜力增速加快。随着物流等各方面的完善，消费者对各种 App 逐渐熟练，线上运营初见成效。

第六，大促必火。在农村市场，实物促销更常见一些，只要肯做大力度的促销活动，肯定能收获成效。但从长远来看，大促之后要配合相应的发展战略。

第七，推广成本低、成效大。墙体广告、车体广告，以及各种终端店面、餐饮的门头广告等传统的推广方式在农村适用度仍旧比较高。

第八，渠道简单粗暴。购买渠道相对单一，商超、零售店是非常关键的购买渠道；对餐饮店的管理、铺货也是非常重要的一环。

资料来源：山东酒业研究．这八点，让你重新认识农村白酒大市场．(2018-08-13)[2019-09-16]. http://www.sohu.com/a/246948497_697146.

（2）及时发现市场环境对企业可能产生的威胁，以便避免或减轻不利的环境因素对企业造成的影响。

阅读材料

中国如何化解光伏贸易争端

欧盟委员会 2013 年 6 月 4 日宣布，自 6 月 6 日起对产自中国的太阳能电池板及关键器件征收 11.8%的临时反倾销税。如果中欧双方未能在 8 月 6 日前达成解决方案，届时反倾销税率将升至 47.6%，中国光伏出口企业由此遭受欧盟贸易保护主义的威胁。中国政府为了对付这一严重的环境威胁，一方面，宣布“将毫不犹豫地维护中国光伏企业的合法权益”，另一方面，中国主动积极通过谈判与欧盟达成“价格承诺”协议，一些中国光伏企业将被免于征收高额反倾销税。这标志着中欧有史以来涉案金额最大的贸易摩擦通过谈判暂时得以解决，扭转了不利的环境因素。

资料来源：中国如何化解光伏贸易争端．(2013－06－06)［2019－09－16］. https://news.sina.com.cn/o/2013-06-06/030427324633.shtml.

3. 市场竞争的调查

这是指通过市场情报采集与分析技术，对竞争环境、竞争对手、竞争态势、竞争目标和竞争策略进行综合信息的分析与研究，主要为企业提供市场竞争对手和参与者的概况、能力、优劣与策略等方面的信息，为企业制定竞争策略提供支持。

（1）市场竞争情报的调查，具体包括世界经济形势、国家发展环境、产品市场概况、企业主要产品及同类产品信息、主要竞争对手信息以及从价值链的角度确定的主要合作伙伴、上游的供应商、下游的重要客户信息，另外还有行业协会、研究院所、专业的门户网站和媒体、主要专家等发布的各类信息。

（2）主要竞争对手的信息调查，一般有产品策略分析，包括竞争对手产品线的长度和宽度、新产品研发的实力等；价格策略分析，包括竞争对手的价格水平等；渠道策略分析，包括竞争对手的渠道数量、渠道的实力等；促销策略分析，包括竞争对手的促销目的、促销手段等；品牌策略分析，包括竞争对手的品牌定位等。竞争对手调查是对特定竞争对手的信息收集，这些信息中可能会有部分商业秘密，它们的获得需要技巧和艺术，必须是正当的、合法的，强调职业道德。

阅读材料

印度油漆企业与立邦漆

立邦漆是世界漆市场的老大，市场份额在印度也处在老大位置，它有 100 多个品种，首先按档次分为几种，然后每种又分为哑光、半光、全光的，各种各样的颜色。印度有家油漆企业，为了在市场上与立邦漆分一杯羹，每天研究立邦漆的操作模式和存在问题。

通过走访立邦漆的代理商以及立邦漆的消费者，这家企业的调查人员发现，立邦漆贵，有消费者觉得有点不值。因为油漆好在哪里是感觉不到的，不像服装、手表一样，使用时有品牌带来的荣誉感。漆刷在墙上没有品牌标志，不能够满足消费者的心理需要。因此许多消费者说，我买这个更注重内在的质量，而不是品牌，只要你做得跟它一样，我们就接受。也有代理商说：立邦漆的优点是品种多，但是代理它的门槛比较高，有 100 多个品种，每一种我进 5 桶，总共加起来至少 500 多桶，这么多桶，我没有地方存放，我也没有那么多资金。立邦漆有几种最畅销，其他的销量很小，库存积压资金，这边赚的钱，让那边库存抵消了，忙了一年，好像没赚多少钱。另外，还存在成本高、资金周转慢的问题。

印度的这家油漆企业找到了立邦漆以上缺陷后，立刻采取了以下应对措施：调查出立邦漆最畅销的5种产品，企业只做这5种样式的漆；生产的漆价格比立邦漆便宜1/3；宣传策略和广告语“如果你买这5种漆其中的一种，你没有理由买立邦漆，如果你买这5种以外的漆，请你继续买立邦漆”。通过这种操作手法，不到几年，该企业就进入行业前三名，几乎和立邦漆平起平坐了。

资料来源：刘世忠．竞争对手的缺陷就是创业者营销的机会．（2011-09-02）[2019-09-16]. http://blog.sina.com.cn/s/blog_60f2a0660100z0bh.html.

4. 市场营销因素调查

市场营销因素调查主要包括产品、价格、渠道和促销活动的调查。产品的调查主要有了解市场上新产品开发的情况、设计的情况、消费者使用的情况、消费者的评价、产品生命周期阶段、产品的组合情况等。价格调查主要有了解消费者对价格的接受情况、对价格策略的反应等。渠道调查主要包括了解渠道的结构、中间商的情况、消费者对中间商的满意情况等。促销活动调查主要包括各种促销活动的效果，如广告实施的效果、人员推销的效果、营业推广的效果和对外宣传的市场反响等。

课堂讨论

范蠡贩马是怎么取得成功的？

提示：

春秋时期的范蠡在北方收购马匹到吴越去贩卖，为了保证运马的成本和路途的安全，范蠡经过调查发现巨商姜子盾的运输麻布渠道可以帮助自己贩马到吴越，于是两人合作，协作互补，借“势”走马，大赚一笔。

在市场营销的过程中，很多企业常常会借助别的企业的渠道，将本企业的产品送到消费者的手中。在这个过程中，有很多中间商为生产商和消费者之间搭建起一座桥梁，使生产商供给的产品和消费者需求之间产生了交汇。企业营销人员应该在充分调查分销渠道的特征的基础上，设计并管理渠道，使之为营销目标服务。

7.2 市场调查的基本方法

收集各种市场信息资料所使用的技能和方法称为市场调查方法。不同的市场调查方法适用于不同的调查对象，对市场信息的有效性和市场调查的成本等有着不同的影响，对调查人员的素质也有着不同的要求。只有掌握了各种调查方法，才能根据市场的具体情况进行灵活的运用，达到事半功倍的目的。

7.2.1 文案调查法

在正式调查之前，企业市场调查人员会通过查找各种文献资料，初步了解调查对象的性质、范围、内容和重点，为正式调查创造条件。文案调查是市场调查必不可少的组成部分，可以节约调查成本和时间。

文案调查法又称资料查阅寻找法、间接调查法、资料分析法或室内研究法。它是利用企业内部和外部现有的各种信息、情报，对调查内容进行分析研究的一种调查方法。

1. 文案调查的收集途径

企业内部文案调查主要收集调查对象活动的各种记录，包括业务资料、统计资料、财务资料和企业积累的其他资料。

企业外部文案调查主要收集二手资料，可从以下几个主要渠道加以收集：统计部门以及各级、各类政府主管部门公布的有关资料，各种经济信息中心、专业信息咨询机构、各行业协会和联合会提供的信息和有关行业情报，国内外有关的书籍、报纸、杂志所提供的文献资料，包括各种统计资料、广告资料、市场行情和各种预测资料等，有关生产和经营机构提供的商品目录、广告说明书、专利资料及商品价目表等，各种国际组织、学会团体、外国使馆、商会所提供的国际信息，国内外各种博览会、展销会、交易会、订货会等促销会议以及专业性、学术性经验交流会议上所发放的文件和材料。

阅读材料

报纸里的“情报”

20 世纪 60 年代初，中国大庆油田的位置、规模和加工能力是严格保密的。日本一家咨询公司却根据 1966 年的一期《中国画报》上刊登的王进喜站在钻机旁的照片和 1966 年 10 月《人民中国》杂志上发表的王进喜的事迹介绍，进行详细分析后，推断出中国一定是找到了很大的油田，以及油田的位置、规模、加工能力，并预测几年后中国的石油综合利用会向国外招标。后来，这家咨询公司就以供货速度快、设计符合中国实际而夺标。

资料来源：日本人和大庆油田．(2013－11－21)[2019－09－16]. https://www.douban.com/group/topic/46191423/.

2. 文案调查法的特点

(1) 间接性。这是文案调查法最突出的特点。实地调查的直接对象是消费者和用户，文案调查的直接对象是已经加工过的文案，是间接的、二手的信息资料，而不是对原始资料的收集。

(2) 无接触性。文案调查不直接接触被调查者。文案调查是一项艰苦的工作，要求调查人员的工作有耐性、创造性和持久性。文献资料所记载的内容，多数情况下是为了其他目的而整理的，因此很难与市场调查目的要求一致，需要进一步加工整理。文案调查要求调查人员有更多的专业知识、实践经验和技巧。对资料的收集工作，应该遵循“先内后外、先易后难、先近后远”的原则。为了提高效率，调查人员必须准备工具书、有关参考书目、报纸杂志等，这样才能及时广泛地收集到有价值的相关信息资料。

7.2.2 实地调查法

通过文案调查，企业虽然对调查问题有了一定的了解，但为了使决策更准确，还需要调查人员找寻对“谁”“什么时候”“什么”“哪里”和“怎样”一些问题的回答，这些详细的资料的收集只能采用访问法、观察法、实验法和问卷法等实地调查法。实地调查法主要用在市场调查中对原始资料即第一手资料的收集整理，具体包括企业及其产品形象调查、产品使用调查、价格调查、销售渠道调查、广告调查、市场大小情况调查、消费者购买力调查、市场占有率等领域。

1. 访问法

访问法又称采访法、询问法。它是调查人员采用访谈、询问的方式向被调查者了解市场情况的一种调查方法，是市场调查中最常用、最基本的调查方法。

(1) 访问法的种类。

访问法的具体种类如图 7-1 所示。

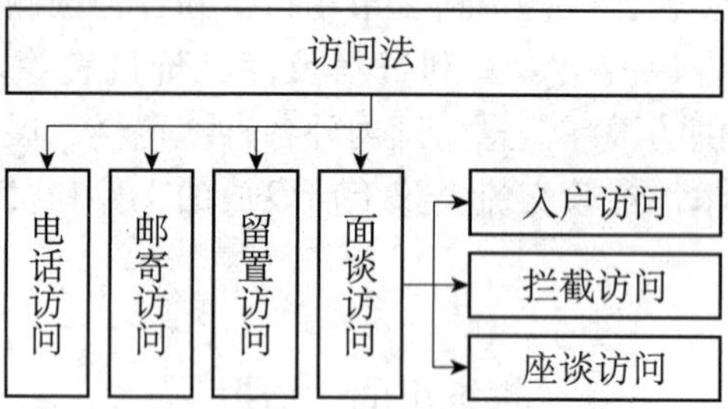

图 7-1　访问法的具体种类

1) 电话访问。这是指通过电话向被调查者进行询问以获取信息资料的一种调研方法。其优点是低成本、高速度、高效率，便于访问更多调查对象；容易接近询问；可避免面谈的偏见和不便，收集的资料较客观、真实、坦诚。缺点是调查总体不完全；时间不宜过长；难以获得观察资料。电话访问时需要注意两点：一是要确定访问对象的范围；二是要选择好的访问时机。

2) 邮寄访问。这是指将调查问卷邮寄给被调查者，由被调查者根据调查问卷的填写要求填写好后寄回的一种调查方法。这种方法的优点主要有：可扩大调查区域；调查成本较低；被调查者有充分的答卷时间；可让被调查者以匿名的方式回答一些个人隐私问题；无须对调查人员进行培训和管理。这种方法的缺点主要有：邮寄的调查问卷回收率较低；时间较长；无法判断被调查者的性格特征和其答案的可靠程度；要求被调查者具有一定的文字理解能力和表达能力，对文化程度较低的人不适用。

3) 留置访问。这是指当面将调查表交给被调查者，说明调查意图和要求，由被调查者自行填写回答，再由调查者按约定日期收回的一种调查方法。

4) 面谈访问。这是指调查者根据调查提纲直接访问被调查者，当面询问有关问题，既可以是个别面谈，主要通过口头询问；也可以是群体面谈，可通过座谈会等形式进行。这种方法的优点主要有：回答率高；可通过调查人员的解释和启发来帮助被调查者完成调查任务；可以根据被调查者的性格特征、心理变化、对访问的态度及各种非语言信息扩大或缩小调查范围，具有较强的灵活性；可以对调查的环境和调查背景进行了解。这种方法的缺点主要有：人力物力耗费较大；对调查人员的素质要求高；对调查人员的管理较困难；可能会受到一些单位和家庭的拒绝，无法完成。面谈访问中，接近被访问者的方法有自然接近、正面接近、求同接近和友好接近四种。自然接近，即在共同活动中自然地接近被访问者后，再说明访问意图。正面接近，即开门见山地介绍自己并说明访问的目的和内容等。在被访问者理解调查活动、不存在顾虑的情况下，采用正面接近的方法可节省调查时间，提高工作效率。求同接近，即访问者主动寻找与被访问者的共同之处（如同学、同乡、相同兴趣、共同经历等），可以给接近被访问者带来一些方便。友好接近，即访问者以友好的态度关心被访问者，帮助其解决所面临的难题，以求顺利地接近对方。

（2）访问法的特点。

访问法的特点见表 7－1。

表 7－1　访问法的特点

特点	电话访问	邮寄访问	留置访问	面谈访问
调查范围	较窄	广	较广	较窄
调查对象	可控可选	一般	可控可选	可控可选
影响回答的因素	无法了解、控制和判断	难以了解、控制和判断	能了解、控制和判断	能了解、控制和判断
回收率	较高	较低	较高	高
回答速度	最快	慢	较慢	可快可慢
回答质量	高	较低	较高	较高
平均费用	低	较低	一般	最高

2. 观察法

观察法是指研究者根据一定的研究目的、研究提纲或观察表，用自己的感官和辅助工具直接观察被研究对象，从而获得资料的一种方法。

科学的观察具有目的性、计划性、系统性和可重复性。常见的观察方法有核对清单法、级别量表法、记叙性描述。观察一般利用眼睛、耳朵等感觉器官去感知观察对象。由于人的感觉器官具有一定的局限性，观察者往往要借助各种现代化的仪器和手段，如照相机、录音机、录像机等来辅助观察。

（1）观察法的适用范围。

调查结果准确度要求高，如顾客购买新产品时的反应；对已获得的有疑问的信息进行核实的调查；只能通过观察法获取信息的调查，如服务人员态度调查、顾客购买行为调查、顾客流量、商店柜台及橱窗布置等。

（2）观察的内容。

观察的内容包括人的行动、语言内容、表达行为、空间关系和地点、持续时间（发生到结束）等。

（3）观察法应用的原则。

1）客观性原则。即观察者必须持客观的态度对市场现象进行记录，切不可按主观倾向或个人好恶歪曲事实或编造情况。

2）全面性原则。即必须从不同层次、不同角度进行全面观察，避免出现对市场片面或错误的认识。

3）深入持久性原则。市场现象极为复杂，且随着时间、地点、条件的变化而不断地变化。市场现象的规律性必须在较长时间的观察中才能被发现。如果不坚持深入持久的原则，则只能观察到表面现象而忽视了实质，或只观察到现象某一时的特殊表现而忽略了其经常性的一般表现。

阅读材料

观察的效力

《美国文摘》曾经报道，恩维罗塞尔市场调查公司有个叫帕科·昂得希尔的人是著名的商业密探。在进行调查时，他一般会坐在商店的对面，静静地观察来来往往的行人，与此同时，他的同事也正在商店里进行着调查工作，他们负责跟踪商品货架前徘徊的顾客，主要调查的目的是要找出商店生意好坏的原因，了解顾客走进商店后如何行动，以及为什么许多顾客在对商品长时间挑选后还是失望地离开。他们细致的工作使许多商店在日常经营过程中作出了多项实际的改进。

资料来源：赵轶．市场营销．北京：清华大学出版社，2011.

（4）观察法应用的基本要求。

观察法应用有如下基本要求：要按预先制订的观察计划进行观察；要注意全面观察，同时也要重点观察；观察的对象要有典型性、代表性；要系统地观察；观察所收集到的材料要准确具体；观察要具有客观性；观察者要有耐心和细心；要做好观察记录；尽可能不让被观察者觉察到你在记录他的表现；与被观察者取得友好关系；要注意引起各种现象的原因；要注意把握事物的本质；冷静处理偶发情况等。

观察误差产生的原因主要可以分为两大类：观察者的原因和被观察者的原因。观察者的原因主要包括：态度观点原因、知识和经验原因、心理和生理原因。被观察者的原因主要包括：被观察现象的发展还不成熟，还不能表现出市场现象的本质；由于观察活动对被观察者的干扰，被观察者产生心理和行为反应；有意识制造的假象。选择和严格要求观察人员，培养和训练观察人员，控制观察活动的干扰，对市场现象进行对比观察，这些有利于减少观察误差。

3. 实验法

实验法是指在一定的环境条件下，了解某些营销因素的变化（如价格波动、促销手段等），并测定因此而引起的连锁反应（如销售量、消费者对产品的偏好等）的营销信息收集法。实验法以自然科学的实验求证法为基础，可以获得比较准确的资料，并能弄清楚行为的因果关系。

实验法主要有以下几种：

（1）试用。这种方法多用于新产品的销售实验。

（2）试销。这种方法是将小批量产品有计划地投放到若干预定市场，进行小规模试验销售。

（3）展销。这种方法是将不同厂家的同类产品设在同一市场进行销售的一种实验方法。

对于上述三种市场调查方法，究竟采用哪一种或结合使用，主要视调查的问题或所需要的资料而定。如果需要调查消费者的态度，采用访问法较好；如果需要介绍新产品或改变原有产品的包装、价格等，采用实验法较好；如果需要客观了解用户对产品的注意、消费者偏好，采用观察法较好。

4. 问卷法

问卷法是通过设计调查问卷，以让被调查者填写调查表的方式获得所调查对象的信息。在调查中将调查的资料设计成问卷后，让接受调查对象将自己的意见或答案填入问卷中。在一般进行的实地调查中，以问卷法采用最多，目前网络市场调查中问卷调查法运用得较为普遍。

阅读材料

关于婴幼儿棉纸巾消费行为调查

Q1：您的年龄是________。

☐ 18 岁～25 岁　　☐ 25 岁～30 岁　　☐ 30 岁以上

Q2：您家宝宝的年龄？

____

Q3：您平均每个月为孩子支出的婴儿用品费用是________。

☐ 500 元以下　　☐ 500～1 000 元

☐ 1 000～1 500 元　　☐ 1 500 元以上

Q4：您平时给宝宝买的婴儿产品是________。

☐ 食品类（奶粉、辅食等）

☐ 服饰类（衣服、止汗巾等）

☐ 玩具书籍类

☐ 生活用品（奶瓶、湿巾、纸尿裤等）

☐ 其他________（　　）

Q5：您都是通过________为宝宝购买这些婴儿用品的。

☐ 母婴店　　☐ 线上商城

☐ 海外代购　　☐ 其他

Q6：你是否听说过棉纸巾或者棉柔巾一类的商品？

☐ 是　　☐ 否

Q7：如果听说过，您是通过________知道该商品的。

☐ 母婴店店员介绍　　☐ 网上商城看到

☐ 朋友推荐的　　☐ 看新闻看到的

Q8：如果您现在想购买一款棉纸巾，您考虑的因素有________。

☐ 价格是否实惠　　☐ 使用是否安全舒适

☐ 包装是否好看　　☐ 是否是知名品牌

☐ 其他

资料来源：关于婴幼儿棉纸巾消费行为调查．(2017-05-25) [2019-09-16]. http://www.xfchina.org/a/wenjuandiaocha/20170525/216.html.

7.2.3　网络调查法

网络调查又称在线调查，是指通过互联网及其调查系统把传统的调查、分析方法在线化、智能化。其构成包括三个部分：客户、调查系统和参与人群。随着信息技术的发展，计算机和网络越来越频繁地出现在人们的眼前，渐渐地在人们的生活中占据了一个很重要的地位。于是，在传统的面对面的市场调查中衍生出了一个新兴的网上市场调查，这种通过网络的市场调查方式极大地扩大了我们做市场调查的人群数及地域广度，让更多的人能够参与到市场调查活动中来，既节省了人力物力，还能够使调查数据更符合当今的市场状况。

1. 网络调查法的特点

网络调查的实施可以充分利用互联网作为信息沟通渠道的开放性、自由性、平等性、广泛性和直接性的特性，使得网络调查具有传统的一些市场调查手段和方法所不具备的特点和优势，具体体现在以下六个方面：

（1）及时性。网络调查是开放的，任何网民都可以进行投票和查看结果，而且在投票信息经过统计分析软件初步自动处理后，可以马上查看到阶段性的调查结果。

（2）低费用。实施网络调查节省了传统调查中耗费的大量人力和物力。

（3）交互性。网络的最大好处是交互性，因此在网络调查时，被调查对象可以及时就问卷相关问题提出自己的看法和建议，可减少因问卷设计不合理导致调查结论偏差的出现。

（4）客观性。实施网络调查时被调查者是在完全自愿的原则下参与调查，调查的针对性更强，因此问卷填写信息可靠、调查结论客观。

（5）突破时空性。网络调查是 24 小时全天候的调查，这就与受区域制约和时间制约的传统调查方式有很大不同。

（6）可控制性。利用互联网进行网络调查收集信息，可以有效地对信息的质量实施系统的检验和控制。

阅读材料

互联网在线调查透视

许多调查公司开始应用互联网调查来测试消费者、商业态度等。与此同时，一些调查公司开始逐渐以互联网调查来取代传统的电话跟踪调查和事后广告监测。现在，网络调查已经在全球的 200 多个国家得到了应用。与传统调查相比，网络调查彻底改造了调查模式，并提供了一种独特的交流方式，尤其适用于企业内部员工满意度和客户满意度调查。网络调查系统的优点包括花费少、速度快、操作简单、有效性高等。但互联网在线调查也存在一些缺点，如不适合进行针对农村、针对老年人的调查等。

2. 网络调查的步骤

与传统调查类似，网络调查必须遵循一定的步骤。

（1）确定目标。作为企业与顾客有效的沟通渠道，企业可以充分利用互联网直接与顾客进行沟通，了解企业的产品和服务是否满足顾客的需求，同时了解顾客对企业潜在的期望和建议。在确定网络调查目标时，需要考虑的是被调查对象是否上网、网民中是否存在被调查群体、规模有多大。只有当网民中的有效调查对象足够多时，网络调查才可能得出有效结论。

（2）确定方法。网络调查方法主要是问卷调查法，因此设计网络调查问卷是网络调查的关键。由于互联网交互机制的特点，网络调查可以采用调查问卷分层设计。这种方式适合过滤性的调查活动，因为有些特定问题只限于一部分调查者，所以可以借助层次的过滤寻找适合的调查者。

（3）选择方式。进行网络调查时，运用较多的方法是被动调查方法，即将调查问卷放到网站上等待被调查对象自行访问和接受调查。因此，吸引访问者参与调查是关键，为提高受众参与的积极性，调查者可提供免费礼品等。另外，必须向被调查者承诺并且做到有关个人隐私不会被泄露和传播。

（4）分析结果。这一步骤是市场调查能否发挥作用的关键，可以说与传统调查的结果分析类似，要尽量排除不合格的问卷，这就需要对大量回收的问卷进行综合分析和论证。

（5）撰写报告。撰写调查报告是网络调查的最后一步，也是调查成果的体现。撰写调查报告主要是在分析调查结果的基础上，对调查的数据和结论进行系统的说明。

课堂讨论

上网查询思科公司的网络调查情况，总结哪些方面值得我们借鉴与学习？

提示：思科公司通过网络调查问卷的方式统计网站访问者，这是通过传统的纸质问卷几乎无法操作的工作，通过对网站访问者回馈的问卷内容的分析，思科公司能够准确把握信息的传播途径、网站的接受程度、网站内容是否有待提高或者是需要整理，以及社交网站的影响等。这些信息对于思科公司了解访问者的信息、如何改善网站的质量、是否提供客户需要而原来网站上又缺少的信息、广告的最佳传播途径和建设网站方面的参考样板等都具有积极的作用。

3. 网络调查的方法

（1）网上问卷调查法。网上问卷调查法是指在网上发布问卷，被调查者通过网络填写问卷，完成调查。根据所采用的技术，网上问卷调查一般有两种：一种是站点法，即将问卷放在网络站点上，由访问者自愿填写；另一种是用 E－mail 将问卷发送给被调查者，被调查者收到问卷后，填写问卷，点击“提交”，问卷答案则发回指定的邮箱。被调查者在填写问卷时甚至不用上网，他们可以将电子邮件下载下来，在发送结果时上线提交即可。后一种方法有局限性，表现在问卷的交互性很差，并且数据的处理会很麻烦，每份问卷的答案都是以邮件形式发回，必须重新导入数据库进行处理。这些是网上问卷调查法最常用的方法，它们比较客观、直接，但不能对某些问题做深入的调查和分析。

（2）网上讨论法。网上讨论法可通过多种途径实现，如 BBS、QQ 群、微博、微信、网络会议等。主持人在相应的讨论组中发布调查项目，请被调查者参与讨论，发布各自观点和意见，或是将分散在不同地域的被调查者通过互联网视讯会议功能虚拟地组织起来，在主持人的引导下进行讨论。网上讨论法是小组讨论法在互联网上的应用。它的结果需要主持人加以总结和分析，对信息收集和数据处理的模式设计要求很高，实施难度较大。

课堂讨论

你的个税你做主——《中华人民共和国个人所得税法修正案（草案）》2018 年 6 月 29 日至 7 月 28 日通过中国人大网向社会征求意见。说一说你对开通法律草案征求意见平台的了解和认识。

提示：2008 年 4 月起全国人大常委会委员长会议决定，凡是提请全国人大常委会审议的法律草案，都要在中国人大网上公开征求意见。许多意见和建议在制定或修改法律草案中被吸纳。法律草案征求意见平台在收集民情、集中民智、反映民意方面发挥了越来越重要的作用。

（3）网上观察法。它是指对网站的访问情况和网民的网上行为进行观察和监测的方法。目前，大量网站都在做这种网上监测，最具代表性的是法国的 NetValue 互联网调查公司，它的重点是监测网络用户的网上行为，号称“基于互联网用户的全景测量”。该公司调查的主要特点是首先通过大量的“计算机辅助电话调查”获得用户的基本人口统计资料，然后从中抽出样本，招募自愿受试者，下载软件到用户的电脑中，由此记录被试者的全部网上行为。NetValue 的独特之处在于：一方面，一般的网上观察是基于网站的，通过网站的计数器来了解访问量、停留时间等，而 NetValue 的测量则是基于用户的，可以全面了解网站和用户的情况。另一方面，NetValue 的调查是目前世界上唯一基于 TCP/IP 进行的，即它不仅记录了用户访问的网站，而且还记录了网民上传和下载软件、收发电子邮件等全部网上行为，因此称为“全景测量”。

网络调查的优势在于它可以在更广的范围内，对更多受众进行信息收集的工作。与传统研究方法相比，网络调查不仅使研究者可以以惊人的低价获得超乎想象的被调查者的情况和资料，而且普通媒介从业人员也可以设计调查题目，通过免费的服务器询问成千上万的人，为自己的新闻工作服务。

设计长问卷的能力不仅仅局限于处于社会权力中心的组织——如政府机构或者大型媒体，网络调查的低费用使得几乎每一个进入互联网的人都有相同的能力。这当然也潜在地使调查过程更为民主化。此外，网络调查还可以以自填的回答方式，通过标准化的方法向被调查者呈现一份多媒体的问卷，这显然是传统的调查方法难以做到的。但另一方面，网络调查潜在的危险是，日益增多的调查越来越良莠不齐，人们也难以区分好的调查与不好的调查。网络调查的价值也受到人们回答意愿的限制，因为在类似调查的狂轰滥炸下，人们可能干脆不理睬，也可能根据其内容、主题、娱乐性或者调查的其他特性而作出是否参与调查的决定，从而影响网络调查的可信度。

7.3　市场调查的主要步骤

市场调查是一项系统性的调查工作，要顺利地完成市场调查任务，必须有计划、有步骤地进行。市场调查的主要步骤包括确定调查问题及调查目标、确定调查设计方案、确定信息的类型和来源、设计调查问卷或调查表、确定抽样方案及样本容量、选择调查人员、收集调查资料、分析与整理资料、撰写和提交调查报告等步骤。

7.3.1　确定调查问题及调查目标

准确地提出与界定市场调查问题是整个市场调查中最关键的一步。只有问题首先被确定，整个市场调查工作才能顺利进行。每一次的市场调查能否达到预期的目的，首要的前提条件就是选题是否正确。如果问题被错误地确定，从那一刻起，所有的努力都注定徒劳无功。良好的沟通和认真地界定市场调查问题是提高市场调查有效性的主要方法。确定市场调查问题的关键工作包括：和决策者讨论、采访行业专家、分析二手资料和做一个初步的摸底调查，以确定企业当前需要解决的问题，从而合理地确定调查目标。

7.3.2　确定调查设计方案

在任何正式的市场调查活动中，为了使调查任务圆满完成，必须统一认识、统一内容、统一方法、统一步调。在调查工作开展之前，应该根据调查研究的目标和调查对象的性质，事先对调查工作的各个阶段进行通盘考虑和安排，制定出合理的工作程序，即要制订相应的调查设计方案来指导调查工作。在制订了市场调查设计方案的基础上，还可以按照具体的调查项目分工，制订出相应的调查计划。

7.3.3　确定信息的类型和来源

市场调查人员需要收集的信息归纳起来分为两种类型：一种是原始资料，这是市场调查人员通过实地调查收集到的资料。具体采用访问法、观察法、实验法等。另一种是案头资料，也就是二手资料，这些资料是他人整理好的，来源于企业内部和外部，可以直接查阅、索取、交换、购买以及通过复制等方法取得。

7.3.4　设计调查问卷或调查表

根据市场调查方案向被调查者发放市场调查问卷或调查表，以征求他们对所提出的问题的意见，这是市场调查收集资料的途径。因此，调查问卷或调查表的设计直接影响调查内容能否得到正确的答案。在设计调查问卷的过程中，首先要把握调查的目的和要求，同时要争取被调查者的充分配合，以保证最终的问卷能提供准确的、有效的信息资料。一般的调查问卷必须通过认真的设计、测试和调整，才可以大规模地使用。

一份良好的调查问卷，应具备三个条件：一是能达到市场调查目的，即将调查目的通过一定的询问方式具体地、重点地列举在问卷上；二是促使被调查者愿意合作，提供正确信息，协助达到调查目的；三是正确表达调查者与被调查者的相互关系。

一份理想的调查问卷，在结构上应包括四个部分：一是开场白，表达主持的调查机构及调查员的身份，说明调查目的及为什么访问调查者，并提示回答方法，确定调查者是否了解，必要时重复说明，并交代调查结果将如何处理。如果当时不方便进行调查，预约适当的调查时间。二是示范答复例子，由调查员示范一个与调查主题无关的中性例子，将极有助于双方的沟通。三是调查主题（见调查内容）。四是受调查者个人资料，通常有电话号码、年龄、性别、受教育程度等信息，具体依调查目的而定。

阅读材料

某房地产公司关于×市商品住宅市场需求的调查问卷

先生/小姐：

甄别问题：请问您家庭月收入是否在 3 000 元以上？

1. 是：继续访问。　　2. 否：终止访问。

请问您的户籍在：________。	1. ×市　2. 省内其他城市　3. 省外其他城市　4. 港澳台地区　5. 其他
请问您现在的住址是：________；工作地点是：________。	1. A 区　2. B 区　3. C 区　4. D 区　5. E 区　6. 其他
请问您希望购房所在区域是：________。	1. A 区　2. B 区　3. C 区　4. D 区　5. E 区　6. 其他
请问您购房的目的是：________。	1. 首次置业　2. 再次置业以改善居住条件　3. 用于出租　4. 投资升值　5. 赠予亲友　6. 度假　7. 其他
您购房最关注的因素是（五项）：______、________、________、________、________。	1. 房价　2. 区域成熟度　3. 交通方便度　4. 规划建筑水平　5. 小区内部环境　6. 小区生活配套　7. 周边环境　8. 户型设计　9. 物业管理　10. 开发商品牌实力　11. 投资升值潜力
如果有户型好、价格合理的小区楼盘在××区域，您会考虑购买吗？________。	1. 会（直接问下一题）　2. 不会
不会的原因是（多选）：________。	1. 担心价格高　2. 离工作地点远　3. 自然环境差　4. 周边环境复杂　5. 楼盘规模小　6. 其他
您打算购买的住宅类型是：________。	1. 多层（7 层以下）无电梯　2. 多层（7 层）有电梯　3. 小高层（8～12 层）　4. 高层（12 层以上）　5. 别墅
您将选择哪一种结构类型：________。	1. 平面式　2. 跃式　3. 错层　4. 复式　5. 其他
您对住房的基本要求是：首先________，其次________，最后________。	1. 朝向　2. 通风采光　3. 景观　4. 楼层　5. 间隔布局　6. 其他
您打算选购的户型是：________。	1. 一室一厅　2. 二室二厅　3. 三室二厅　4. 四室二厅　5. 四室以上
您打算购买的住房建筑面积在：________（m^2）。	1. 50 以下　2. 50～60　3. 60～70　4. 70～80　5. 80～90　6. 90～100　7. 100～110　8. 110～120　9. 120～130　10. 130～140　11. 140～160　12. 160 以上
您喜欢的内部设计有（多选）：________。	1. 主卧带卫生间　2. 观景和阳台分开　3. 有飘窗　4. 设独立储物室　5. 主卧带阳台　6. 设独立书房　7. 客厅、餐厅分开　8. 设入墙衣柜
您喜欢的住宅建筑风格是：________。	1. 欧陆风格　2. 现代时尚　3. 中国传统建筑形式　4. 其他

您选择哪一种户内采暖方式：________。	1. 市政供热，室内暖气片　2. 市政供热，室内低温地板辐射采暖　3. 分户式燃气、燃油炉　4. 空调　5. 其他
您认为小区应有哪些配套设施（多选）：________。最有必要的是：________。不大需要的是：________。	1. 游泳池　2. 健身设施　3. 商场超市　4. 各类球场　5. 中西餐厅　6. 菜市场　7. 幼儿园及学校　8. 老人活动场所　9. 儿童游憩设施　10. 娱乐活动场所　11. 其他
按目前的市场情况，您能接受××区域的房价单价范围在：________（元/m^2）。	1. 2 000 以下　2. 2 000～2 500　3. 2 500～3 000　4. 3 000～3 500　5. 3 500～4 000　6. 4 000～4 500　7. 4 500～5 000　8. 5 000～5 500　9. 5 500～6 000　10. 6 000以上
按目前市场情况，您能接受××区域的房价总价范围在：________（万元）。	1. 10 以下　2. 10～15　3. 15～20　4. 20～25　5. 25～30　6. 30～35　7. 35～40　8. 40～50　9. 50～60　10. 60～80　11. 80～100　12. 100 以上
您希望的交楼装修标准是：________。	1. 毛坯房　2. 只装修厨卫　3. 全精装修一次到位　4. 多种装修档次供选择，装修费另付
如果您计划通过银行贷款购房，每月可承担的还款金额范围在：________。	1. 500 元以下　2. 500～800 元　3. 800～1 000 元　4. 1 000～1 500 元　5. 1 500～2 000 元　6. 2 000～2 500 元　7. 2 500～3 000 元　8. 3 000～5 000 元　9. 5 000 元以上
您能接受的物业管理费（24 小时封闭式管理）的额度是：________。	1. ≤0.5 元/m^2　2. 0.5～1 元/m^2　3. 1～1.5 元/m^2　4. ≥1.5 元/m^2
请列举您印象最深的××本地楼盘：________。	________、________、________、________、________、________。
您最感兴趣的楼盘主题是（最多三项）：________。	1. 园林绿化、生态主题　2. 智能化主题　3. 人文主题　4. 运动主题　5. 山景主题　6. 水景主题　7. 老年人主题　8. 其他
您获取房源最主要的渠道是：________。	1. 电视　2. 报纸、杂志　3. 路过　4. 亲朋、同事介绍
请问您的年龄范围：________。	1. 25 岁以下　2. 25～35 岁　3. 35～45 岁　4. 45～55 岁　5. 其他
请问您的文化程度是：________。	1. 硕士及以上　2. 大学本科　3. 大专　4. 大专以下
请问您的工作单位是：________。	1. 机关、事业单位　2. 国有企业　3. 集体企业　4. 三资企业　5. 民营企业　6. 其他
请问您的职业是：________。	1. 机关、事业单位干部　2. 中高层企业管理人员　3. 私营企业主　4. 专业技术人员　5. 普通员工　6. 其他
请问您拥有产权的住房面积在：________（m^2）。	1. 尚无　2. 70 以下　3. 70～90　4. 90～100　5. 100～120　6. 120～150　7. 150 以上
请问您现在的住房来源是：________。	1. 房改房　2. 自购经济房　3. 自购商品房　4. 自建房　5. 祖屋　6. 单位提供宿舍　7. 租用房
请问目前您家里有哪些同住的家庭成员：________。	1. 单身　2. 夫妇俩　3. 夫妇俩与小孩　4. 父母及小孩　5. 其他
请问您的家庭月收入在哪个范围：________。	1. 3 000 元以下　2. 3 000～4 000 元　3. 4 000～5 000 元　4. 5 000～7 000 元　5. 7 000～10 000 元　6. 10 000 元以上

为保证资料来源，请您留下您的联系电话，我们保证绝对保密。谢谢您的支持！

资料来源：某房地产公司关于×市商品住宅市场需求的调查问卷．豆丁网．(2011-08-12) [2019-09-16]. http://www.docin.com/p-944380869-f4.html.

7.3.5 确定抽样方案及样本容量

市场调查项目组根据调查项目选取调查方法后，还要结合不同的抽样方式、抽样技术才能开展调查。抽样分为随机抽样和非随机抽样两类。确定样本容量要根据调研的要求来进行。

1. 抽样方法的类型

（1）随机抽样法。这种方法是按照随机的原则，即保证总体中每个单位都有同等机会被抽中的原则抽取样本，其最大优点是在根据样本资料推论总体时，可用概率的方式客观地测量推论值的可靠程度，从而使这种推论建立在科学的基础上。正因为此，随机抽样在社会调查和社会研究中应用较广泛。常用的随机抽样方法有纯随机抽样、分层抽样、系统抽样、整群抽样、多阶段抽样等。

（2）非随机抽样法。这种方法是指抽样时不是遵循随机原则，而是按照研究人员的主观经验或其他条件来抽取样本的一种抽样方法。非随机抽样法包括偶遇抽样、判断抽样、等额抽样、滚雪球抽样。

随机抽样法与非随机抽样法的比较见表7-2。

表7-2 随机抽样法与非随机抽样法的比较

抽样方法	作用	抽样原则	误差判断	应用	优缺点
非随机抽样法	研究总体的局部现象	非随机抽出样本，主观性强	不能计算和判断抽样误差	可随时随地采用	不够科学规范，但省钱、省事、灵活方便
随机抽样法	以部分推断总体	随机抽出样本，客观性强	能计算和判断抽样误差	只能定期采用	科学规范，但费时、费钱、不够灵活方便

2. 抽样方法的适用范围

（1）不能进行全面调查的事物。有些事物在测量或试验时有破坏性，不可能进行全面调查。例如，电视的抗震能力试验、灯泡的耐用时间试验等。

（2）有些总体从理论上讲可以进行全面调查，但实际上不能进行全面调查的事物。例如，了解某片森林有多少棵树、职工家庭生活状况如何等。

（3）抽样调查方法可以用于工业生产过程中的质量控制。

（4）利用抽样调查的方法，可以对某种总体的假设进行检验，来判断这种假设的真伪，以决定取舍。

7.3.6 选择调查人员

市场数据的收集是通过调查人员来进行的，调查人员水平的高低直接关系到调查质量的高低。所以，要做好对调查人员的选择、培养和管理。

7.3.7 收集调查资料

收集调查资料是市场调查的核心阶段和主体部分，是研究人员根据市场调查计划，采用各种手段和方法，通过各种途径和渠道获取所需要信息的过程。

7.3.8　分析与整理资料

在实施市场调查取得原始资料后，必须根据调查的目的和要求，对收集到的原始资料和次级资料进行编辑整理，把零碎的、杂乱的、分散的资料加以筛选，去粗取精，去伪存真，以保证资料的系统性、完整性、可靠性。把调查资料编入适当的分类并编上号码，以便于查找、归档和使用。

对资料进行统计计算，有系统地制成计算表、统计表，对各项资料中的数据和事实进行比较分析，得出一些可以说明问题的统计数据，为正确的市场营销决策提供依据。

阅读材料

《爸爸去哪儿》中商机在“哪儿”?

湖南卫视推出的亲子真人秀节目《爸爸去哪儿》，一度成为年度最为火爆的综艺节目。这不仅让星爸和萌娃更为走红，就连节目中出现的物品与景点，都成了热议的对象，商家们亦纷纷绞尽脑汁搭上《爸爸去哪儿》这班快车，欲让产品也火一把。微瑞思创在新浪平台上抓取的数据分析显示：自开播以来，“爸爸去哪儿”在新浪微博上的提及量和在百度上的搜索量走势基本一致。但在新浪微博的观众群中，男性仅占19%，而百度上的观众群体，男性比例却占到了60%。这一现象与女性更加喜爱利用微博与其他人分享信息有密切关系。

微瑞思创提供的数据分析报告显示：针对该节目，在视频网站投放更受男性关注的商品与信息会有较为良好的效果。另外，微瑞思创对新浪微博平台中提及“爸爸去哪儿”的男性用户的兴趣分析显示：这类人群最为关注的话题分别是数码、音乐、购物、电影、汽车。数据分析显示，英菲尼迪赞助《爸爸去哪儿》无疑是非常明智的选择，京东的“双十一”广告也在优酷视频播出的《爸爸去哪儿》第五期节目中出现，可见京东行动之迅速。故正确的广告投放不只是需要选择有影响的媒体，对受众的具体分析与评估也至关重要。

资料来源：微瑞思创.《爸爸去哪儿》中商机在“哪儿”?.(2013-11-18)[2019-09-16]. http://tech.hexun.com/2013-11-18/159785119.html.

7.3.9　撰写和提交调查报告

撰写和提交调查报告是市场调查工作的最后环节，调查报告反映了调查工作的最终成果。许多管理者并不一定参与市场调查过程，但是他们却能充分利用调查报告作出正确的业务决策。一份好的市场调查报告能集中体现调查研究工作的质量，反映市场调查人员的水平，也能对企业的市场决策活动提供有效的导向，为企业的决策提供客观依据，使企业的各部门管理者及时地了解情况、分析问题、制定策略，所以调查报告的撰写应实事求是、重点突出、解释充分、语言简洁。

市场调查报告的内容一般包括以下几点。

1. 标题

标题应准确反映调查报告的主题思想，简单明了、高度概括、题文相符。例如，《关于××服装市场调查报告》。

2. 导言

导言部分主要对市场调查的原因、目的、意义等予以简要说明，提出该报告所要探讨和解决的问题。

3. 调查概况

调查概况部分需要扼要地介绍本次调查的时间、地点、对象、范围、过程以及主要的调查方式、方法。

4. 主体部分

主体部分是调查报告的重要部分，也是调查报告的重点和难点所在，主要是对收集的资料进行分析，分为统计分析和理论分析。统计分析是把调查内容进行客观的描述，着重有序地列出经过整理的有效的调查资料。理论分析是根据以上统计分析的资料数据，运用科学的方法，系统地展开分析。

5. 结尾部分

结尾部分主要是对调查工作的总结，即得出调查的基本结论，提出建议和对策等。

6. 附录部分

附录部分包括有关调查的问卷、统计报表、参考文献等资料。

单元小结

市场调查是获取市场信息、进行市场营销和企业现代化管理的重要手段。市场调查可以帮助企业掌握及时的、准确的、科学的市场信息，提高企业的决策能力和管理水平。市场调查是进一步提升企业的核心竞争力的关键。掌握市场调查的基本知识与科学方法，对于做好市场调查工作至关重要。

本模块知识与技能训练

关键概念认知

宏观市场营销环境　微观市场营销环境　愿望竞争力量　市场调查　参照群体　抽样调查

职业判断

一、单项选择题

1. 与企业紧密相连，直接影响企业营销能力的各种参与者被称为（　　）。

A. 营销组合　　B. 营销环境

C. 宏观营销环境　　D. 微观营销环境

2. 在提供客运服务方面，铁路公司和航空公司的竞争关系属于（　　）。

A. 愿望竞争者　　B. 平行竞争者

C. 产品形式竞争者　　D. 品牌竞争者

3. 顾客在长虹、康佳、TCL、海尔、海信之间选择 55 英寸电视机，最后选定海尔，则这些公司之间是（　　）竞争者。

A. 愿望　　B. 属类　　C. 品牌　　D. 产品形式

4. 一个国家或地区的民族特征、价值观念、生活方式、风俗习惯、宗教信仰、伦理道德、教育水平、语言文字的总和，称为（　　）。

A. 社会文化环境　　B. 政治法律环境

C. 科学技术环境　　D. 自然资源环境

5. 市场机会和市场威胁水平都高的业务，称为（　　）。

A. 理想业务　　B. 成熟业务　　C. 冒险业务　　D. 困难业务

6. 消费者市场是一切市场的基础，是产品和服务流通的（　　）。

A. 起点　　B. 终点　　C. 中点　　D. 极点

7. 消费品的购买单位是个人或（　　）。

A. 集体　　B. 家庭　　C. 社会　　D. 单位

8. 消费者购买过程是消费者购买动机转化为（　　）的过程。

A. 购买心理　　B. 购买意志　　C. 购买行动　　D. 购买意向

9. 消费者因某种产品有特殊的性能，或由于其对某种品牌产品的特殊偏爱，愿意花时间和精力去购买的商品，通常被称为（　　）。

A. 便利品　　B. 选购品　　C. 特殊品　　D. 日用品

10. 体育明星、成功人士属于（　　）。

A. 首要群体　　B. 次要群体　　C. 向往群体　　D. 厌恶群体

11. 能对消费者购买行为和态度产生影响的人的群体被称为（　　）群体。

A. 公众　　B. 参考　　C. 模仿　　D. 次要

12. 市场调查的基本方法是（　　）。

A. 确定总体和抽样样本　　B. 实地调查和数据处理

C. 询问法和观察法　　D. 问卷设计和实地调查

13. （　　）是调查人员向被调查人员询问，根据被调查人员的回答来收集信息资料的方法。

A. 观察法　　B. 书面询问法　　C. 询问法　　D. 通知法

14. 调查人员事先设计好调查表，然后分发给被调查者，根据被调查者的书面回答来收集所需资料的方法是（　　）。

A. 实验法　　B. 观察法　　C. 询问法　　D. 书面调查法

15. 市场调查是市场营销活动的（　　）。

A. 中点　　B. 终点　　C. 起点　　D. 中间过程

16. （　　）是在全部单位中选择一部分重点单位进行调查，以取得统计数据的一种非全面调查方法。

A. 重点调查　　B. 市场普查　　C. 典型调查　　D. 抽样调查

二、多项选择题

1. 从顾客购买决策的过程看，企业在市场上的竞争者可以分为（　　）竞争者。
A. 愿望　B. 随机　C. 属类
D. 产品形式　E. 品牌

2. 对环境威胁的分析，一般着眼于威胁的（　　）。
A. 是否存在　B. 征兆　C. 潜在严重性
D. 到来时间　E. 出现可能性

3. 营销中介指在产品销售中帮助企业实现产品转移的机构和个人，包括（　　）。
A. 中间商　B. 广告公司　C. 储运公司
D. 银行　E. 证券机构

4. 一个国家的文化包括的亚文化群主要有（　　）。
A. 语言亚文化群　B. 宗教亚文化群　C. 民族亚文化群
D. 种族亚文化群　E. 地理文化群

5. 人们对刺激物产生的知觉有（　　）几种层次的理解。
A. 选择性注意　B. 选择性曲解　C. 选择性保留
D. 选择性淘汰　E. 选择性记忆

6. 消费者购买行为的心理因素包括（　　）。
A. 文化　B. 信念　C. 职业
D. 态度　E. 个性

7. 消费者购买行为中的角色包括（　　）。
A. 发起者　B. 讨论者　C. 决策者
D. 购买者　E. 组织者

8. 书面调查报告可分为（　　）。
A. 专门性报告　B. 通俗性报告　C. 阶段性报告　D. 总结性报告

9. 样本抽选的方法包括（　　）。
A. 市场普查　B. 重点调查　C. 典型调查　D. 抽样调查

10. 市场调查的基本方法包括（　　）。
A. 文案调查法　B. 实地调查法　C. 网络调查法　D. 资料调查法

三、判断题

1. 市场营销环境是一个动态系统，会随着社会经济的发展而不断变化。（　　）
2. 宏观环境和微观环境是一种并列关系，各自独立影响企业的营销活动。（　　）
3. 市场营销环境的变化有些是可以预测的，有些是难以预测的。（　　）
4. 恩格尔系数越大，生活水平越高。（　　）
5. 文化通过直接的方式影响市场营销。（　　）
6. 消费者对其购买产品满意与否直接决定着其以后的购买行为。（　　）
7. 家人、亲属、朋友、伙伴等是最典型的、主要的非正式群体。（　　）
8. 市场可以分为个人市场和组织市场。（　　）
9. 市场调查与市场调研是一回事。（　　）
10. 利用公开发表的资料可以得到企业的全部调查资料。（　　）

四、简答题

1. 什么是市场营销直接环境和间接环境，各包含哪些构成要素？
2. 影响消费者购买行为的因素有哪些？
3. 请说明消费者购买决策过程。
4. 如何理解市场调查的概念？市场调查的主要步骤有哪些？

职业能力训练

任务 1 选择你熟悉的餐饮或其他企业为样本，分析该企业的经营环境。

任务 2 结合个人实际，写一份就业 SWOT 分析报告，对自己就业面临的机会、威胁和优势、劣势做一个分析，制定出相应的战略，形成书面文字，提醒自己及早准备。

任务 3 请对家用电脑的消费者购买行为进行分析。

任务 4 请你对本年度夏季空调市场调查设计一份调查问卷。

综合案例分析

湖南卫视的市场营销环境分析与策略

湖南卫视经过十年的探索和运作，成功地确立了国内首席娱乐频道的地位，成为唯一一个能与央视频道分庭抗礼的省级电视台。2007 年，在“中国品牌五百强”排行榜中，湖南卫视排名 113 位，成为各媒体学习的榜样。湖南卫视的成功，源自对营销环境的准确分析把握和超前的创新意识及策划。

一、湖南卫视营销环境分析

(1) 政治因素。21 世纪以来，社会开放程度不断提高，整体社会局势向着开放、自由、个性的方向发展。社会传统媒体逐渐脱离了原有的“国家管理咽喉”的职能，舍弃往昔的社会报道、新闻综合等一成不变的结构体系，开始不断创新、拓展媒体功能，走入寻常社会家庭，贴近人民生活。

(2) 经济因素。随着经济的发展，人们的生活水平不断提高，消费层次、消费水平、消费能力都发生了变化。人们不再满足于枯燥乏味的单一电视新闻，而是期望更多的个性化的节目。同时，新型网络媒体显然已经远远走在电视媒体之前，其庞大的网络资源、实时的新闻效果及点播式的自助娱乐方式，成为彰显个性、满足特定需求的重要基础资源。电视媒体传统的经营方式面临着新型网络媒体的冲击。

(3) 社会因素。中国人有着强烈的家庭观念，而电视是聚集家庭成员的最佳工具。当老老少少难得齐聚一堂时，新闻电视节目的吸引力有限，娱乐性节目才是家庭媒体所关注的重点。在节奏快、网络化的生活不断吞噬着城市人群时间的同时，越来越多的农村家庭在辛苦劳作之余聚集到新买的电视机前，通过电视了解世界。而国内 70%的农村人口是电视媒体的潜力市场，他们的需求将在一定程度上左右电视台的运营策略。在消费者的消费习惯的顽固作用之下，央视牢牢占据着国内新闻的头把交椅，留给地方电视台的只能是差异化的竞争方式，“娱乐”成为差异化最主要的工具。

(4) 技术因素。技术的不断进步，造就了互联网，并催生了现今的新媒体时代，传统的电视节目受到新技术的不断挑战。但新技术同样也赋予电视节目以新生，IPTV、数字电视等技术的产生在一定程度上消除了被动的接收方式。与此同时，技术的进步实现了各媒体间的相互支持，造就了新型的综合媒体时代，并创造了前所未有的市场价值。电视媒体作为其中的核心媒体之一，有着显著的价值空间。

二、湖南卫视的营销策略

综上所述，湖南卫视在全国所有电视媒体中率先对自身品牌进行了清晰的定位——“打造中国最具活力的电视娱乐品牌”。围绕这一定位，湖南卫视在《超级女声》等很多大型节目的制作上构建了整合营销模式。

（1）要求广告部、总编室、覆盖办、节目部四大部门密切合作，相互配合抓创收，从根本上改变过去广告部单一运作的传统营销模式。

（2）与各地方电视台合作，比如《超级女声》节目在海选阶段与广州、长沙、郑州、成都、杭州等电视台合作，设立五个赛区进行选拔赛。

（3）充分利用网络、短信等现代传播手段，通过网络互动、短信互动将全国各地的歌迷聚集到一起，在歌迷极力推销歌手的同时，《超级女声》节目影响力也随之扩大。

（4）对赞助商的资源进行整合，在赞助商传播其品牌的同时，扩大超级女声的影响力。

（5）与蒙牛合作，拉开“2005 快乐中国蒙牛酸酸乳超级女声”大赛的帷幕。蒙牛不仅冠名湖南卫视“2005 超级女声年度大选”活动，而且选用 2004 年超级女声季军做代言人，所有的广告与推广全部与《超级女声》节目密切结合。这种将企业的一个产品完全与电视台制作的节目捆绑在一起的做法，是一个十分大胆的举动。

资料来源：胡春．市场营销案例评析．北京：清华大学出版社，2008.

请思考：

湖南卫视所面临的是什么样的市场环境？

学习模块三

明确企业战略　精准市场开发

案例导入

伊利公司的竞争和定位策略

早在1993年，内蒙古伊利实业股份有限公司就曾在北京进行过尝试性的销售，但始终因产品知名度太低而没能打进北京市场，于是伊利公司的经营者们制定了“以农村包围城市，以外地包围北京”的营销策略。几年间，伊利先后在哈尔滨、太原、石家庄等北方城市以及南方的武汉、南昌打开了销路。

随着企业规模的扩大和实力的增强，伊利在1996年正式进军北京市场。他们借百年奥运会的契机打出了“亚特兰大奥运会许可产品”的招牌以扩大知名度。1997年，伊利产品广告进入中央电视台电影频道，各式的串旗、遮阳伞也开始在北京的街头出现，此时的伊利可谓今非昔比。当各地的冰激凌生产厂家纷纷与国外企业合资的时候，伊利却提出了“内不联营，外不合资”的口号，在外国企业面前他们要代表中国，做纯粹的中华名牌。

伊利目前主要的竞争对手有和路雪和雀巢。与它们相比，伊利在企业实力、产品知名度方面还有相当大的差距。和路雪是世界上最大的冰激凌制造商联合利华公司与中国合资推出的冰激凌产品，上市后首先改变了中国消费者对于冰激凌产品原本清晰的分类。过去，人们把那种不含奶脂、以水为主要成分的称为冰棍，而含奶量和含脂量达到一定标准后则分别称雪糕和冰激凌。如今面对花花绿绿的包装和千奇百怪的名字时，很少有人能分清哪种是冰棍、哪种是雪糕。梦龙、摩爵、卡米、顶点……这些带着洋味的名字对儿童和追逐时尚的年轻人更富有吸引力和诱惑力。1996年，和路雪在中国经过三年的征战，逐步在中国市场上站稳了脚跟，在知名度和销售量上占据着绝对的优势。1996年，雀巢公司也将它们在中国的总部由香港迁至北京，并在天津和青岛同时投下巨资兴建现代化的冰激凌生产线。1997年，人们发现在街头和路雪的冰柜和广告旁并排摆着雀巢冰柜和价格牌。与和路雪同样大小的冰柜被染成了淡蓝色，使消费者能迅速地将“雀巢”与竞争对手区别开，同时这样的颜色在炎热的夏天能给人带来清爽的感觉。

对于大多数工薪消费者来说，人们在选择冰激凌时除了需要好的口感外，价格是更主要的决定因素。伊利正是在这一点上迎合了大多数人的需要，希望能在同样的产品中占据价格上的优势，而在同样的价格中以高质量取胜。伊利之所以能迅速在北京打开销路，正是得益于“低廉的价格、较高的品质”这一避强定位策略。之所以能实施这一低价定位，也是由于公司利用了许多别的企业没有的优势：能源方面，北京的煤大概每吨150～160元，而内蒙古地区只有70～80元；电费、人员工资方面，内蒙古也比北京要便宜得多。

而目前铁路运费又相对不高，低廉的成本是伊利的产品能够以较低的价位出现。另外，由于产地临近草原牧场，牛奶供应充足，每天厂家的收奶车直接到牧场收购鲜奶，经过消毒后便进入生产线。因此在口感方面，伊利产品有较强的奶香味，具备了较高的品质。

资料来源：百度文库．目标市场营销战略案例分析．(2016-05-05) [2019-09-16]. https://wenku.baidu.com/view/9e12e804d5bbfd0a7856739e.html? from=search.

学习任务分析

知识目标：

(1) 了解识别竞争者的方法并进行分析评估。

(2) 掌握市场竞争战略和竞争策略。

(3) 掌握市场细分的标准和方法。

(4) 掌握目标市场模式的分类和不同目标市场策略的选择。

(5) 掌握市场定位的步骤和策略。

能力目标：

(1) 能够识别并分析、评估竞争者。

(2) 能够根据企业自身情况选择适合的竞争战略和策略。

(3) 能够根据市场细分标准和方法，对市场进行细分。

(4) 能够根据企业自身的情况，有效评估并选择目标市场。

(5) 能够对企业产品进行有效定位。

素质目标：

(1) 培养判断市场机会的敏锐触觉。

(2) 培养学生良好的职业道德。

(3) 能够在实践能力训练中锻炼团队协作能力。

(4) 提升学生的逻辑思维能力和语言表达能力。

知识结构图

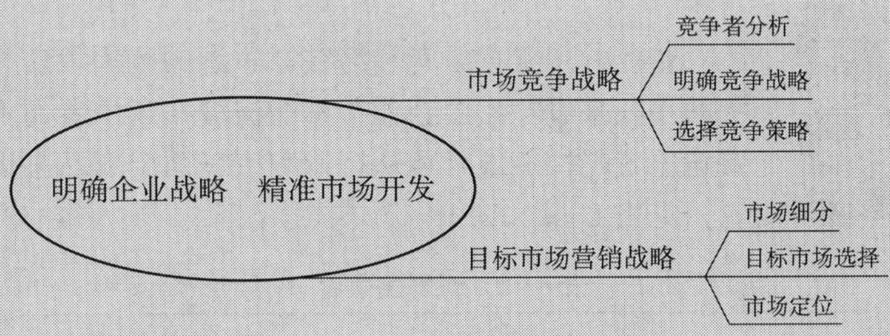

单元 8　市场竞争战略

课前思考

国产车中的哈弗汽车专门生产销售 SUV 车型，近几年一直稳居国产 SUV 销售冠军，请思考：哈弗汽车的竞争对手有哪些？公司为什么能在竞争对手众多的品牌中一直保持销售旺盛呢？

8.1　竞争者分析

在市场经济中，任何企业都无法回避竞争。优胜劣汰是自然法则，也是市场的法则。企业要在市场上获得成功，仅仅了解顾客是不够的，还必须了解竞争者。在市场商战中，必须知彼知己，才能取得竞争优势，在市场竞争中获胜。

8.1.1　分析、评估竞争对手

1. 识别企业竞争者

企业的竞争者是指生产、经营与本企业提供的产品相似的或可以互相替代的产品、以同一类顾客为目标市场的其他企业。如肯德基将麦当劳作为其主要的竞争对手、可口可乐将百事可乐作为其主要的竞争对手。

企业的现实竞争者和潜在竞争者的范围很广。从现代市场经济的实践来看，一个企业很可能被潜在竞争者而不是被当前的主要竞争者吃掉。通常可从行业和市场两个方面来识别企业的竞争者，见表 8-1。

表 8-1　识别竞争者

识别竞争者	说明	举例
从行业方面辨认	提供同一类产品或服务的企业，或者提供可相互替代产品的企业	华为和三星手机
从市场方面辨认	凡是满足相同市场需要或者服务于同一目标市场的企业	在线视频软件和电影业

综合以上两个方面识别竞争对手，可以开阔企业的眼界，使企业不但看到现存的竞争对手，而且可以看到潜在的竞争对手，有利于企业在市场竞争中获胜。

2. 判断竞争者的战略和目标

明确了企业的竞争者，就可以进一步明确每一个竞争者的市场目标、竞争策略及其特点，并据以针对性地制定本企业的竞争策略。考察竞争者的市场目标具有特别重要的意义，企业既可以了解到竞争者目前的市场地位、经营状况、财务状况等，又可以推断竞争对手的策略发展动向。掌握竞争者的竞争战略对本企业制定竞争战略也具有重要意义。竞争企业采取的竞争策略越相似，市场的竞争程度越激烈。

3. 分析对手的优势与劣势

在市场竞争中，企业需要了解竞争者的实力，把握优势与劣势，做到知己知彼，有针对性地制定正确的市场竞争策略。企业可以通过市场调研的方式了解竞争者的优势和劣势，企业通过将竞争企业与本企业的情况进行比较，可以对竞争者的优势和劣势作出判断，还可以借助于二手资料来进行了解或通过某些合法的手段来掌握竞争者的内部情况，对其优势与劣势作出正确的判断。竞争者的情况可以由一系列的指标得到反映，如销售量、销售额、市场占有率、利润率、经营成本、技术与设备能力、研究与开发能力、员工素质、企业领导者的变动、资金结构与资金来源、负债率、现金流量、经营策略的发展趋势等。

4. 判断竞争对手的反应模式

企业要研究竞争者的市场观念，估计竞争者的市场反应和可能采取的行为，为本企业的市场策略提供决策依据。竞争对手的市场反应模式见表 8-2。

表 8-2　竞争对手的市场反应模式

类型	特点
迟钝型竞争者	对竞争者的行动没有迅速反应或反应不强烈
选择型竞争者	只对竞争者的某些类型的竞争行为作出反应，如降价
激烈反应型竞争者	对竞争者的任何竞争行为都会作出强烈的反应
不规则型竞争者	对竞争者的行为并不表现出可预知的反应模式

8.2　明确竞争战略

企业要想在激烈的市场竞争中立于不败之地，就必须树立竞争观念，制定正确的市场竞争战略，努力取得竞争的主动权。

竞争战略是企业为了自身的生存和发展，为在竞争中保持或提高其竞争地位而采取的各项策略的组合。企业基本的竞争战略包括成本领先战略、差异化战略、集中战略和快速反应战略四种。企业要从自身实际出发，选择适合自己的竞争战略。

8.2.1　成本领先战略

成本领先战略是指通过有效途径，使企业的全部成本低于竞争对手的成本而取得领先地位的一种经营战略。采用这一战略的企业必须发现和挖掘所有的资源优势，通常销售标准与普通的产品相比，具有规模生产、技术创新、低人工成本、以优惠价格得到原材料、以行业平均成本或低于行业平均成本水平给产品定价等优势，这样的企业是行业内的低成本生产者和成本领先战略实行者。

企业一般都能在短时间内实现成本优势，但成本领先不是短期的成本优势或仅仅是低成本，而是可持续的成本领先，随着时间的延长，企业比竞争对手的成本更低。长期的成本领先也可以通过巨大的相对市场占有率来获得。

企业采用成本领先战略时，应尽可能降低成本，做到与竞争对手同价时质量较高，保证企业获得利润，能持续地维持和增加相对市场占有率，保持领先地位。

阅读材料

成本领先者沃尔玛

在《财富》杂志评选出的美国企业500强中，零售业巨子沃尔玛连锁店以2 198.1亿美元的营收总额荣登榜首。翻开沃尔玛的历史不难发现，成本领先战略是其取得辉煌业绩的关键。通过采用成本领先战略，沃尔玛真正坚持了“天天平价，始终如一”的经营理念。正是力求使沃尔玛商品比其他商店更便宜这一战略指导思想，使沃尔玛成为本行业中的成本控制专家，通过进货成本控制、物流成本控制、其他费用控制，使沃尔玛最终将成本降至行业最低。

资料来源：矩阵魔方．零售百科：成本领先战略——沃尔玛发展壮大的秘密．(2017-07-07)[2019-09-16]. http://www.sohu.com/a/155185191_633066.

8.2.2 差异化战略

差异化战略是指企业提供区别于竞争对手的、在其行业范围内具有独特性的产品或服务的一种经营战略。采用这一战略的企业必须在顾客认为最有价值的某些方面做得高于其他企业，独一无二，要有别具一格的、不同于竞争对手的特色。通常它需要具有高质量的产品、非凡的服务、创新的设计、技术性专长、别出心裁的商标形象，企业实现差异化的一般途径见表8-3。企业实施差异化战略的关键是一定要有别于竞争对手，而且要使溢价收益超过差异化的成本，以高于行业平均价格给产品定价，这样才能成为差异化的竞争者。如沃尔沃诉求“安全”的差异性。

表8-3 实现差异化的一般途径

产品	服务	人事	形象
特性 性能 耐用性 可靠性 易修理性 式样 设计	送货 安装 顾客培训 咨询服务 修理 其他服务	能力 言谈举止 可信度 敏感度 可交流性	标志 传播媒体 环境

企业采用差异化经营战略时，最重要的是通过差异化将自己与竞争对手区分开，因此企业必须清楚是与谁在进行差异化，即谁是竞争者。一般来说，企业出于竞争及生存的需要，会以产品差异化战略打头，使整个市场的需求动向发生变化，其他企业纷纷效仿跟进，使差异化产品逐渐丧失优势，最后变为标准产品。此时企业再采用成本领先战略努力

降低成本，使产品产量达到规模经济，以提高市场占有率来获得利润。这时市场也发展成熟，企业之间的竞争趋于激烈。要想维持竞争优势，就必须通过新产品开发创造新的产品价值，开始新一轮战略循环。

8.2.3　集中战略

集中战略是指企业把经营的重点目标放在某一特定购买者集团，或某种特殊用途的产品，或某一特定区域内，来建立企业的竞争优势及市场地位。由于企业资源有限，一个企业很难在其产品市场展开全面的竞争，因而需要抓住重点，以期望产生巨大、有效的市场力量。集中战略追求的目标不是在较大的市场上占有较小的市场份额，而是在一个或几个市场上有较大的甚至领先的市场份额。集中战略的类型有：产品线集中战略、顾客集中战略、地区集中战略等，具体见表 8-4。

表 8-4　集中战略的类型

类型	特点
产品线集中战略	对于产品开发和工艺设备成本偏高的行业，如汽车工业和飞机制造业，通常以产品线的某一部分作为经营重点，这易于凝聚成强大的战斗力，获得竞争优势
顾客集中战略	将经营重心放在不同需求的顾客群上，是顾客集中化战略的主要特点。有的厂家以市场中高收入顾客为重点，产品集中供应那些注重最佳质量而不计较价格高低的顾客
地区集中战略	划分细分市场以地区为标准。如果一种产品能够按照特定地区的需要实行重点集中，也能获得竞争优势。此外，在经营地区有限的情况下，建立地区集中战略也易于取得成本优势

阅读材料

西南航空低成本航空模式四大战略

西南航空（Southwest Airlines）是全球低成本运营的行业典范和标杆。依托美国庞大的市场，西南航空创造出低成本、直飞、多枢纽基地的航线网络运营模式，改变了美国航空市场格局，提升了航空在交通体系中的价值和贡献。在经营中它坚持了以下四大战略。

（1）选择短程运输方式。西南航空提供效率高、航班多的短程运输，全美通航城市最多。不买大型客机，不飞国际航线，不和其他航空公司形成联运服务，不和大型航空公司硬碰硬，选择通航的大多是大中型城市的点对点航线，在位于邻近大都会地区且尚未充分利用的二线机场降落，并采取低票价、多航次的方式来增加载客量。

（2）选择标准化机队。首创标准化机队的概念，采用单一机型波音 737，既简化了管理，又减少了培训和维护成本。驾驶员、空乘人员和维护工程人员可以集中精力去研究、熟悉同一机型。

（3）拥有高效的员工团队。员工平均服务旅客的数量是其他航空公司的两倍。精简业务流程，加快运作速度。不设头等舱，采用先到先上制，先到的旅客可以有更多的座位选择，促使旅客尽快登机；建立自动验票系统，加快验票速度。

（4）成本领先并追求稳健的品质保证。低价策略实质上是成本领先战略，需要借助严格的成本控制与管理，包括航班成本控制、航油航材成本管理、人工成本效益管理等。

资料来源：西南航空和捷蓝航空核心竞争力分析.（2014-05-26）[2019-09-16]. http：//news.163.com/air/14/0526/19/9T6NKT9D00014PHJ.html.

8.2.4 快速反应战略

面对竞争日益激烈的国内外市场，只有保持产品和服务的竞争性和快速反应，才能灵活适应多变的市场环境。快速反应战略就是在“满足消费者的需求，更有效地服务于消费者”这一理念的基础上发展起来的。

快速反应战略是指在合适的时间内，为消费者提供合适数量、合适价格的合适商品。快速反应战略可提升企业的生产效率、产品附加值和存货周转率，可缩短产品生产、流通时间，降低分销成本，改善顾客的服务水平，增加企业销售额，降低企业经营成本，及时满足消费者需求。

总之，不论采用哪种战略，企业需要依据市场环境、顾客、企业、竞争者等情况进行选择。企业要获得长期的成功，必须能保持住竞争优势，既要阻挡竞争对手的市场侵蚀，也要跟上行业变化趋势，使自己始终领先竞争对手一步。

8.3 选择竞争策略

发现和识别竞争者，确定竞争战略是选择市场竞争策略的前提。市场竞争策略是指企业根据自己在市场上的地位，为实现竞争战略和适应竞争形势而采用的具体行动方式。根据企业在市场上的竞争地位，我们通常把企业分为四种类型：市场主导者、市场挑战者、市场跟随者、市场补缺者。它们采取的竞争策略分别是：防御策略、进攻策略、追随策略、补缺策略。

8.3.1 市场主导者竞争策略

市场主导者是指行业中在同类产品的市场上市场占有率最高的企业，如美国汽车行业中的通用汽车公司、手机市场中的苹果公司、软性饮料行业中的可口可乐公司。市场主导者通常采取的策略是：第一，扩大市场需求总量；第二，设法在原有的基础上提高市场占有率；第三，保护市场占有率。前两种策略一般被认为是进攻型策略，第三种策略被认为是防御型策略。

1. 扩大市场总需求

当一种产品的市场总需求扩大时，收益最大的是处于领先地位的企业。一般来说，市场主导者可以通过以下三种途径扩大市场需求总量。

（1）发现新用户。每一种产品都有吸引新用户、增加用户数量的潜力。例如，香水企业可设法说服不用香水的妇女使用香水（市场渗透战略）；说服男士使用香水（市场开发战略）；向其他国家推销香水（地理扩展战略）。美国强生公司婴儿洗发香波的扩大销售就是开发市场的一个成功范例。当美国出生率开始下降时，该公司制作了一部电视广告片，向成年人推销婴儿洗发香波，取得了良好效果。

（2）开辟新用途。为产品开辟新的用途，可扩大产品的需求量并使产品销路长盛不衰。例如，凡士林最初问世时是用作机器润滑油的，之后开辟新用途做润肤脂、药膏和发胶。

（3）增加使用量。促进用户增加使用量是扩大需求的一种重要手段。例如，宝洁公司劝告消费者在使用海飞丝香波洗发时，每次将使用量增加一倍效果更佳。

2. 保护市场占有率

处于市场领先地位的企业必须时刻防备竞争者的挑战，保卫自己的市场阵地。例如，可口可乐要防备百事可乐，丰田公司要小心日产公司。这些挑战者都是很有实力的，主导者稍不注意就可能被取而代之。

市场主导者必须严守阵地，采用防御战略。防御战略的目标是：减少受攻击的可能性，使攻击转移到危害较小的地方，并削弱其攻势。虽然任何攻击都可能造成防御者利润上的损失，但防御者的防御措施如何、反应速度快慢，其后果就大不一样。市场主导者防御竞争者进攻的方式通常有以下几种：

（1）阵地防御。阵地防御就是在现有阵地周围建立防线。这是一种静态防御，是防御的基本形式，但是它不能作为唯一的形式。对企业来说，单纯采用消极的静态防御，只保卫自己目前的市场和产品，是一种短视行为。

（2）侧翼防御。侧翼防御是指市场主导者除保卫自己的阵地外，还应建立某些辅助性的基地作为防御阵地，必要时作为反攻阵地。例如，在菲律宾，生力啤酒公司的白威士忌受到亚洲啤酒公司“虎”牌啤酒的挑战，生力啤酒公司为应对挑战，推出了侧翼品牌“金鹰”，结果取得了防御成功。

（3）以攻为守。这是一种“先发制人”式的防御，即在竞争者尚未进攻之前，市场主导者先主动攻击。具体做法是，当竞争者的市场占有率达到某一危险高度时，就对它发动攻击；或者市场主导者对市场上的所有竞争者全面攻击，使竞争者人人自危。

阅读材料

马云先发制人，击败 eBay

易趣最早把美国的 C2C 在线销售概念引入中国，之后，eBay 收购易趣，更名为 eBay.cn，成为当时中国刚刚兴起的电商市场的行业老大，占有当时全国网购市场的 2/3。当时是中国互联网商业的初级阶段，eBay 的网上消费平台向用户收取交易的服务费。阿里巴巴当时仍专注于帮助中国的中小企业利用互联网做生意。但马云意识到，随着 eBay 在中国的发展，它迟早会开始觊觎阿里巴巴的用户。为了应对 eBay 的潜在威胁，马云创建了可以直接与 eBay 相抗衡的网上市场——淘宝网。淘宝头三年的免费使用，对 eBay 的收费模式造成了压力，eBay 的应对之策仅仅是“发布新闻稿，声称免费并不是商业模式”。淘宝从成立起大约用了两年的时间，市场规模超过中国 eBay；随后一路高歌猛进，直到占据全国市场份额的 80%以上。而 eBay 一路下滑，最终以退出中国市场收场。在近二十年的时间里，阿里巴巴从马云在杭州的小公寓中创建的公司一跃成为市值 4 730 亿美元的科技界的支柱。

资料来源：http：//36kr.com/p/5098660.html.

（4）反击防御。当市场主导者遭到对手发动降价或促销攻势，或改进产品、占领市场阵地等进攻时，不能只是被动应战，应主动反攻入侵者的主要市场阵地。

（5）运动防御。这种战略的目的是，不但要做好目前阵地的防御，而且要扩展到新的市场阵地，作为未来防御和进攻的中心。扩展通过两种方式实现：一是市场扩大化。企业将注意力从目前的产品转到有关该产品的基本需求上，并全面研究开发有关该项需求的科学技术。例如，把“石油”公司变成“能源”公司就意味着市场范围的扩大。二是市场多元化。即向无关的其他市场扩展，实行多元化经营。

（6）收缩防御。在所有市场阵地上全面防御有时会得不偿失，放弃某些疲软市场阵地，把力量集中到主要的市场阵地上去。例如，日本五十铃公司就放弃了轿车市场，转而集中生产优势生产卡车。

3. 提高市场占有率

市场主导者设法提高市场占有率，也是增加收益、保持领先地位的一条重要途径。市场占有率越高，投资收益率相应的也就越大。要扩大现有市场上的占有率，实际上意味着要向其他企业发动进攻，此时须慎重，要选择好进攻对象。

总之，市场主导者必须善于扩大市场需求总量，保卫自己的市场阵地，防御挑战者的进攻，并在保证收益增加的前提下提高市场占有率，这样才能持久地保持市场领先地位。

阅读材料

九阳豆浆机——市场主导者的竞争策略

九阳牌豆浆机风行全国，诱发了投资者跟进效仿热潮，全国各地如雨后春笋般诞生了100多家豆浆机生产企业。作为豆浆机行业的主导品牌，九阳面对激烈竞争并未显得手忙脚乱，而是采取技术创新、战略调整、产品多元化等措施继续取得竞争优势。

资料来源：https：//wenku.baidu.com/view/baf8e20d8e9951e79a892702.html.

8.3.2 市场挑战者竞争策略

在同行业中，一些大企业处于第二、第三位的市场地位，它们不甘心被领导，因而发起市场竞争，抢占市场领导者的位置，以提高市场占有率，增加赢利。如智能手机市场的三星公司、软饮料市场的百事可乐公司等。市场挑战者如果想要向市场主导者和其他竞争者挑战，首先必须确定自己的策略和挑战对象，然后要选择适当的进攻策略。

1. 确定策略目标和挑战对象

策略目标同进攻对象密切相关，对不同的对象有不同的目标和策略。一般来说，有三种挑战对象可以选择。

（1）攻击市场主导者。这种进攻风险很大，然而吸引力也很大。市场挑战者需仔细调查研究市场主导者的弱点和失误：有哪些未被满足的需求，有哪些使顾客不满意的地方，可作为自己进攻的目标。例如，360公司推出免费杀毒软件，从瑞星公司手中夺走大量用户，并通过配套提供的360软件管家、浏览器、手机助手等产品，留住了数以亿计的用户。

（2）攻击与自己相当者。市场挑战者对那些与自己势均力敌的企业，可选择其中经营不善发生亏损者作为进攻对象，设法夺取其阵地。

（3）进攻地方性小企业。对一些小型企业中经营不善、财务困难者，可夺取其顾客，甚至兼并或收购这些企业。

2. 选择适当的进攻策略

在确定了策略目标和进攻目标之后，市场挑战者可考虑采取的进攻策略包括：

（1）正面进攻。集中力量攻击对手的强项而不是弱点。正面进攻的胜负取决于谁的力量更强。因此，若无在相应项目上优于对手的资源和能力，一般不宜采取此策略。携程旅行和艺龙旅行的竞争就采用了正面进攻。

（2）侧翼进攻。侧翼进攻就是集中优势力量攻击对手的弱点，有时可采取“声东击西”的战略，佯攻正面，实际攻击侧翼或背面。如进攻对手力量薄弱地区或细分市场。

（3）包围进攻。包围进攻是一种全方位、大规模的进攻策略，挑战者拥有优于对手的资源，并确信借助围堵计划足以打垮对手。例如，日本精工表公司已经在各个主要手表市场的销售中取得成功，并以其品种繁多、不断更新的款式使竞争者和消费者瞠目结舌。其在美国市场上提供了400种流行款式。

（4）迂回竞争。这是一种间接进攻策略，完全避开对手的现有阵地而迂回进攻。其主要办法有三种：一是产品多元化经营，进入与竞争者不相关的行业；二是产品进入新地区的市场，实行市场多元化；三是开发新产品、新技术，取代现有产品。

（5）游击式进攻。这是适用于规模较小、力量较弱的企业的一种战略，向竞争者的某些市场角落发动游击式的促销或价格攻势，削弱对手的实力。持续不断的游击进攻也是需要大量投资的，如果想要打倒对手，光靠游击战不可能达到目的，还需要发动更大的攻势。

市场挑战者的进攻策略是多种多样的，一个挑战者不可能同时运用所有策略，但也很难单靠某一种策略取得成功，应设计出一套战略组合即整体战略，借以改善自己的市场地位。

8.3.3　市场跟随者竞争策略

在同一行业中，一些处于市场第四、第五位的企业，或处于第二、第三位的企业，它们从利润出发，不愿意冒险与市场领导者争夺市场领导地位，而宁居次要地位追随、模仿市场领导者。处于市场跟随者地位的企业仿造或改良产品，虽然不能取代市场领先者的地位，但因不需要大量的资源投入，也能够较轻松地获得可观的利润，其利润率有时甚至高于全行业的平均水平。在资本密集的同质性产品的行业中，如钢铁、原油和化工行业，大多数企业会选择追随策略。

1. 紧密跟随

紧密跟随是指跟随者在各个细分市场和市场营销组合方面尽可能效仿市场主导者。这

种跟随者有时候好像是市场挑战者，但只要不从根本上侵犯市场主导者的地位，就不会与之发生直接冲突，有些甚至被看成是靠拾取市场主导者的残余来谋生的寄生者。

2. 距离跟随

距离跟随是指跟随者在主要方面，如目标市场、产品创新、价格和分销渠道等方面都追随主导者，但与主导者保持一定差异。

3. 选择跟随

选择跟随是指跟随者在某些方面紧跟主导者，而在另一些方面又自行其是。选择跟随者不是盲目跟随，而是择优跟随，在跟随的同时会发挥自己的独创性，但不进行直接的竞争。

阅读材料

和其正凉茶的市场追随者策略

在为自己带来巨大的商业成就的同时，王老吉也开启了一个巨大的蓝海市场——凉茶市场。在众多的跟风者之中，和其正凉茶无疑是显眼的一个。福建达利集团借助公司在生产、管理、渠道资源、品牌等方面的综合优势，一度在凉茶市场中占据一席之地。

资料来源：从和其正凉茶看市场追随者的策略．(2013-02-22) [2019-09-16]. http://guide.foodmate.net/2013/3756.html.

8.3.4 市场补缺者竞争策略

在同一行业中，一些小型企业因为资源有限，无法与大企业相争，只能经营一些被大企业忽视的小市场。市场补缺者着眼于市场上未被人重视或者竞争对手还未来得及占领的细分市场，推出能有效满足这一细分市场需求的产品或者服务。补缺的具体策略是企业往往从自己的优势或专长出发，根据不同的分类进行专业化的营销。企业的创新能力越强，就能够发现越多的潜在需求，创造更多的补缺市场。

市场补缺者面对的主要风险是企业既定的补缺基点日渐枯竭或遭受攻击。避免这一状况的主要做法是：确定多个补缺基点，增加企业的抗风险能力和生存机会。取得补缺基点的主要战略是专业化市场营销。具体来讲就是在市场、顾客、产品或渠道等方面实行专业化。

（1）最终用户专业化：专门致力于为某类最终用户服务，如计算机行业有些小企业专门针对某一类用户（如学校、网吧）进行市场营销。

（2）垂直层面专业化：专门致力于分销渠道中的某些层面，如制铝厂专门生产铝锭、铝制品或铝质零部件。

（3）顾客规模专业化：专门为某一种规模（大、中、小）的客户服务，如有些小企业专门为那些被大企业忽略的小客户服务。

（4）特定顾客专业化：只对一个或几个主要客户服务，如美国有些企业专门为西尔斯公司或通用汽车公司供货。

（5）地理区域专业化：专门为国内外某一地区或地点服务。

（6）产品或产品线专业化：只生产一大类产品，如美国的绿箭公司专门生产口香糖这一种产品，现已发展成为一家世界著名的跨国公司。

（7）客户订单专业化：专门按客户订单生产预定的产品。

（8）质量和价格专业化：专门生产经营某一种质量和价格的产品，如专门生产高质高价产品或低质低价产品。

（9）服务项目专业化：专门提供某一种或几种其他企业没有的服务项目，如美国有一家银行专门承办电话贷款业务，并为客户送款上门。

（10）分销渠道专业化：专门服务于某一类分销渠道，如专门生产适用于超级市场销售的产品、专门为航空公司的旅客提供食品。

单元小结

市场竞争取胜的首要保证是对竞争对手的了解。企业首先把产业和市场两方面结合起来识别竞争者。判断竞争者的战略和目标、评估竞争者的优势和劣势、估计竞争者的反应模式等，进而确定企业的竞争战略。企业基本的竞争战略包括成本领先战略、差异化战略、集中战略、快速反应战略四种。根据企业在市场上的竞争地位，我们通常把企业分为市场主导者、市场挑战者、市场跟随者和市场补缺者。它们采用的竞争策略分别是：防御策略、进攻策略、追随策略、补缺策略。

单元9　目标市场营销战略

课前思考

华为手机在中国智能手机中的占有率很高，销售火爆。请描述一下华为手机与其他品牌手机有何不同？

目标市场营销又称STP营销，是现代战略营销的核心，包括市场细分、选择目标市场和市场定位三个环节，如图9－1所示。制定目标市场营销战略包括以下内容：依据有效的细分标准划分市场，并剖析每个细分市场的特点；对各个细分市场进行比较，确定公司的目标市场；确定公司在该目标市场的定位。

图9－1　目标市场营销战略

9.1　市场细分

9.1.1　市场细分的概念与作用

市场细分（Segmenting）是指营销者通过市场调研，依据消费者的需要和欲望、购买行为和购买习惯等方面的差异，把某一产品的市场整体划分为若干消费者群的市场分类过程。因此，分属于同一细分市场的消费者，他们的需要和欲望极为相似；分属于不同细分市场的消费者，对同一产品的需要和欲望存在明显的差别。比如服装市场通常可以按年龄细分为若干子市场。

细分市场不是根据产品品种、产品系列来进行的，而是从消费者的角度进行划分的。消费者的需求、购买动机以及购买行为的差异性，是市场细分的客观依据。市场细分对企业营销具有以下作用。

1. 有利于发现市场机会，开拓新市场

通过市场细分，企业可以对每一个细分市场的购买潜力、需要满足程度、竞争情况等进行分析对比，发现尚未满足的消费需求，找到有利于本企业的市场机会。例如，德国被认为是世界上经营啤酒水平最高的国家，但德国企业家仍感到经营中存在问题，他们按啤酒的风味，根据甜醇-苦涩、清淡-浓重二元要素，对欧洲啤酒市场展开市场细分，找到未被人们所重视的、具有极大开发价值的清淡、甜醇型啤酒新市场，满足了妇女和青少年的需求。

2. 有利于选择目标市场

不进行市场细分，企业选择目标市场必定是盲目的；不认真地鉴别各个细分市场的需求特点，就不能进行有针对性的市场营销。

阅读材料

冻鸡的目标市场

某公司出口日本的冻鸡最初主要面向消费者市场，以超级市场、专业食品商店为主要销售渠道。随着市场竞争的加剧，该公司在日本的冻鸡销售量呈下降趋势。为此，该公司对日本冻鸡市场做了进一步的调查分析，以掌握不同细分市场的需求特点，公司将购买者区分为三种类型：一是饮食业用户，二是团体用户，三是家庭主妇。这三个细分市场对冻鸡的品种、规格、包装和价格等要求不尽相同。根据这些特点，该公司重新选择了目标市场，以饮食业和团体用户为主要顾客，并据此调整了产品、渠道等营销组合策略，使其冻鸡出口量大幅度增长。

资料来源：刘丽霞．新编市场营销学．北京：北京大学出版社，2010.

3. 有利于制定市场营销组合策略

市场营销组合是企业综合考虑产品、价格、促销形式和销售渠道等各种因素而制定的市场营销方案，就每一特定市场而言，只有一种最佳组合形式，这种最佳组合只能是市场细分的结果。例如，雕牌洗衣粉将目标市场定位为大众市场，以农村市场作为跳板，用低价作为进军日化市场的“冲锋炮”，用广告在农村市场奠定品牌形象，结果遍地开花。上市第一年，雕牌洗衣粉奇迹般地跃居市场占有率第二位，第二年便取得全国销量第一的良好业绩。

4. 有利于提高企业的竞争能力

市场细分以后，每一细分市场上竞争者的优势和劣势就明显地暴露出来，企业只要看准市场机会，利用竞争者的弱点，同时有效地开发本企业的资源优势，就能用较少的资源把竞争者的顾客和潜在顾客变为本企业的顾客，提高市场占有率，增强竞争能力。

9.1.2　市场有效细分的条件

从企业市场营销的角度看，无论是消费者市场还是产业市场，并非所有的细分市场都有意义，所选择的细分市场必须具备一定的条件。

1. 可衡量性

可衡量性是指用来细分市场的标准和变数及细分后的市场是可以识别和衡量的，即有明显的区别，有合理的范围。如果某些细分变数或购买者的需求和特点很难衡量，细分市场后无法界定，难以描述，那么市场细分就失去了意义。一般来说，一些带有客观性的变数，如年龄、性别、收入、地理位置、民族等，都易于确定，并且有关的信息和统计数据也比较容易获得；一些带有主观性的变数，如心理和性格方面的变数，就比较难以确定。

2. 可进入性

可进入性是指企业能够进入所选定的细分市场部分，能进行有效的促销和分销，实际上就是考虑营销活动的可行性。一是企业能够通过一定的广告媒体把产品的信息传递到该细分市场众多的消费者中去；二是产品能通过一定的销售渠道抵达该细分市场。

3. 可赢利性

可赢利性是指细分市场的规模要大到能够使企业足够获利的程度，使企业值得为它设计一套营销规划方案，以便顺利地实现其营销目标，并且有可拓展的潜力，以保证按计划能获得理想的经济效益和社会服务效益。

课堂讨论

在一个普通大学的食堂，如果专门开设一个西餐厅满足少数师生酷爱西餐的要求，这个计划可行吗？

提示：因为市场太小，赢利的可能性很低，在普通大学的食堂里开西餐厅这个计划不现实。如果是在留学生较多的大城市的涉外高校，尚可考虑。

4. 差异性

差异性是指细分市场在观念上能被区别，并对不同的营销组合因素和方案有不同的反应。如女性化妆品市场可以根据年龄层次和肌肤的类型等变量加以区分。如果不同的细分市场顾客对产品需求差异不大，行为上的同质性远大于异质性，这时企业就不必费力对市场进行细分。另外，对于细分出来的市场，企业应当分别制订独特的营销方案。如果无法制订这样的方案，或其中某几个细分市场对是否采用不同的营销方案不会有太大的差异反应，则不必进行市场细分。

课堂讨论

市场细分是否越细越好？

提示：市场细分程度要合理，不能认为市场细分越细越好。近年来，西方市场营销学家反对“超细分策略”，主张将许多过于狭小的市场组合起来，以便利用较低的价格去满足这一市场较广的需求。

5. 相对稳定性

相对稳定性是指细分后的市场在一定时间内保持相对稳定。相对稳定性直接关系到企业生产营销的稳定性，特别是对于大中型企业以及投资周期长、转产慢的企业而言，相对稳定性不足容易造成企业经营困难，严重影响企业的经营效益。

9.1.3 消费者市场的细分标准

引起消费者需求差异的变量很多，概括起来，细分消费者市场的变量主要有地理因素、人口因素、心理因素和行为因素四个方面，见表 9-1。

表 9-1　消费者市场的细分标准及变量

细分标准	细分变量
地理因素	地理位置、城镇大小、地形、地貌、气候、交通状况、人口密度等
人口因素	年龄、性别、职业、收入、民族、宗教信仰、受教育程度、家庭人口、家庭生命周期等
心理因素	生活方式、性格、购买动机、态度等
行为因素	购买时间、购买数量、购买频率、购买习惯（品牌忠诚度），对服务、价格、渠道、广告的敏感程度等

阅读材料

生产市场细分的标准

许多用来细分消费者市场的标准，同样可用于细分生产市场，如行为因素中的一些变量（购买数量和购买频率等）。生产市场具有自身的特点，因此，在对生产市场进行细分时，还需要采用一些不同的标准。

（1）用户需求。企业应针对不同用户的需求，提供不同的产品，设计不同的市场营销组合策略，以满足用户的不同要求。

（2）用户经营规模。有些企业根据用户规模大小，将市场细分为大用户市场和小用户市场两类。对大用户，一般由营销经理亲自联系，直接供应；对小用户，可先使产品进入商业渠道，由批发商甚至零售商专门组织供应。

（3）用户的地理位置。企业按用户的地理位置细分市场，选择客户较为集中的地区作为目标，有利于节省推销人员往返于不同客户之间的时间，可以合理规划运输路线，节约运输费用，也能更加充分地利用销售力量，降低推销成本。

资料来源：丁纪平．市场营销学．北京：人民邮电出版社．2011.

1. 按地理因素细分

按地理因素细分就是指企业按消费者所在的地理位置、地理环境等变量来细分市场。因为处在不同地理环境下的消费者，对于同一类产品往往会有不同的需求与偏好，他们对企业的产品价格、销售渠道、广告宣传等营销措施的反应也常常存在差别。

（1）地理位置。可以按照行政区划来进行细分，如在我国，可以划分为东北、华北、西北、西南、华东和华南几个地区；也可以按照地理区域来进行细分，如划分为省、自治区、市、县等，或内地、沿海、城市、农村等。在不同地区，消费者的需求显然存在较大差异。

（2）城镇大小。可划分为大城市、中等城市、小城市和乡镇。处在不同规模城镇的消费者，在消费结构方面存在较大差异。

（3）地形和气候。按地形可分为平原、丘陵、山区、沙漠地带等；按气候可分为热带、亚热带、温带、寒带等。防暑降温、御寒保暖之类的消费品就可按不同气候带来划分。如在我国北方，冬天气候寒冷干燥，加湿器很有市场；但在江南，由于空气中湿度大，基本上不存在对加湿器的需求。

阅读材料

西门子洗衣机的转速差异

西门子对出口到不同地区的洗衣机的转速做了调整。由于德国天气阴晴不定，所以在该地区销售的洗衣机的转速最低不低于1 000 转/分钟，最高不超过1 600 转/分钟，保证从洗衣机里拿出的衣服必须比别处干，因为用户无法拿到室外去晾晒。相反，在意大利和西班牙，由于阳光充足，洗衣机转速达到500 转/分钟就足够了。

资料来源：目标市场营销战略．(2018-02-01)［2019-09-16］. https://wenku.baidu.com/view/bbc0d7c14bfe04a1b0717fd5360cba1aa8118ce8.html.

2. 按人口因素细分

按人口因素细分就是指按年龄、性别、职业、收入、受教育程度、家庭生命周期、民族、宗教、国籍等变量，将市场划分为不同的群体。由于人口变量比其他变量更容易测量，且适用范围比较广，因而人口变量一直是细分消费者市场的重要依据。

(1) 年龄。不同年龄段的消费者，由于生理、性格、爱好、经济状况的不同，对消费品的需求往往存在很大的差异。因此，可按年龄将市场划分为许多各具特色的消费者群，如儿童市场、青年市场、中年市场、老年市场等。从事服装、食品、保健品、药品、健身器材、书刊等商品生产经营业务的企业，经常采用年龄变量来细分市场。

课堂讨论

请同学们思考，有哪些产品是根据年龄来划分市场的？

提示：比如，奶粉可根据年龄划分为婴幼儿奶粉、青少年奶粉、中老年奶粉。

(2) 性别。按性别可将市场划分为男性市场和女性市场。不少商品在用途上有明显的性别特征。如男装和女装、男表与女表。在购买行为、购买动机等方面，男女之间也有很大的差异，如妇女是服装、化妆品、小包装食品等市场的主要购买者，男士则是香烟、饮料、体育用品等市场的主要购买者。美容美发、化妆品、珠宝首饰、服装等许多行业，长期以来按性别来细分市场。

阅读材料

惊！向女人推销刮胡刀

男人要刮胡子，而女人绝少刮胡子，这个谁都明白。如果有人想向窈窕淑女推销刮胡刀，难免会被认为是不可思议的事情，然而美国著名的吉列公司早在30年前就这样干了，而且获得了巨大的成功。吉列公司为女性精心设计了专用的“刮毛刀”。它的刀头部分与男用刮胡刀并无二致，只是刀架选用了色彩鲜艳的彩色塑料，握柄由直线型改为弧线型以利于妇女使用，并在上面压制了一朵美丽的雏菊。在推销这一产品时，公司还根据妇女的心理特征，选择“不伤玉腿”的广告主题，突出了新产品的安全性。新型“雏菊”剃毛刀一上市，立即被成千上万的妇女抢购一空，成为畅销产品，吉列公司获利颇丰。

资料来源：向女人推销刮胡刀．(2017-08-28)［2019-09-16］．https：//tieba.baidu.com/p/5295115424? red_tag=2241327306.

（3）收入。收入的变化将直接影响消费者的需求欲望和支出模式。根据平均收入水平的高低，可将消费者划分为高收入、次高收入、中等收入、次低收入、低收入五个群体。收入高的消费者一般喜欢到大百货公司或品牌专卖店购物，收入低的消费者则通常在住地附近的商店、仓储超市购物。汽车、旅游、房地产等行业一般按收入变量细分市场。

（4）民族。世界上大部分国家都拥有多种民族，我国更是一个多民族的大家庭，除汉族外，还有55个少数民族。这些民族都有自己的传统习俗、生活方式，从而呈现出不同的商品需求。

（5）职业。不同职业的消费者由于知识水平、工作条件和生活方式等的不同，其消费需求存在很大的差异，如教师比较注重书籍、报刊方面的需求，文艺工作者则比较注重美容、服装等方面的需求。

课堂讨论

图书具有明显的职业特征。公司高级经理、学生、家庭主妇，他们分别需要购买什么书？

提示：公司高级经理——经营管理类、商贸外语书；学生——教科书、参考书、试题集；家庭主妇——烹调、育儿、时尚服饰、家庭装饰等书籍。

（6）受教育程度。受教育程度不同的消费者在兴趣、生活方式、文化素养、价值观念等方面都会有所不同，因而会影响他们的购买种类、购买行为、购买习惯。如受过高等教育的消费者可能更喜欢购买单反相机，仅受过初中等教育的消费者喜欢购买操作简单的傻瓜相机。

课堂讨论

按照家庭人口变量进行细分的产品有哪些？

提示：住宅、家具、家用电器乃至日用消费品的包装等都可以按照家庭人口变量进行细分。

3. 按心理因素细分

在上述地理因素和人口因素具有相同或相近特征的顾客，可能仍会表现出极大的需求差别，其原因主要在于消费者心理因素的影响。按心理因素细分就是将消费者按其生活方式、性格、购买动机、态度等变量细分成不同的群体。

（1）生活方式。越来越多的企业，如服装、化妆品、家具、娱乐等行业的企业重视按人们的生活方式来细分市场。生活方式是人们对工作、消费、娱乐的特定习惯和模式，不同的生活方式会产生不同的需求偏好，如“传统型”“新潮型”“节俭型”“奢侈型”等。美国服装公司把妇女划分为“朴素型妇女”“时髦型妇女”“男子气质型妇女”三种类型，分别为她们设计了传统服装、时尚服装、中性服装。

（2）性格。消费者的性格与他们对产品的需求有很大的关系。性格可以用外向与内向、乐观与悲观、自信、顺从、保守、激进、热情、老成等词句来描述。性格外向、容易感情冲动的消费者往往好表现自己，因而他们喜欢购买能表现自己个性的产品；性格内向的消费者则喜欢大众化，往往购买比较普通的产品；富于创造性和冒险心理的消费者则对新奇、刺激性强的商品特别感兴趣。

（3）购买动机。消费者对所购产品追求的利益主要有求实、求廉、求新、求美、求名、求安等，这些都可作为细分的变量。如有人购买包是为了实用，盛放随身物品，而有人是追求名牌，展现自身的经济实力。

课堂讨论

著名广告大师伯恩巴克的经典之作M&M巧克力的广告语为：只溶在口，不溶在手。请从消费者购买动机的角度分析此则广告的设计。

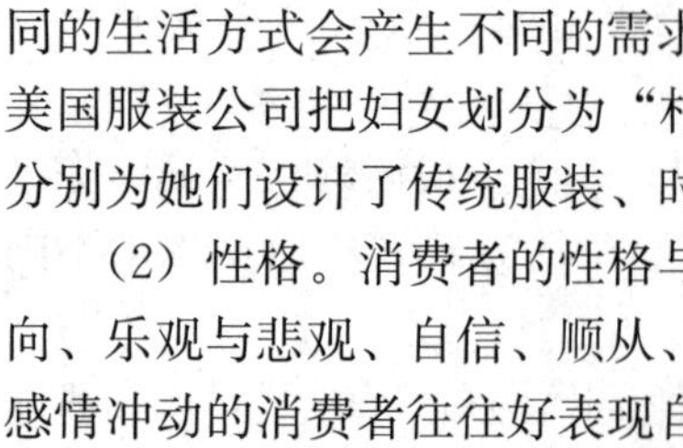

提示：它既反映了M&M巧克力糖衣包装的独特，迎合广大爱吃巧克力的消费者不愿把手弄脏的显性动机，同时也暗示M&M巧克力口味好，所以才让人们不愿让巧克力融化在手中，而要马上吃掉。

4. 按行为因素细分

按行为因素细分主要指根据购买者对产品的了解程度、态度、使用情况及反应等将他们划分为不同的群体。主要的细分依据有消费者购买或使用某种商品的时间、购买数量、购买频率、购买习惯等。

(1) 购买时间。根据消费者提出需要、购买和使用产品的不同时间，将消费者划分为不同的群体。如某通信运营商在新生入学时，为刚入校的学生提供选号、定制套餐等服务。

课堂讨论

在我们身边什么商品是按照购买时间变量进行细分的?

提示：航空公司、旅行社在寒暑假期间大做广告，实行优惠票价，以吸引师生乘坐飞机外出旅游；空调厂家和冰激凌厂家在酷热的夏季大做广告，以有效增加销量等。

(2) 购买数量。据此可分为大量用户、中量用户和少量用户。大量用户人数不一定多，但消费量大，许多企业以此为目标。如文化用品大量使用者是知识分子和学生、化妆品大量使用者是青年妇女等。

(3) 购买频率。据此可分为经常购买、一般购买、不常购买（潜在购买者)。

(4) 购买习惯（品牌忠诚度)。据此可将消费者划分为坚定品牌忠诚者、多品牌忠诚者、转移的忠诚者、无品牌忠诚者等。如有的消费者忠诚于某些产品，如海尔电器、中华牙膏等；有的消费者忠诚于某些服务，如东方航空公司、某某酒店或饭店等，或忠诚于某一个机构、某一项事业等。为此，企业必须辨别其忠诚顾客及特征，以便更好地满足他们的需求，必要时给忠诚顾客以某种形式的回报或鼓励，如给予一定的折扣。

企业要综合考虑自身行业的特点和产品的特性，采用一种或几种变量，对消费者市场进行细分。

课堂讨论

请尝试使用各种变量对鞋类市场进行市场细分。

提示：

材料	用途	地理位置	人口	诉求利益
皮鞋	正式场合	城市	男性、女性	美观
布鞋	运动	农村	中老年	舒适
人造革	休闲		青年	实用
帆布	室内		儿童	廉价

9.1.4　市场细分的具体方法

按照选择市场细分标准的多少，市场细分可以有以下三种方法。

1. 单一因素法

单一因素法是指只选择一个细分标准进行细分市场的方法。如按年龄把玩具市场分为1～3岁玩具市场、4～5岁玩具市场、6～7岁玩具市场、8～12岁玩具市场、12岁以上玩具市场等几个细分市场。

2. 综合因素法

综合因素法是指选择两个或两个以上的细分标准进行细分市场的方法。如用生活方式、收入水平、年龄三个因素可将妇女服装市场划分为不同的细分市场，具体如图9-2所示。

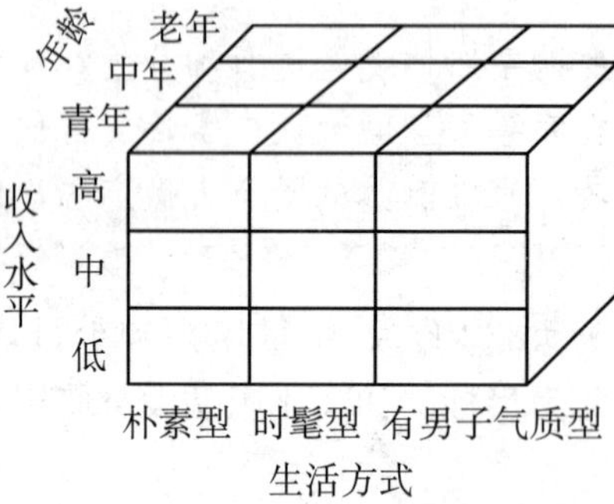

图9-2　某公司对妇女服装市场的细分

3. 系列因素法

系列因素法是指运用两种或两种以上因素细分市场，但它与综合因素法不同的是，依据一定顺序，由粗到细，逐层展开，每下一步的细分，均在上一步选定的子市场中进行，细分过程其实就是比较、选择目标市场的过程。如某服装公司用系列因素法对服装市场进行细分，具体如图9-3所示。

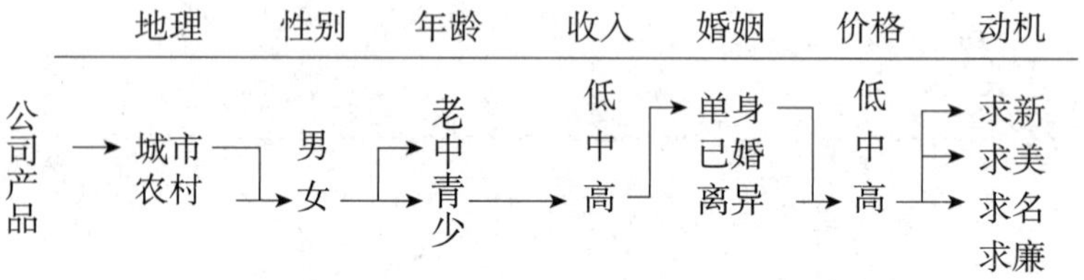

图9-3　某服装公司对服装市场的细分

9.2　目标市场选择

在进行市场细分后，通常会得到众多的子市场。究竟哪个细分市场对本企业来说存在着市场机会呢？企业应对细分市场进行分析和评价，从而确定本企业的目标市场。

目标市场（Targeting）就是在市场细分的基础上，企业经过分析、比较和选择，确定作为自己服务对象的一个或几个子市场。

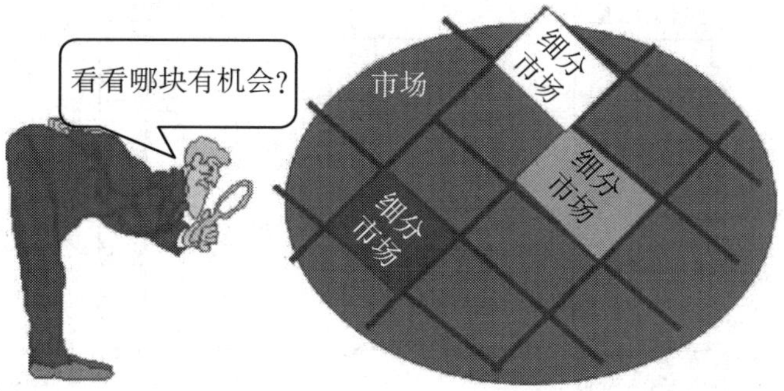

9.2.1　评估细分市场

企业为了选择目标市场，必须对各细分市场进行评估，判断其是否具备目标市场的基本条件，主要应从以下几个方面考虑。

1. 适当的市场规模和增长潜力

“适当”的规模是个相对的概念，大企业一般重视销售量大的细分市场，小企业却经常会选择一些小的细分市场，但总的来说，需要根据企业自身的条件，衡量细分市场的规模是否值得去开发，是否有尚未满足的需求，是否有充分发展的潜力。

阅读材料

今世缘酒业进军婚庆酒水市场

江苏今世缘酒业看准婚庆酒水这个巨大的市场，主打今世缘婚庆用酒，以“今世有缘，相伴永久”“有喜庆今世缘，结婚当然今世缘，中国人的喜酒”为诉求，进行相关广告和营销，成为婚宴用酒第一品牌。

资料来源：今世缘：文化营销为市场营销第一方略．（2017－04－20）　[2019－06－16]. http://www.news9.com.cn/html/2017/0420/138360.html.

2. 有足够的市场吸引力

吸引力主要是从利润的角度看市场长期获利率大小。市场可能具有适当规模和增长潜力，但从利润角度来看不一定具有吸引力。决定市场是否具有长期吸引力的因素主要有现实的竞争者、潜在的竞争者、替代品、购买者和供应者的威胁。企业必须充分估计这五种因素对长期获利所造成的影响，预测各细分市场的预期利润的多少。

3. 符合企业的目标和资源

某些细分市场虽然有较大的吸引力，但不符合企业长远的目标，因此企业不得不放弃。另外，企业还要考虑自身的资源条件是否适合在某一细分市场经营。只有选择那些企业有条件进入、能充分发挥自身资源优势的市场作为目标市场，企业才会立于不败之地。

9.2.2　目标市场模式

市场经过细分、评价后，可能得出若干可供进军的细分市场，企业是向某一个市场进军还是向多个市场进军，有五种可供考虑的目标市场模式，具体如图 9－4 所示。

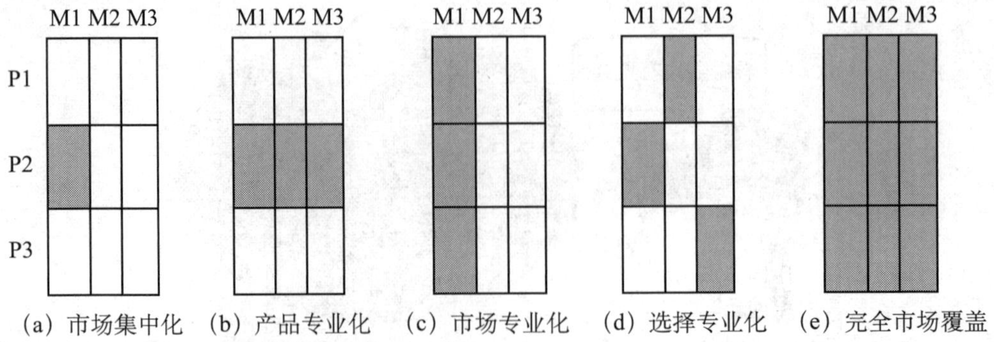

图 9-4　五种目标市场模式

注：P代表产品，M代表市场。

1. 市场集中化

这种模式是指企业只生产一种标准化产品，只供应某一顾客群。这种模式的优点主要是能集中企业的有限资源，通过生产、销售和促销等专业化分工，提高经济效益；这种模式的缺点是存在较大的潜在风险，由于企业的目标市场比较狭小，一旦市场的情况发生变化，企业不能随机应变，就有可能陷入困境，影响企业的生存和发展。较小的企业通常采用这种策略，它可以帮助企业实现专业化生产和经营，在取得成功后再逐步向其他细分市场扩展。如某服装厂只生产童装，满足儿童市场的需求。

2. 产品专业化

这种模式是指企业面对所有的细分市场只生产经营一种产品。这种模式的优点是可使企业的某个产品在不同市场上树立起很高的声誉，扩大产品的销售。但如果这种产品被全新技术产品所取代，企业面临的经营风险将是巨大的。如血压计向不同的客户出售，包括医院、诊所、药房等。但电子血压计的问世，就会对手动血压计的市场构成威胁。

3. 市场专业化

这种模式是指企业向同一细分市场提供不同类型的产品。比如某工程机械公司专门向建筑业的用户供应推土机、打桩机、起重机、水泥搅拌机等建筑工程中所需要的机械设备。这种模式的优点是企业生产的不同产品容易在某个市场上获得良好的声誉，打开产品的销路。但如果这个市场的消费群体采购量下降，则销售量大幅下降的风险将会发生，企业就会产生效益滑坡的危险。

课堂讨论

中国一家家纺公司多年来一直向美国的家纺经销商出口各种床上用品。美国发生经济危机后，订购量明显减少，这家家纺公司经营困难。假如你是这个公司的经理，你应该怎么办？

提示：这家家纺公司应该努力开拓欧洲等新市场，尽量向多个市场进行销售，减少企业风险。

4. 选择专业化

这种模式是指企业有选择地进入多个细分市场，并向这些细分市场分别提供不同类型的产品。选择这种模式的主要原因是，各细分市场之间相关性较小，每个细分市场都有着良好的营销机会与发展潜力。这种模式的优点是有利于分散企业的经营风险，即使失去某一细分市场，企业仍可在其他细分市场上赢利。较大的企业通常采用这种策略。

5. 完全市场覆盖

这种模式是指企业把所有细分市场都作为目标市场，并生产不同的产品满足各种不同的目标市场消费者的需求。只有大企业才能选用这种策略。

阅读材料

可乐公司的市场模式

可口可乐公司生产碳酸饮料——可乐、雪碧、芬达、醒目，果汁饮料——美汁源、酷儿，茶饮料——茶研工坊、冰爽茶，饮用水——冰露、水森活，维生素饮料——酷乐仕，草本饮料——健康工房等，以占领全球饮料市场。

资料来源：可口可乐公司官网品牌简介．(2018-08-11)［2019-05-16］. https://www.coca-cola.com.cn/brands/product-description.

9.2.3　目标市场策略选择

根据各个细分市场的独特性和企业自身的目标，可供企业选择的目标市场策略主要有三种，具体如图 9-5 所示。

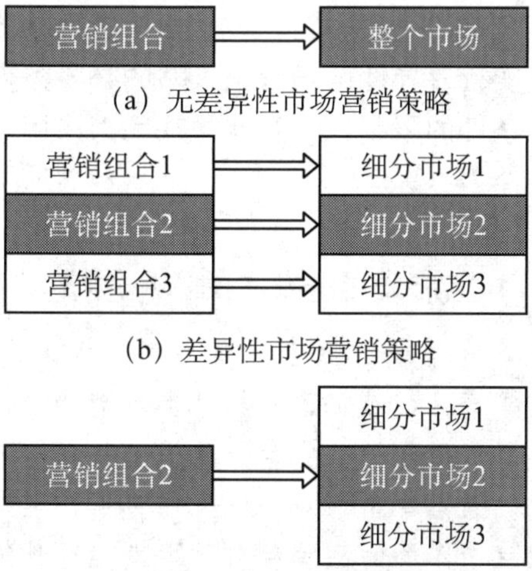

图 9-5　目标市场策略

1. 无差异性市场营销策略

无差异性市场营销策略是指企业不考虑细分市场的差异性，把整体市场作为目标市场，只推出一种产品，只运用一种市场营销组合，为整个市场提供服务的营销策略。

这种策略的基本特点是企业不进行市场细分，把整个市场视作一个大的、同质的目标市场，营销活动只注意市场需求共性，而忽略其差异性。由于只有一种产品，企业容易做到机械化、自动化、标准化生产，容易做到大批量生产，容易做到生产成本低、产品质量好。又由于仅采用一种营销策略，销售成本也最低。这样企业能以物美价廉的产品迎合消费者的需要。但这种策略也有其不足：首先是不能满足消费者的多种需求，因为市场上的消费者的需求是千差万别的，企业只有一种产品，难以满足所有消费者的需求和欲望。其次是容易引起过度竞争，一旦企业的这种产品销路好，能获得丰厚的利润时，必然招来许多竞争者。最后是还存在不能长期使用的问题，因为一种产品能长期为消费者所接受是罕见的，特别是现在，产品更新换代快，企业不断推出新产品，老产品容易被淘汰。

这一策略适用于产品初上市时或产品获得专利权的情况，因为这样的情况下没有竞争者或竞争者很少。这一策略也适用于消费者需求差异很小的同质产品。

课堂讨论

在我们身边，哪些产品采用了无差异性市场营销策略？

提示：水泥、食盐等同质化的产品，饮料中的加多宝凉茶、露露等。

2. 差异性市场营销策略

差异性市场营销策略是在市场细分的基础上，选择两个或两个以上乃至全部细分市场作为目标市场，分别为之设计不同的市场营销组合，以满足各个细分市场的需要。这一策略认为消费者的需求是有差异的，不可能使用完全相同的、无差别的产品去满足各类消费者的需要。采用差异性营销策略的企业一般是大企业，较为雄厚的财力、较强的技术力量和素质较高的管理人员，是实行差异性市场营销策略的必要条件。由于采用差异性市场营销策略必然受到企业资源和条件的限制，小企业往往无力采用。

阅读材料

宝洁公司洗发水的市场策略

在中国的洗发水市场上，宝洁就有5个品牌之多，根据人们对洗发水功能需求的不同，生产飘柔、潘婷和沙宣等产品，满足不同细分市场消费者的需要。例如，海飞丝——去头屑，飘柔——使头发柔顺，潘婷——有营养的秀发护理专家，沙宣——沙龙级（专业美容院）的护发，伊卡璐——天然草本，对头发无伤害等。宝洁通过从功能、价格上加以区别，从心理上加以划分，赋予不同的品牌独有的个性。这种策略使宝洁占领了中国洗发水市场较大的份额。

资料来源：这五大宝洁洗发水，你是否知道它们的区别．（2017－09－14）　[2019－09－16]. http://www.yndtjj.com/xiaofei/20170914/3478.html.

差异性市场营销策略可以提高企业产品的适销率和竞争力，减少经营风险，提高市场占有率。因为多种产品能分别满足不同消费者群的需要，扩大产品销售。某一两种产品经营不善的风险可以由其他产品经营所弥补；如果企业在数个细分市场都能取得较好的经营效果，就能树立企业良好的市场形象，提高市场占有率。所以，目前有越来越多的企业采用差异性市场营销策略。该策略的不足之处是：由于运用这种策略的企业进入的细分市场较多，而且针对各个细分市场的需要实行了产品和市场营销组合的多样化策略，随着产品品种增加、销售渠道多样以及市场调研和促销宣传活动的扩大与复杂，企业各方面经营成本支出必然会大幅度增加。

这一策略适应于产品生命周期的成长期后期和成熟期，因为这一时期竞争者众多，企业采取这一策略可以获取市场竞争优势，增强企业的竞争力。

3. 集中性市场营销策略

集中性市场营销策略又称“密集性营销”，是指企业在市场细分的基础上，选择一个或几个细分市场作为目标市场，制订一套营销组合方案，实行专业化经营，进行密集性开发。采用这种策略通常是为了在一个较小的细分市场上取得较高的市场占有率，而不是追求在整体市场上占有较少的份额。

课堂讨论

随着机关、院校、部队、医院等后勤社会化改革，团餐行业近年来逐渐兴起。团餐作为大众化团体餐饮的供餐类型，具有良好的发展态势，占据了约1/3的餐饮市场份额。请查询大牌餐企进军团餐市场的相关资料，并预判其发展前景。

提示：数据显示，从2011年到2017年，我国的团餐规模从5 000亿元一路增长到10 000亿元。2018年前10个月团餐行业收入达到12 003亿元，占全国餐饮收入的30.28%。团餐前十强营业额合计已经超过550亿元。随着社会餐饮竞争白热化，各品类逐渐饱和，团餐大客户的优势越来越明显，团餐这个隐形的帝国，未来会成为餐饮市场一块极具诱惑力的大蛋糕。

集中性市场营销策略面对的目标市场集中，有助于企业更深入地注意、了解目标市场的消费者需求，使产品适销对路，有助于提高企业和产品在市场上的知名度。集中市场营销策略还有利于企业集中资源，节约生产成本和各种费用，增加赢利，取得良好的经济效益。集中性市场营销策略的不足之处是企业潜伏着较大的经营风险。由于目标市场集中，一旦市场出现意外变化，如顾客爱好转移（特别是时尚消费）、消费者需求的突然变化、价格猛跌，或者出现强大的竞争对手等，企业就有可能因承受不了短时间的竞争压力而立即陷入困境。所以，许多企业除非有特别的把握，否则宁可将目标市场分散些，学“狡兔”营造“三窟”，以防止倾覆的风险。

集中性市场营销策略主要适用于资源有限的中小企业或是初次进入新市场的大企业。中小企业由于资源有限，无力在整体市场或多个细分市场上与大企业展开竞争，而在大企业未予注意或不愿顾及而自己又力所能及的某个细分市场上全力以赴，则往往容易取得成功。

上述三种目标市场策略的比较见表 9-2。

表 9-2　三种目标市场策略的比较

项目	无差异性市场营销策略	差异性市场营销策略	集中性市场营销策略
优点	容易做到大批量生产，成本低、质量好；节省市场调研的费用	满足不同消费者群体的需求，有利于增强企业的市场竞争力；减少经营风险，提高市场占有率	经营对象集中，有利于深入了解目标市场的需求，使产品适销对路，有助于提高企业和产品在市场上的知名度；节约生产成本和各种费用，增加赢利，取得良好的经济效益
缺点	不能满足不同消费者的多种需求；容易引起竞争，不能长期使用	生产成本和销售成本高	企业潜伏着较大的经营风险，如果消费者需求发生变化，企业可能因应变不及时而陷入危机

9.2.4　影响目标市场策略选择的因素

前面所述的三种目标市场策略各有其长处和不足，企业应根据具体的情况加以选择，有以下五个因素可作为综合考虑的依据。

1. 企业资源

企业的资源包括人力、物力、财力、信息、技术等方面。资源多、实力雄厚的企业可运用无差异性市场营销策略或差异性市场营销策略；资源少、实力不足的企业最好采用集中性市场营销策略。

2. 产品的同质性

企业生产同质性高的产品，如大米、食盐等，由于其差异较少，企业可选择无差异性市场营销策略；企业生产同质性低的产品，如服装、照相机、化妆品、汽车等，消费者在购买这类产品时需要挑选比较，企业适宜采用差异性市场营销策略去满足不同消费者的需求。

3. 市场的同质性

如果各个细分市场的消费者对某种产品的需求和偏好基本一致，对市场营销刺激的反应也相似，则说明这个市场是同质或相似的。对于同质的市场，最好采用无差异性市场营销策略。如果各个细分市场的消费者对同种产品需求的差异性大，则这种产品的市场同质性低，应采用差异性市场营销策略。例如洗衣机市场，城市消费者与农村消费者的需求不同，南方消费者与北方消费者的需求不同，高收入群体与低收入群体的需求也不同。

4. 产品所处的生命周期阶段

处于生命周期不同阶段的产品，由于市场环境发生了变化，企业应采用不同的市场策略。在产品的投入期和成长期前期，由于没有或竞争对手很少，一般应采用无差异性市场营销策略；在成长期后期、成熟期，由于竞争对手多，企业应采用差异性市场营销策略，开拓新的市场。在衰退期，则可采用集中性市场营销策略。

5. 竞争状况

首先，应考虑竞争对手的数量。如果竞争对手的数目多，应采用差异性市场营销策略，发挥自己的优势，提高竞争力；如果竞争对手少，则采用无差异性市场营销策略，去占领整体市场，增加产品的销售量。其次，应考虑竞争对手采取的策略。如果竞争对手已积极进行市场细分，并已选用差异性市场营销策略时，企业应采用更有效的市场细分，并采用差异性市场营销策略或集中性市场营销策略，寻找新的市场机会。如果竞争对手采用无差异性市场营销策略，企业可用差异性市场营销策略或集中性市场营销策略与之抗衡，如果竞争对手较弱，企业也可以实行无差异性市场营销策略。

9.3　市场定位

企业进行市场细分，确定目标市场之后，就要在目标市场上进行市场定位。市场定位是指企业根据竞争者的产品在细分市场所处的地位和顾客对产品某些属性的重视程度，塑造出本企业产品与众不同的鲜明的特色或个性，并传递给目标顾客，使该产品在目标顾客心中占有一个独特的位置。

9.3.1　市场定位的步骤

1. 明确潜在的竞争优势

对此，企业的中心任务是要弄清楚以下三个问题：第一，目标市场上竞争对手的产品定位如何？第二，目标市场上的足够数量的顾客需要什么，他们的欲望满足程度如何？第三，企业能够为此做些什么？

2. 选择相对的竞争优势

相对的竞争优势是指一个企业能够胜过竞争对手的能力。这种能力既可以是现有的，也可以是潜在的。准确地选择相对竞争优势是一个企业各方面实力与竞争对手的实力相比较的过程，通常从经营管理、技术开发、生产、采购、产品、市场营销以及财务指标七个方面进行衡量比较。

3. 显示独特的竞争优势

企业的竞争优势不会自动地在市场上显示出来，企业要进行一系列的宣传促销活动，将其独特的竞争优势准确传播给潜在消费者，并在消费者心目中留下深刻印象。

下面，我们用一个洗衣机生产企业市场定位的例子做进一步的说明。

第一步，以洗衣机容量大小和保修期限的长短作为产品的定位依据，了解目标市场上A、B、C、D、E五家企业的产品定位情况。

第二步，企业需要确立自己的产品定位，选择相对竞争优势。这里有两种选择：第一，将自己的产品定位在图9-6中的空缺处，即△处，生产大容量洗衣机，保修期为3年或3年以上。第二，将自己的产品定位在图中某个或某些竞争者附近，和竞争者争夺该市场份额。上述两种选择，企业可根据主客观条件，或者选一种，或者两种都选。

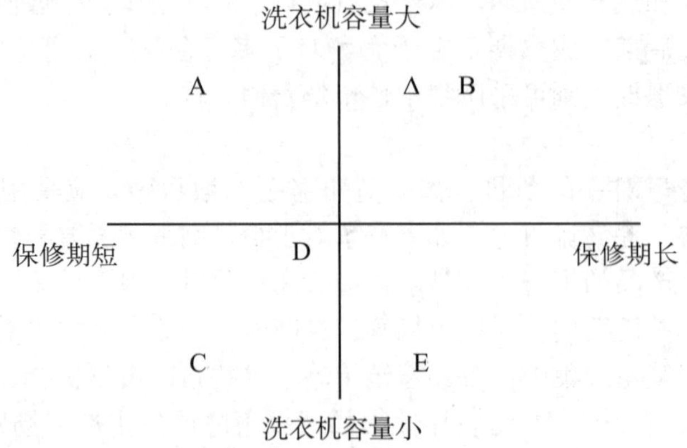

图 9-6 某洗衣机市场定位图

第三步，生产出符合某种定位的产品，并配合其他营销策略，特别是促销策略，去建立和传播产品的特定定位。

9.3.2 定位策略

1. 产品定位策略

(1) 根据属性定位。

产品与属性、特色或顾客利益相联系。如汽车市场上，日本的丰田汽车侧重于“经济可靠”，瑞典的沃尔沃汽车则具有“耐用”的特点。产品的外形（形状、颜色、大小等）是产品给顾客的第一印象，独特的外形往往能吸引顾客的注意力。

(2) 根据价格与质量定位。

价格是产品最明显最能反映其质量、档次特征的信息。如劳斯莱斯汽车的高价定位，对于消费者而言，劳斯莱斯汽车是富豪生活的象征，其最昂贵的车价近 40 万美元。该品牌汽车的许多部件都是手工制作，精益求精，出厂前要经过上万千米的无故障测试。

价格与质量的定位方法有两种：第一种，高质高价定位。高价格是一种高贵质量的象征。只要企业或产品属于“高质”的类别，且高质量、高水平服务、高档次能使顾客实实在在地感受到，就可以用这种定位。第二种，高质低价定位。一些企业将高质低价作为一种竞争手段，目的在于渗透市场，提高市场占有率。

课堂讨论

格兰仕微波炉实施了什么样的价格定位策略？

提示： 广东格兰仕集团提供高质量、低价位的产品，通过宣传向顾客传递“物超所值”的信息，使格兰仕微波炉迅速占领全国微波炉市场，并一直保持超过 65%的极高的市场占有率。

(3) 根据功能和利益定位。

产品能帮助顾客解决问题，带来方便，使顾客获得心理上的满足，这就是其功能。顾客一般很注重产品的功能，企业可以通过强调自己的产品各种功能的突破、强调给顾客带来比竞争对手更多的利益和满足，进行功能和利益定位。根据产品的功能和利益定位的方法有以下三种：第一种，多功能定位。提供多种功能，期望顾客买一件产品，可获得多种用途，达到多方面的满足，建立起“功能齐全”的市场形象。第二种，重点功能定位。将产品关键的、重要的功能作为突破点，使顾客在产品主要功能方面获得最大的满足，形成产品独特的形象。第三种，单一功能定位。将产品的某一功能设计得特别突出，使一件产品能够完全满足一种功能需要，从而突出产品差异。

阅读材料

深圳的太太药业集团

深圳的太太药业集团是保健品市场的后来者，该公司推出的太太口服液的功能定位曾有过几次的调整。起初该公司的产品以治黄褐斑为重点，这个定位对女性保健需要而言，明显过窄，使市场覆盖面受到限制。后来该公司决定用“除斑、养颜、活血、滋阴”等功能定位，但又与其他众多保健品没有多大区别，产品失去特色。后来产品主要强调能够调理内分泌，令肌肤重现真正天然美等，诉求点在于“发自内在的魅力……挡也挡不住”，从而成功地实现了重点功能定位。

资料来源：太太口服液的品牌迷途．(2013-05-21)［2019-09-16］. http://info.biz.hc360.com/2013/05/210549219488.shtml.

（4）根据使用者定位。

依靠使用者的定位，实际上就是选定一个独特的目标市场，并使产品在此目标市场上获得难于取代的优势地位。如西安杨森的“采乐去头屑特效药”的定位和可口可乐公司果汁品牌“酷儿”的定位。

2. 品牌定位策略

品牌是商业化的现实生活中最常见的东西。如今，要用什么东西都得买，买的时候就认牌子，因为同类的产品太多了。如瑞士的手表、法国的化妆品、日本的电子产品和小汽车、德国的照相机、美国的可口可乐及中国的丝绸等。品牌定位策略主要包括以下几种：

（1）档次定位。

档次定位即依据品牌在消费者心目中的价值高低区分出不同的档次。如酒店、宾馆按星级划分为1～5个等级，是档次定位的一个例子。广州五星级宾馆白天鹅宾馆的高档品牌形象不仅涵盖了幽雅的环境、优质的服务、完善的设施，还包括进出其中的都是商界名流及有一定社会地位的人士。定位于中低档次的品牌，则针对其他的细分市场，如满足追求实惠和廉价的低收入者的需要等。

课堂讨论

我国经济型酒店的目标市场和产品定位是什么？

提示：

根据经济型酒店的特点和中国的实际情况，经济型酒店的定义可以总结为：以大众旅行者和中小商务者为主要服务对象，以客房为唯一或核心产品，价格低廉（一般在300元人民币以下），服务标准，环境舒适，硬件上乘，性价比高的现代酒店业态。经济型酒店又称有限服务酒店，其最大的特点是房价便宜，其服务模式为“b&b”（住宿＋早餐）。上海锦江集团旗下的“锦江之星”是中国第一个经济型酒店品牌。经过多年的发展，已经诞生了包括锦江之星、如家、7天、汉庭等一大批经济型酒店品牌。

（2）类别定位。

类别定位即依据产品的类别建立起品牌联想。类别定位力图在顾客心目中造成该品牌等同于某类产品的印象，以成为某类产品的代名词或领导品牌，在消费者有了某类特定需求时，就会联想到该品牌。如脑白金广告中强调功效“年轻态，健康品”，希望父母年轻、健康，想要给他们买礼物时，就会想起脑白金。企业也可以通过与竞争对手的客观对比来确定自己的定位。企业设法改变竞争者在消费者心目中现有形象，找出其缺点或弱点，并用自己的品牌进行对比，从而确立自己的地位。这以泰诺的“为了千千万万不宜使用阿司匹林的人们，请大家选用泰诺”为代表。

（3）比附定位。

比附定位就是攀附名牌，比拟名牌来给自己的产品定位，希望借助知名品牌来提升本品牌的形象。比附定位通常采用以下三种方式来实施：一是“第二主义”，就是明确承认市场的第一品牌，自己只是第二。这种策略会使人们对公司产生一种谦虚诚恳的印象，相信公司所说的是真实可靠的，这样较容易使消费者记住这个通常难以进入人们视野的序位。第二主义最著名的例子就是美国阿维斯出租汽车公司“我们是第二，我们要进一步努力”的定位。二是攀龙附凤。这种策略首先承认市场中已卓有成就的品牌，本品牌虽自愧弗如，但在某地区或在某一方面还可与这些最受消费者欢迎和信赖的品牌并驾齐驱，平分秋色。这以内蒙古的宁城老窖的“宁城老窖——塞外茅台”定位为代表。三是俱乐部策略，即企业如果不能取得本市场第一地位又无法攀附第二名，便退而采用此策略，希望借助群体的声望和模糊数学的手法，强调自己是某一高级群体中的一员，从而借助俱乐部其他市场领先品牌的光辉形象来抬高自己。这以美国克莱斯勒汽车公司为代表，它的定位为“美国三大汽车之一”。这种定位使消费者感到克莱斯勒和第一、第二的GE、福特一样，都是很好的汽车生产商。

（4）情景定位。

情景定位是将品牌与一定环境、场合下产品的使用情况联系起来，以唤起顾客在特定情景下对该品牌的联想，从而产生购买欲望和购买行动。来自泰国的红牛（Red Bull）饮料是最典型的代表，其定位是“累了困了喝红牛”，强调其功能是迅速补充能量，消除疲劳。再如雀巢咖啡的广告，不断提示在工作场合喝咖啡，会让上班族口渴、疲倦时想到雀巢。

阅读材料

喜之郎果冻的定位策略

喜之郎果冻在广告中推荐“工作休闲来一个，游山玩水来一个，朋友聚会来一个，健身娱乐来一个”，让人在这些快乐和喜悦的场合想起喜之郎。

资料来源：“80后”童年怀旧广告．(2017-12-19)[2019-09-16]．https://www.sohu.com/a/211536128_157215.

9.3.3　市场定位的方式

1．避强定位

避强定位是一种避开强有力的竞争对手进行市场定位的模式，企业不与对手直接对抗，将自己置于某个市场“空隙”。这种定位能够使企业迅速在市场上站稳脚跟，并在消费者心中尽快树立起一定形象。由于这种定位方式的市场风险较小，成功率较高，常常为多数企业所采用。

阅读材料

七喜汽水的定位方式

可口可乐和百事可乐是市场的领导品牌，占有率极高，在消费者心中的地位不可动摇。美国七喜汽水将产品定位于“非可乐型饮料”就避免了与两大巨头的正面竞争。成功的市场定位使七喜在龙争虎斗的饮料市场上占据了一席之地。

资料来源：避强定位战略．(2018-08-11)[2019-09-16]．http://home.51.com/jingli0426/diary/item/10048935.html.

2．对抗性定位

企业根据自身的实力，为占据较佳的市场位置，不惜与市场上占支配地位的、实力最强或较强的竞争者发生正面竞争，从而使自己的产品进入与对手相同的市场位置。如可口可乐与百事可乐之间持续不断的争斗。实行对抗性定位，企业必须知己知彼，应清醒估计自己的实力，不一定要压垮对方，只要能够平分秋色就是巨大的成功。

3．重新定位

企业实施某种定位方式一段时间以后，有可能发现原有定位效果并不理想，不能达到营销目标，或者没有足够的资源实施这一方式，或者有发展新市场的需要和竞争的需要，此时应该对产品进行重新定位。

单元小结

目标市场营销战略包括三个内容，即市场细分、目标市场选择、市场定位。市场细分不是通过产品分类来细分市场，它是按照顾客需求爱好的差别来细分市场。市场细分是为了选择目标市场，目标市场策略主要有差异性市场营销策略、无差异性市场营销策略和集中性市场营销策略。市场定位的方法有很多，“定位”的核心是将自己的市场目标界定在一个可持续发展的领域，而且在宏观上必须是竞争对手无法超越的。

本模块知识与技能训练

关键概念认知

企业竞争者　成本领先战略　差异化战略　集中战略　快速反应战略　市场细分　目标市场　市场定位

职业判断

一、单项选择题

1. 如果企业在某一目标市场上追求技术领先或性能独特，那么它实施的是（　　）。

A. 成本领先战略　　B. 成本集中战略

C. 差异集中战略　　D. 差异化战略

2. 差异化战略是指为使企业产品与（　　）有明显的区别，形成与众不同的特点而采取的一种战略。

A. 原产品　　B. 竞争对手产品　　C. 同行业产品　　D. 创新产品

3. 同一细分市场的顾客需求具有（　　）。

A. 绝对的共同性　　B. 较多的共同性

C. 较少的共同性　　D. 较多的差异性

4. 某工程机械公司专门向建筑业用户供应推土机、打桩机、起重机、水泥搅拌机等建筑工程中所需要的机械设备，这是一种（　　）策略。

A. 市场集中化　　B. 市场专业化　　C. 完全市场覆盖　　D. 产品专业化

5. 依据目前的资源状况能否通过适当的营销组合去占领目标市场，即企业所选择的目标市场是否易于进入，这是市场细分的（　　）原则。

A. 可衡量性　　B. 可实现性　　C. 可赢利性　　D. 可区分性

6. 采用（　　）模式的企业应具有较强的资源和营销实力。

A. 市场集中化　　B. 市场专业化　　C. 产品专业化　　D. 完全市场覆盖

7. 采用无差异性市场营销策略的最大优点是（　　）。

A. 市场占有率高　　B. 成本的经济性　　C. 市场适应性强　　D. 需求满足程度高

8. 集中性市场营销策略尤其适合于（　　）。

A. 跨国公司　　B. 大型企业　　C. 中型企业　　D. 小型企业

9. 同质性较高的产品，宜采用（　　）。

A. 产品专业化　　B. 市场专业化　　C. 无差异营销　　D. 差异性营销

10. 重新定位是对销路少、市场反应差的产品进行（　　）定位。

A. 避强　　B. 对抗性　　C. 竞争性　　D. 二次

11. 按消费者所在国籍对市场进行细分属于（　　）。

A. 地理因素细分　　B. 人口因素细分

C. 心理因素细分　　D. 行为因素细分

12. 当强大的竞争对象采用无差异性市场营销策略时，企业应实施（　　）市场营销策略。

A. 无差异性　　B. 差异性　　C. 集中性　　D. 差异性或集中性

二、多项选择题

1. 辨认竞争者的方法有（　　）。

A. 从品牌角度　　B. 从地区角度　　C. 从行业角度　　D. 从市场角度

2. 企业基本竞争战略主要包括（　　）。

A. 成本领先战略　　B. 差异化战略　　C. 快速反应战略　　D. 集中战略

3. 市场挑战者可选择的进攻策略有（　　）。

A. 正面进攻　　B. 侧面进攻　　C. 保卫进攻　　D. 迂回进攻

4. 市场主导者竞争策略有（　　）。

A. 扩大市场总需求　　B. 保护市场占有率

C. 服务项目专业化　　D. 提高市场占有率

5. 细分消费者市场的标准有（　　）。

A. 地理因素　　B. 人口因素　　C. 心理因素

D. 行业因素　　E. 行为因素

6. 无差异市场营销策略（　　）。

A. 具有成本的经济性　　B. 不进行市场细分

C. 适宜于绝大多数产品　　D. 只强调需求共性

E. 适用于小企业

7. 市场定位的主要方式有（　　）。

A. 产品定位　　B. 形象定位　　C. 避强定位

D. 对抗性定位　　E. 重新定位

8. 企业在市场定位过程中（　　）。

A. 要了解竞争产品的市场定位

B. 要研究目标顾客对该产品各种属性的重视程度

C. 要选定本企业产品的特色和独特形象

D. 要避开竞争者的市场定位

E. 要充分强调本企业产品的质量优势

9. 人口细分的具体变量有（　　）。

A. 年龄　　B. 性别　　C. 个性

D. 收入　　E. 生活方式

10. 目标市场营销战略的步骤主要有（　　）。

A. 市场调查　　B. 市场细分　　C. 目标市场选择

D. 市场定位　　E. 市场预测

三、判断题

1. 作为市场的领导者，因为其地位优势，因此应选择进攻性竞争策略。（　　）
2. 自行车和轿车是行业竞争者。（　　）
3. 通过市场细分得出的每一个细分市场对企业营销都具有重要意义。（　　）
4. 集中性市场营销策略适合于资源较少的小企业。（　　）
5. 新产品在引入阶段可采用无差异性市场营销策略。（　　）
6. 目标市场的重新定位是对企业的产品品牌的提升与延伸，可经常进行。（　　）
7. 大多数企业一般采用两个或两个以上的变量结合起来细分市场。（　　）
8. 市场定位就是要向消费者展现企业优势。（　　）

四、简答题

1. 企业基本的竞争战略包括哪四种？
2. 企业在竞争市场上的竞争策略有哪些？
3. 市场有效细分的条件是什么？细分消费者市场的主要标准有哪些？
4. 选择目标市场策略有哪些？请说明各自的优缺点。
5. 市场定位步骤和策略有哪些？

职业能力训练

任务 1　调查了解某一行业的基本竞争格局，并分别描述该行业中市场主导者、挑战者、跟随者、补缺者四种角色的代表性企业和它们的竞争策略。

任务 2　调查并说明苹果手机和小米手机的市场定位。

任务 3　假如你是某汽车厂家的营销经理，请写出该企业汽车市场 STP 战略。

综合案例分析

网易云音乐的最详细解读

用知乎网友的一句总结网易云音乐：网易叫云音乐，其他的叫播放器。归纳起来大概为以下几点：歌曲多、免费、选歌精准、评论有故事、界面有质感。这些高评价背后，是网易云音乐从诞生时起就在产品、市场、推广、营销等方面不断努力的结果，这些才是网易刷屏活动成功的基础。分享一下网易云音乐刷屏背后那些不为人知的秘密，即一个产品从诞生到广为人知，简单来讲就是三个阶段：制作产品（产品定位、目标人群、超级符号）；推广产品（渠道推广、社交推广、KOL 推广）；传播产品（广告传播、营销传播、公关传播）。

一、一个懂用户的音乐社区

一个成功的品牌必定有着优秀的产品，网易云音乐的成功也不例外，之前一直说“网易出品，必属精品”，说的就是网易每一款产品都非常精致、优良。网易云音乐自诞生起，就在产品上胜出竞争对手很多。下面主要从产品定位、目标人群、超级符号三个点来分析网易云音乐的成功之处。

1. 音乐社交才是真需求

网易发现市面上大多数音乐产品还停留在播放器时代，不具备移动应用特征，缺乏用户互动，但其实用户的社交需求很强烈，听歌单、听歌看评论成为流行听歌行为。基于此，网易云音乐的需求切入点是帮助人们更快地发现喜欢的音乐并分享，提升音乐审美，增强用户之间的互动，主打发现和分享。简单来讲，就是提升音乐的社交属性。所以，网易云音乐在功能上做了很多优化和创新，加强专辑、单曲、歌单的收藏、评论、分享等功能，提升社交属性；提供个人主页和朋友圈，随时随地分享和发现喜欢的音乐；可以导入手机通讯录、SNS关系、基于LBS的附近人，来构建属于自己的音乐社交圈，也是发现和分享音乐的另一个渠道。

解决用户基于音乐的评论、分享、互动等社交需求，是网易云音乐的产品定位所在。

2. “90后”已成为音乐消费主力

2016年，网易云音乐发布上半年用户行为数据报告。报告显示，“90后”消费人群占比达59%，已经成为消费主力。

网易云音乐在2013年推出时，就已经将目标人群定位在18～29岁的人群，这些都是“90后”为主，他们的需求是个性化、多元化，民谣、电音、独立音乐人快速崛起，个性化推荐已覆盖多数听歌用户，越来越多的用户通过个性化推荐发现好音乐。因此，我们会发现网易云音乐上，很多小众音乐也很受欢迎，粉丝基数也非常大，比如李志、陈粒、好妹妹乐队等，都有一两百万的粉丝。听歌进入多元化时代，没有绝对巨星，没有主打曲风，每一个类别都有一定的消费人群。

3. 建立起超级传播符号

上海华与华营销咨询有限公司认为，开发并推广一个产品的时候，最高效、最快速的办法，就是找到一个能够表达这个价值的超级符号。超级符号就是人人都看得懂的符号，并且人人都按照它的指引行事的符号。人们甚至都不会去思考它为什么存在，只要一看见这个符号，就会听它的话。知乎网友说喜欢用网易云音乐的一大理由是界面精致、简洁，有质感，这其实就是超级符号带来的最直接反馈。网易云音乐的超级符号是什么？黑胶唱片！

人们对音乐的认知有哪些？音符、乐器、播放器……网易云音乐选择了黑胶唱片这个有时代感的符号，一眼就能让人产生印象。黑胶唱片是唱片机时代的代表，蕴含品质、历史、醇厚等特质，拟物风格仿制转盘和唱针具有强烈的临场感。传统的播放页面是专辑的封面，容易造成视觉疲劳。竞争对手、虾米音乐、酷狗音乐则完全没有自己的符号，看了LOGO完全不知道它是什么。百度音乐是耳机，QQ音乐是音符，这两个还算找到了自己的符号，但是从颜色和设计上都很普通，应该说是超级符号不突出，而网易云音乐，黑胶唱片代表的是品质，非常具有识别性和认同度。

二、精准的市场推广策略

有了好的产品和对目标消费群体的洞察，接下来要做的就是获取用户。对于一个新的产品来说，如何获得第一批种子用户至关重要，在已经是一片红海的音乐市场，网易云音乐差异化地选择了被QQ音乐等巨头抛弃的长尾用户，也就是小众音乐的爱好者，这部分人群成了网易云音乐最初的用户，然后开始大规模推广，攫取更多的用户，和巨头们直接展开竞争。总体来说，网易云音乐的推广策略非常明确：小众用户、大学生群体、KOL粉。

1. 吸收“长尾用户”，发力校园渠道

在做云音乐时，网易发现QQ音乐、酷狗等音乐App的曲库优先级、推荐等完全是按照人气热度来排列的，喜欢小众音乐的人在QQ音乐等平台根本无法满足需求，这部分用户虽然没有大众音乐用户体量大，但是具有“长尾效应”。因此，网易云音乐在最开始时的策略是避开与巨头的直接竞争，选择了不被他们重视的小众音乐爱好者。为此，网易曾花了一个多月的时间，跑遍了丽江、成都以及北上广深等地方的Live House，与驻扎在这里的小众音乐人合作，为他们提供专辑推荐、拍摄MV、冠名巡回演唱会等。这部分群体的特点是尾巴长，内部紧密度高，具有很好的自我传播功能，通过第一批传播第二、三批，一直扩大。这批“被其他平台抛弃的用户”，迅速聚集在网易云音乐，成为最初的种子用户。前面讲到网易云音乐的主要用户人群是“90后”，而“90后”群体中，大学生是一个非常大的群体。有了种子用户，网易云音乐开始扩大用户范围，将目标对准了大学生。从2014年9月3日至2014年底，网易云音乐举办了“校园歌手大赛”，历时3个多月，比赛跨越全国15城市，覆盖超过100所高校，辐射到1 000万大学生，占全国大学生总数的50%。通过“校园歌手大赛”，网易云音乐获取了大量新用户，而且是重度的移动音乐消费者，这为网易云音乐的发展奠定了坚实的基础。

2. 着力社交推广，将官微打造成第二大企业微博

微博也是网易云音乐的推广阵地，随着用户量的上升，网易云音乐官方微博迅速发展，从0粉丝积累到1 000多万粉丝，成为仅次于杜蕾斯的第二大企业微博，由此可见，网易云音乐在微博上花费了很多精力。网易云音乐承担了不少推广工作，与用户的互动非常频繁，每日必有互动活动，比如“根据表情猜猜是什么歌”，有重要节日，必定有专门的互动文章，抓热点的能力非常强。当然，网易云音乐也会搞一些大的互动活动，比如iPhone6发布时，网易云音乐就发起了“写下你对网易云音乐的故事，就有机会获得全国第一台iPhone6”，活动吸引了上万的用户参与。诸如此类的活动还非常多，为网易云音乐的推广助力不少。

3. 通过KOL的声音，影响更多用户群体

KOL（关键意见领袖）的力量是无穷的，每个KOL的背后都站着几十万甚至上百万的人群，所以，利用好KOL来给产品做推广再好不过。网易云音乐深知这个玩法，做了很多KOL的活动，通过他们的声音来发掘更多用户。2015年，网易推出“音乐态度争

锋”活动，粉丝给自己喜欢的歌手投票，胜出的歌手受邀参加网易云音乐的各种活动，粉丝也有机会与自己的偶像见面。整个活动投票页面 UV 达到 300 多万，总票数达到 3 亿，效果非常好。还有比如和美特斯邦威合作，为众多微博 KOL 和明星定做了多款专属“音乐内裤”，引发粉丝抢购热潮。还有日常的请 KOL 做音乐测评活动、请知名 KOL 发 PR 稿件等，都是利用 KOL 的声音为网易云音乐做推广。

三、刷屏营销时代来临

当用户破亿后，网易云音乐想要与巨头们直接竞争，采取的策略就是“高举高打”了，网易云音乐不再满足于日常的活动推广，而是开始做品牌传播，从广告、营销、公关的层面与对手竞争。

1. 投放广告，正面抢占市场

2015 年，网易云音乐的用户就突破了 1 亿，发展迅猛。此时，网易云音乐也开始了广告的投放。在年初，网易做了一场“网易云音乐粉丝节”，并在全国各地开始投放地铁和楼宇广告，从 QQ 音乐等巨头那里争夺用户。网易云音乐还在湖南卫视黄金时段投放了商业广告，大举正面抢占市场。

2. 以产品思路做营销，网易云音乐成“刷屏爆款”制造机

所谓“以产品的思路做营销”，就是要把营销活动当成“产品”来打磨，这意味着每次营销活动都是一次解决用户痛点的过程。品牌方需要呈现的是用户想看的、会有共鸣的内容，而不是“想让用户知道”的内容，这是网易云音乐副总裁李茵对这一营销理念的诠释。自 2017 年以来，网易云音乐营销活动大放异彩，不断制造出刷屏事件，成为互联网行业的“刷屏爆款”制造机。3 月，网易云音乐联合杭州地铁，打造乐评专列刷爆网络，成为地铁营销的范本，一度掀起了众品牌承包地铁进行线下营销推广的热潮。不仅在业界，乃至每一个普通人心中，这都是一个有口皆碑的刷屏级案例。6 月，网易云音乐又推出音乐专机，再一次受到了广泛的关注和热捧。网友甚至给网易云音乐打上了一个“上天入地，无所不能”的标签。随后，网易云音乐与农夫山泉合作推出 6 亿瓶“乐瓶”；与可口可乐跨界，在上海大悦城，通过黑胶唱片形状的线下装置方式，向大家传递“经典的力量”；联合口碑平台、商户、用户一起构筑了“音乐＋生活”的“万有引力计划”。

2018 年第一个工作日，网易云音乐打造了一支 H5，通过 2017 年的听歌“足迹”，使用户回忆起那些有音乐相伴的日子。这支 H5 在社交网络引发大量关注，成为又一个来自网易云音乐的刷屏之作。2018 年 3 月，网易云音乐将 244 条精选乐评制作成一本书出版，引发抢购。4 月，《你的使用说明书》H5 在朋友圈刷屏。用一句话来形容，人类已经无法阻止网易云音乐刷屏。网易云音乐的营销活动成为行业学习的典范，但这一切刷屏营销活动的最关键的传播内容就是来自网易云音乐海量用户的原创乐评及歌单，这是网易云音乐区别于其他音乐 App 的最核心的品牌资产之一。歌曲的走心评论或是充满娱乐成分的歌单，都是用户对音乐的真实心声，潜移默化间强化了品牌与用户之间的情感关系，这就是网易云音乐 UGC（乐评及歌单）的力量。这些营销案例之所以总是能俘获年轻人的心，引发刷屏，从营销层面来看，是因为网易云音乐始终坚持“以产

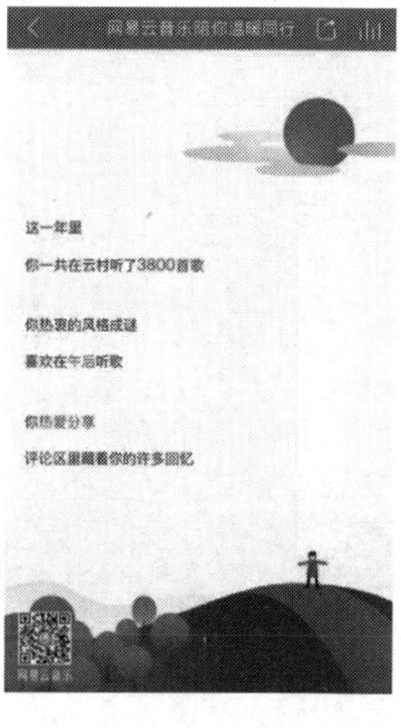

品的思路做营销”的核心理念。特有的UGC、精准的痛点洞察、合适的媒介选择，促成了网易云音乐的营销成功。

3. 公关助力品牌传播

这两年来，网易被网友们冠以“广告公司”“创意公司”的称谓，说的就是网易经常推出一些走心文案、创意海报等优质内容。实际上，在公关上，网易也不弱，对品牌的传播也助力不少。腾讯为了遏制网易云音乐的发展，一度封杀其在微信上的分享，此事件引发QQ音乐和网易云音乐的公关大战，网易云音乐的声明被各大媒体广泛转载，被称为“力压QQ音乐的声明”。因为版权问题，网易云音乐也和QQ音乐争执起来，最终的结果是国家版权局斡旋，让QQ音乐转授99%的歌曲。

资料来源：营销官．坐拥4亿用户的网易云音乐为什么总刷屏？这里有份最详细解读．（2018-04-07）[2019-09-16]. https：//baijiahao. baidu. com/s? id=1597097760738370942&wfr=spider&for=pc.

请思考：

1. 谈一谈你对网易云音乐的印象，并分析它成功的关键在哪里。

2. 优秀的产品、差异化的市场战略与持续不断的创新营销活动孰轻孰重？为什么说“没有小众音乐用户的发掘，就不会有网易云音乐的快速起步”？

学习模块四

制定营销组合策略　有效占领市场

案例导入

日本电视成功进入中国市场

20世纪70年代后期，中国放宽对家用电器产品的进口。当时，欧洲电视机厂商和日本电视机厂商都把目标盯准中国市场。但是，欧洲厂商过去一贯以香港地区和东南亚的高收入消费者为对象，并不重视靠薪金谋生的阶层，认为中国的电视机市场潜力不大，不想与日本厂商竞争，结果贻误了时机。与此相反，日本电视机厂商在一些熟悉中国情况的"智囊"的帮助下，研究分析中国市场，认为中国存在一个很有潜力的黑白电视机市场。于是，日本电视机厂商根据目标市场的特点，运用营销因素组合，制定了一套销售战略。

1. 产品策略

日本电视机要想适合中国消费者的需要，必须具备以下条件：中国电压系统与日本不同，必须将110伏改为220伏；中国若干地区当时电力不足，电压不稳，电视机要有稳压装置；要适应中国电视频道情况；为适应中国人消费习惯，电视机耗电量要低，音量却要求较大；根据当时中国居民住房情况，应以12英寸电视机为主；要提供质量保证和修理服务。

2. 销售渠道策略

当时没有中国国营公司作为正式渠道，因此要通过以下渠道，即由港澳地区的公司以及代理商、经销商推销；通过港澳地区的人员携带进内地；由日本厂商的货柜车直接运到广州。

3. 促进销售策略

日本代理商在香港电视台开展广告攻势，在香港《大公报》《文汇报》等报刊上大量刊登广告；在香港一些报纸和特刊上提供日本电视机知识的资料特稿。

4. 定价策略

考虑到当时中国市场尚无其他进口品牌电视机竞争，因此价格比中国国产电视机稍高，人们也会乐意购买。

由于日本电视机厂商协调地使用了市场营销因素组合策略，日本电视机一度在中国市场占据相当优势。

资料来源：日本电视进入中国市场．(2016-06-24)[2019-09-16]. https://zhidao.baidu.com/question/1769779847494441380.html.

学习任务分析

知识目标：

(1) 掌握整体产品概念和产品组合策略。

(2) 熟悉产品市场生命周期理论及相应的营销策略。

(3) 掌握新产品开发策略。

(4) 理解商品品牌与包装的内涵及策略。

(5) 掌握影响企业价格的因素及定价的程序、方法和策略。

(6) 掌握分销渠道的知识。

(7) 掌握促销及促销组合、推销、广告、销售促进、公共关系的基本知识。

能力目标：

(1) 能够认识和理解整体产品概念，合理运用产品组合策略。

(2) 能够认识与判断产品的市场生命周期，根据不同的周期选择相应的营销策略。

(3) 能够认识新产品及运用新产品开发策略，进行新产品策划。

(4) 提高品牌认识，能够运用包装策略合理设计产品包装。

(5) 结合具体情况，灵活运用各种企业定价方法及定价策略。

(6) 能够进行产品分销渠道分析与设计。

(7) 运用常见的促销工具解决具体的促销问题。

(8) 能够全面制定企业的市场营销组合策略。

素质目标：

(1) 树立市场营销的产品、价格、渠道、促销的营销组合和市场竞争意识。

(2) 提升学生的职业道德修养。

(3) 能够在实践能力训练中锻炼团队协作能力。

(4) 提升学生的逻辑思维、组织和语言表达能力。

知识结构图

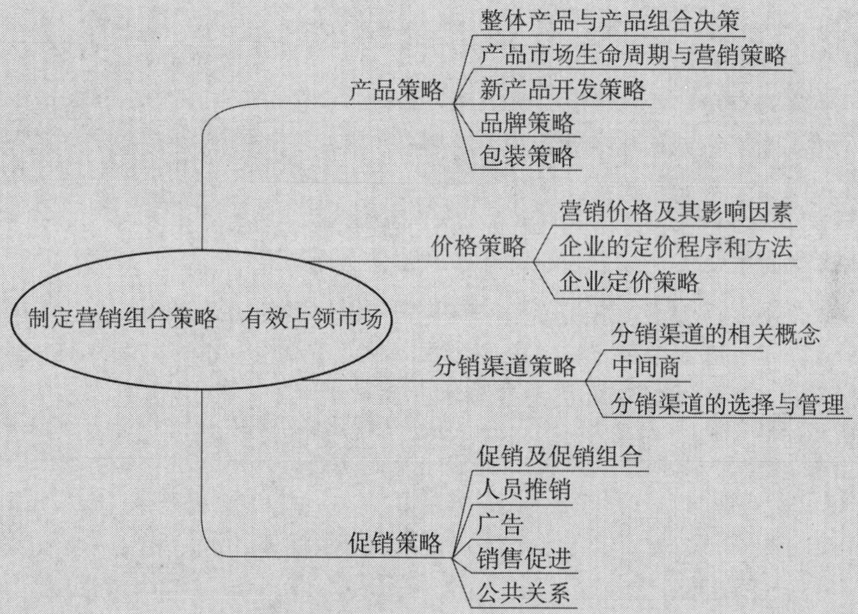

阅读材料

市场营销组合策略三阶段

市场营销组合是指企业根据目标市场的需要，全面考虑企业的任务、目标、资源以及外部环境，对企业可控制因素加以最佳组合和应用，以满足目标市场的需要，实现企业的任务和目标。麦卡锡教授把企业开展营销活动的可控因素归纳为以下四类：产品（Product）、价格（Price）、渠道（Place）、促销（Promotion）。由于这四个词的英文首字母都是P，又称4Ps组合。菲利普·科特勒教授提出增加权力（Power）和公共关系（Public Relations）要素，简称“6Ps”。后又提出了“11Ps”营销理念，即在大市场营销组合的6P之外加上探查（Probe）、分割（Partition）、优先（Priorition）、定位（Position）和人（People），并将产品、定价、渠道、促销称为“战术4P”，将探查、分割、优先、定位称为“战略4P”。该理论认为，企业在“战术4P”和“战略4P”的支撑下，运用“权力”和“公共关系”这2P，可以排除通往目标市场的各种障碍。除此之外，还有人的作用。这里的“人”不单单指员工，也指顾客。市场营销策略组合作为现代市场营销理论中的一个重要概念，在其发展过程中，营销组合因素即P的数目有增加的趋势，但应当看到，传统的4Ps理论仍然是基础。

继4Ps理论之后，美国市场学家罗伯特·劳特伯恩教授提出4Cs理论，即顾客（Customer）、成本（Cost）、便利（Convenience）和沟通（Communication）。该理论认为，先把产品搁到一边，要研究消费者的欲望和需求；不要只卖企业所能生产的产品，而要卖客户想要购买的产品；暂时放弃主观的定价策略，企业应了解消费者为满足其需求所需付出的成本；企业还应放弃已成定式的地点策略，而应优先考虑如何向消费者提供便利以购得商品；最后，用沟通来代替促销。

美国学者唐·舒尔茨提出了4Rs营销新理论，即关联（Relativity）、反应（Reaction）、关系（Relation）和回报（Retribution）。4Rs理论以关系营销为核心，重在建立顾客忠诚。强调企业与顾客在市场变化的动态中应建立长久互动的关系，以防止顾客流失，赢得长期而稳定的市场；面对迅速变化的顾客需求，企业应学会倾听顾客的意见，及时寻找、发现和挖掘顾客的渴望与不满及其可能发生的演变，同时建立快速反应机制以对市场变化快速作出反应；企业与顾客之间应建立长期而稳定的朋友关系，从实现销售转变为实现对顾客的责任与承诺，以维持顾客再次购买和顾客忠诚；企业应追求市场回报，并将市场回报当作企业进一步发展和保持与市场建立关系的动力与源泉。

4Ps、4Cs、4Rs三者不是取代关系，而是完善、发展的关系。由于企业层次不同，情况千差万别，市场、企业营销还处于发展之中，所以至少在一个时期内，4Ps还是营销的一个基础框架，4Cs也是很有价值的理论和思路，两种理论仍具有适用性和可借鉴性。4Rs不是取代4Ps、4Cs，而是在4Ps、4Cs基础上的创新与发展，所以不可把三者割裂开来甚至对立起来。

单元 10　产品策略

课前思考

商场如战场，在变幻莫测的市场竞争环境中，企业靠什么来占据一席之地？不是靠广告也不是靠推销员的口才，靠的是满足消费者需求、让消费者满意的产品。产品仅仅是我们能够看得见摸得着的有形实体吗？我们该如何用营销的眼光全面整体地认识产品呢？

10.1　整体产品与产品组合决策

10.1.1　整体产品

1. 产品的基本概念

对于产品的概念，人们有各种看法，通常可以从狭义和广义两个角度来阐释。

（1）狭义的产品。

狭义的产品是指生产者通过生产劳动而生产出来的、用于满足消费者需要的有形实体。这一概念强调产品是有形的物品，是传统的产品概念，在生产观念盛行的时代极为流行。基于此狭义认识，生产者可能只关注产品的物质特征及生产成本，而消费者则关心通过产品实体的消费来满足某种需要。在生产力高度发展、商品日益丰富、市场竞争十分激烈的现代市场环境下，这种传统的产品概念已不能适应需要。

（2）广义的产品。

广义的产品也称整体产品。它不仅是指基本的产品实体这一物质属性，还包括产品的价格、包装、服务、交货期、品牌、商标、企业信誉、广告宣传等一系列有形或无形的特质。广义的产品概念从满足消费者需要出发，是适应现代市场经济发展要求的。基于以上认识，我们将产品定义为：产品是能够在市场上得到的，用以满足人们某种欲望或需要的一切东西，包括实物、服务、场所、设计、软件、意识等各种形式。这里的产品具有两种形态：

1）有形产品。有形产品是指呈现在市场上的具有一定的物质形态的产品，如面包、服装、汽车、房屋等。

2）无形产品。无形产品是指各种劳务或服务，如运输、通信、广告、保险、家政服务、送货服务、维修服务等。

2. 整体产品的概念

整体产品概念是现代市场营销学的一个重要理论。整体产品可划分为五个层次，分别是核心产品、形式产品、期望产品、延伸产品、潜在产品，如图 10-1 所示。

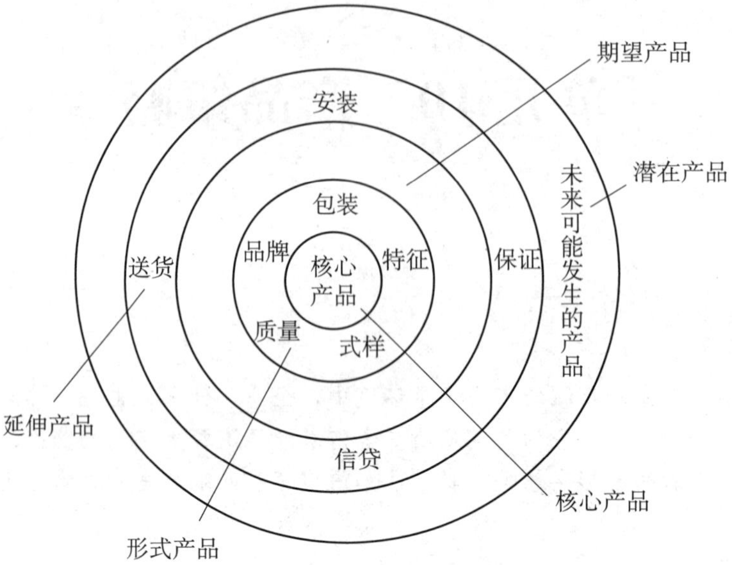

图 10-1　整体产品概念的五个层次

（1）核心产品。

顾客购买某种产品并不是为了获得产品本身，而是为了满足某种特定的需求。企业的产品生产或经营活动，首先考虑能为消费者提供哪些效用和功能。产品实体只是产品效用或利益的载体，离开了功效，产品就失去了存在的价值。因此，核心产品是整体产品概念中最主要的部分。如人们购买牙膏并不是为了获得一管“膏状物”，而是为了获得牙膏“清洁牙齿、清新口气、预防蛀牙”的功效；买电视机，不是为了获得其电子零部件，而是为了满足“获取信息、轻松娱乐”的精神需要。

课堂讨论

请指出化妆品的核心产品。

提示：化妆品的核心产品——护肤和美容。

（2）形式产品。

形式产品是指产品的本体，是核心产品借以实现的各种具体产品形式，一般由质量、特征、式样、品牌、包装等要素构成。消费者在购买产品时，除了要求产品具备能满足核心利益的某些基本性能外，还要考虑产品的质量、款式、包装等有形因素。如消费者在购买电视机时，除了考虑电视机的功能外，还会考虑其颜色、造型、品牌等要素。因此，企业在进行产品设计时，既应着眼于消费者所追求的核心利益，同时又应考虑如何将这种核心利益以独特的形式呈现给消费者。

（3）期望产品。

期望产品是指消费者在购买产品时所期望的一整套属性和条件。如消费者在购买彩色电视机时，通常都希望其能够接收到信号，呈现图像、色彩和声音。由于绝大多数的电视机都能满足这一最低的期望，所以消费者在没有任何偏好的情况下，会努力寻求价格相对较低的产品。

（4）延伸产品。

延伸产品也称附加产品，是指消费者购买形式产品和期望产品时所获得的各种附加服务和利益的总和，它包括产品说明书、提供信贷、免费送货、安装、维修、技术培训等。

阅读材料

海尔的特色服务和TCL出色的附加产品

海尔在推出了“全天候、全方位解决用户烦恼，让用户全无忧”的3A保养服务理念之后，又在行业内首家推出了“平板电视一周包退、15天包换、三年包修；免费设计、免费送货、免费安装、免费调试、免费移机一次、一年免费保养一次”的“三包六免”服务。对此，TCL积极应对，将高端平板电视的“三包”自行升级为“四包”，即“售后包安装、一周包退、30天包换、一年包修”，彻底解决了消费者购买平板电视的后顾之忧。借助出色的附加产品，企业不仅赢得了消费者青睐，更在市场竞争中确立了品牌的长期优势。

资料来源：http：//ishare. iask. sina. com. cn/f/34R3lr2XiIw. html.

（5）潜在产品。

潜在产品是指产品最终可能会实现的全部附加部分和将来转换的部分。附加产品是产品的现在，而潜在产品则表明现有产品可能的演变趋势。如彩色电视机可发展为录放映机、电脑终端机等。

课堂讨论

满足充饥和营养需要的食品，满足护肤和美容需要的化妆品，分别属于整体产品概念中的哪一个层次的产品？

提示：核心产品。这也是消费者购买食品和化妆品的基本利益和效用。

以上整体产品概念的五个层次十分清晰地体现了以顾客为中心的现代营销理念。这一概念的内涵和外延皆以消费者的需求为标准。五个层次的建立，可以使经营企业正确地认识产品，并在营销的过程中结合产品的五个层次有针对性地开展活动。

课堂讨论

请分析酒店整体产品概念的五个层次。

提示：核心产品——住宿与餐饮服务；形式产品——客房、客房物品、餐饮用品；期望产品——环境安静幽雅、客房干净整洁、服务热情周到；延伸产品——房内送餐服务、商务中心服务、洗衣服务；潜在产品——酒店可能会实现的新产品。

10.1.2 产品组合策略

通常情况下，企业不可能只经营单一产品，更不能经营所有的产品。同时，企业还要考虑所经营产品之间的协调性。由此，产生了产品组合的一系列问题。

1. 产品组合及其相关概念

（1）产品组合。

产品组合也称产品花色与品种配合，是指一个企业生产经营的全部产品线和产品品种的组合方式。产品组合包括四个变数，即产品组合的宽度、产品组合的长度、产品组合的深度和产品组合的关联度。

产品组合的宽度是指产品组合中包含的产品线数量。

产品组合的长度是指一个企业的产品组合中所包含的产品项目数量。

产品组合的深度是指每一条产品线包含的不同品种规格的产品数目。一个企业各个产品线的平均深度即企业产品组合深度。

产品组合的关联度是指一个企业的所有产品线之间在最终用途、生产条件、分配渠道或其他方面的密切程度。

（2）产品项目。

产品项目是指按产品目录中列出的每一个明确的产品单位，一种型号、品种、尺寸、价格及外观等的产品就是一个产品项目。

（3）产品线。

产品线是指一组密切相关的产品项目，亦称产品系列或产品大类，一条产品线往往包括一系列产品项目。

下面以宝洁公司的产品组合为例来具体说明，见表10－1。

表10－1　宝洁公司的产品组合

项目	产品组合的宽度				
	洗涤剂	牙膏	香皂	纸尿裤	纸巾
产品线的深度	象牙雪 1930 洁拂 1933 汰渍 1946 快乐 1950 奥克多 1952 达士 1954 大胆 1965 吉恩 1966 黎明 1972 独立 1979	格里 1952 佳洁士 1955 登魁 1980	象牙 1879 柯柯 1885 拉瓦 1893 佳美 1926 爵士 1952 舒肤佳 1963 海岸 1974	帮宝适 1961 露肤 1976	查敏 1928 白云 1958 普夫 1960 旗帜 1982

表10－1表明宝洁公司产品组合的宽度是五条产品线（实际上，该公司还有许多其他产品线，如护发产品、保健产品、饮料、食品等），即产品组合的宽度为5。在表10－1中，产品项目总数是26个，即产品组合的长度是26。宝洁公司的产品线如“香皂”有7个产品项目，因此“香皂”这一产品线的深度就是7。该公司产品组合的平均深度就是总长度26除以宽度即产品线数5，结果为5.2，即该公司产品组合的平均深度为5.2。由于宝洁公司的产品都通过同样的分销渠道出售，因此可以说，该公司的产品组合具有较强的关联性；就这些产品对消费者的用途而言，也具有一定的关联性。

2. 产品组合对市场营销活动的意义

合理的产品组合对市场营销活动具有重要意义。首先，拓展产品组合的宽度，即增加产品线的数量，可以充分利用企业的各项资源，发挥企业优势，开拓新的市场，提高企业经济效益；其次，扩大产品组合的宽度，可以提高企业适应市场环境变化的能力，减少风险，增强企业竞争能力；再次，适度增加产品组合的长度和深度，即增加产品项目，实行多样化经营，可以适应更加广泛的消费者需求，提高顾客的满意程度，扩大产品销售量；最后，企业通过提高各产品线之间的关联性，可以充分发挥企业的技术、生产和销售能力，提高企业在行业中的地位。

3. 产品组合策略

产品组合策略是指企业根据市场状况、自身资源条件和竞争态势调整产品组合的宽度、长度、深度和关联度等，以适应营销环境变化的要求，使企业能够整合资源，提高营销活动效率，进而增加企业利润。优化产品组合可依据不同情况采取以下策略：

（1）扩大产品组合策略。扩大产品组合策略即扩大产品组合的宽度和深度。拓展产品组合的宽度是指在原有产品组合中增加新的产品线，扩大经营范围；扩大产品组合的深度是指在原有产品线内增加新的产品项目。当企业预测现有产品线的销售额和赢利率在未来可能下降时，就须考虑在现有产品组合中增加新的产品线，或加强其中有发展潜力的产品线。

阅读材料

你会为情怀买单吗？

备受关注的大白兔润唇膏不到1分钟在网上就被抢购一空。它来自两大国货品牌脑洞大开的跨界联姻——59岁的大白兔奶糖和56岁的美加净。出身名门，血统纯正，包装走怀旧路线，宛如大白兔奶糖外形，香味和奶糖如出一辙。不得不说，现在国产品牌跨界的脑洞越来越大。有“六神花露水风味”的鸡尾酒、周黑鸭的辣味唇膏、泸州老窖的顽味香水、福临门也推出了卸妆油。毕竟老干妈的定制卫衣自从走上纽约时装周，已经分分钟卖断了货……

资料来源：张曦．大白兔唇膏被抢购一空，老干妈还不抓紧出胭红？．（2018-09-20）［2019-09-16］．http：//news.eastday.com/s/20180920/u1ai11836509.html.

（2）缩减产品组合策略。缩减产品组合策略是指降低产品组合的宽度和深度。在市场繁荣时期，较长较宽的产品组合会为企业带来更多的赢利机会。但是在市场不景气或原料、能源供应紧张时期，缩减产品线反而能使总利润上升，因为剔除那些获利小甚至亏损的产品线或产品项目，企业可集中力量发展获利多的产品线和产品项目，提高专业化水平，增强企业获利能力。

（3）产品线延伸策略。产品线延伸策略是指企业把产品线延长而超出原有范围。总体来看，每一企业的产品线只占所属行业整体范围的一部分，每一产品都有特定的市场定位。如宝马汽车公司所生产的汽车在整个汽车市场上属于中高档价格范围。当一个企业把自己的产品线长度延伸超过现有范围时，我们称之为产品线延伸。如金利来从领带开始，然后扩展到衬衣、皮具等领域。

阅读材料

娃哈哈的扩展策略

娃哈哈最初是一家生产娃哈哈营养液、AD 钙奶的公司，在 30 年间陆续推出了爽歪歪、娃哈哈营养快线、八宝粥、饮料、纯净水、奶茶饮品等，产品线从单纯的儿童奶制品扩展到了成人饮品和食品，提高了市场占有率。

资料来源：https：//www. wahaha. com. cn/. 有改动 .

1）向上延伸。向上延伸是在原有的产品线内增加高档产品项目。实行这一策略的主要目的是：高档产品市场具有较大的潜力和较高利润率的吸引；企业实力增强，已具备进入高档产品市场的条件；企业要重新进行产品线定位。采用这一策略也要承担一定的风险。如那些生产高档产品的竞争者会不惜一切坚守阵地，并可能会反戈一击，向下扩展进攻低档产品市场；对于一直生产低档产品的企业，顾客往往会怀疑其生产高档产品的能力，要改变产品在顾客心目中的认知是相当困难的。

2）向下延伸。向下延伸是在高档产品线中增加低档产品项目。实行这一决策需要具备以下市场条件之一：利用高档名牌产品的声誉，吸引购买力水平较低的顾客慕名购买此产品线中的廉价产品；高档产品销售增长缓慢，市场范围有限，企业的资源设备没有得到充分利用，为赢得更多的顾客，将产品线向下伸展；企业最初进入高档产品市场的目的是建立品牌信誉，然后再进入中、低档市场，以扩大市场占有率和销售增长率；补充企业的产品线空白。实行这种策略也有一定的风险，包括处理不慎可能会影响原来高档产品的形象和声誉，也可能会刺激原来生产低档产品的企业转入高档产品市场而引发更激烈的竞争。如五粮液集团采用了向下延伸策略，白酒从五粮液的生产往下扩展到五粮春、金六福、浏阳河等。

3）双向延伸。双向延伸是原定位于中档产品市场的企业取得了市场优势以后，向产品线的上下两个方向延伸，如吉利汽车在吉利金刚发布会上表示，吉利的产品范围将向两头延伸，既要生产小排量经济型轿车，也在尝试着往高档车型发展。

10.2 产品市场生命周期与营销策略

10.2.1 产品市场生命周期概述

1. 产品市场生命周期的概念

产品市场生命周期是指一种产品从投入市场开始到退出市场为止的周期性变化的过程。产品的市场生命周期是产品的经济寿命，即在市场上销售的时间，而不是使用寿命。产品的使用寿命是指产品的自然寿命，即具体产品实体从开始使用到消耗、磨损、废弃为止所经历的时间。

2. 产品市场生命周期阶段的划分

从理论上分析，完整的产品市场生命周期可分为投入期、成长期、成熟期和衰退期四个阶段。销售额和利润额随产品进入市场的时间不同而发生变化，通常表现为近似正态分布的曲线，该曲线被称为产品市场生命周期曲线，如图 10－2 所示。

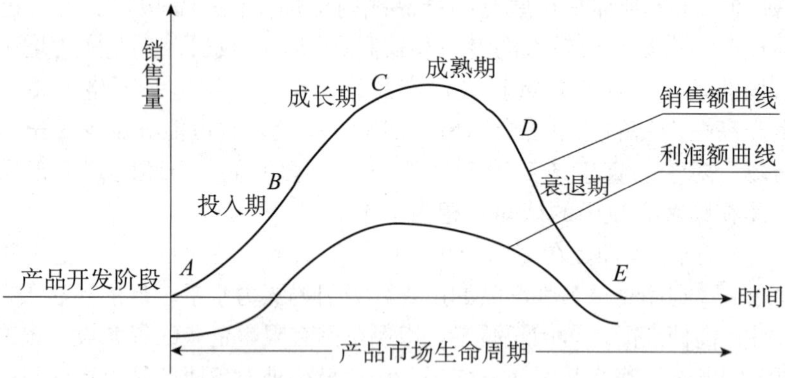

图 10－2 产品市场生命周期曲线

图 10－2 中，*AB* 段为投入期，是新产品刚刚进入市场的阶段，销售额缓慢增长；*BC* 段为成长期，销售额和利润额迅速增长；*CD* 段为成熟期，销售额和利润额缓慢增长并到达高峰后开始下滑；*DE* 段为衰退期，销售额和利润额急剧下降，产品即将退出市场。图中所示的产品市场生命周期曲线只是理论上的表现形态，在实际操作中，会呈现出形态各异的产品市场生命周期曲线，如有的产品在进入成熟期后，并未进入衰退期，而是又进入第二个成长期；而一些时尚产品或季节性产品一投入市场便掀起了销售高潮，很快进入成熟期，并很快退出市场。

课堂讨论

家用汽车、计算机、电视机、喷墨式打印机、无人机、扫地机器人等产品各处于产品市场生命周期中的哪个阶段？

提示：家用汽车——成长期；计算机——成熟期；电视机——成熟期；喷墨式打印机——衰退期；无人机——投入期；扫地机器人——成长期。

10.2.2　产品市场生命周期各阶段的特点及营销策略

1. 投入期的特点及营销策略

投入期是新产品进入市场的最初阶段，这一阶段的主要特点是：

（1）生产批量小，制造成本高。新产品刚开始生产时，技术尚不成熟，不能进行批量生产，次品率也较高，因此导致制造成本较高。

（2）营销费用高。新产品刚刚进入市场，消费者对其性能、质量、款式、价格等特征尚不了解，为了吸引消费者注意并引导消费，企业需要大量的广告及公共关系宣传，促销、分销费用较高。

（3）销售数量少，利润低。新产品刚投入市场，不为消费者所了解，销售渠道也难以立即打开，因此销售量很少，再加上这一时期的成本和费用较高，因此企业利润较少甚至出现经营亏损。

（4）产品的价格常常偏高。由于新产品刚进入市场，竞争者少，通常要制定较高的价格，以尽快收回成本。

在投入期，企业的主要经营目标是迅速将新产品打入市场，尽快形成批量生产能力，并尽可能缩短这一时期，促使产品尽早进入快速成长期。针对这一时期的特点，企业可采取的策略如图 10－3 所示。

价格＼促销	高	低
高	快速撇脂 高价高促销策略	缓慢掠取 高价低促销策略
低	快速渗透 低价高促销策略	缓慢渗透 低价低促销策略

图 10－3　投入期可采取的四种策略

（1）快速撇脂策略。快速撇脂策略是指以高价格和高促销水平推出新产品的策略。实施这一策略必须具备一定的市场条件，即市场上有较大的需求潜力；目标消费者具有求新心理，急于购买此种商品，并愿意支付较高的价格；企业面临潜在竞争者的威胁，需要及早树立品牌形象。

课堂讨论

举例说明快速撇脂策略。

提示：某珠宝品牌推出“煽动系列”钻石首饰时，在总共不到一个月的时间内，仅在武汉市电视媒体广告上投入的促销费用就高达 78 万元，使这一系列别具一格的钻石首饰在最短的时间内吸引了绝大多数消费者的目光。

（2）缓慢掠取策略。这是以高价格和低促销水平推出新产品的策略，其目标在于获取尽可能多的赢利。实施该策略的市场条件是：市场规模相对较小，竞争威胁不大；市场上大多数用户对该产品没有过多疑虑；适当的高价格能为消费者所接受。

（3）快速渗透策略。快速渗透策略是指用低价格和高水平促销费用推出新产品的策略。该策略的目的是迅速打入市场，提高市场占有率。实施这一策略的市场条件是：市场容量足够大；潜在消费者对产品缺乏了解，并且对价格十分敏感；潜在竞争比较激烈；产品单位制造成本可随生产规模的扩大而大幅降低。

（4）缓慢渗透策略。缓慢渗透策略是指以低价格和低促销水平推出新产品的策略。低价格是为了促使消费者能尽快地接受新产品，低促销则可以实现更多的利润。采用这一策略的市场条件是：市场容量大；潜在消费者易于了解此项新产品，且对价格十分敏感；低价格可以阻止一部分竞争者进入该市场。

2. 成长期的特点及营销策略

产品经过投入期后，开始进入快速成长期。这一时期的主要特征是：

（1）产品质量日趋稳定，技术工艺比较成熟，企业已形成规模化生产。

（2）消费者对产品已经比较熟悉，市场需求扩大，分销渠道逐步完善，销售量迅速增加。

（3）市场竞争日趋激烈，其产销的垄断性基本消除。

在成长期，企业营销策略的重点是：

（1）进一步提高产品质量，增加其花色品种、式样、改进包装，增强企业的品牌意识。

（2）在大量生产的基础上适当降价，以吸引更多的消费者，并抑制竞争。

（3）增加分销渠道，扩大商业网点。

（4）加强促销环节，树立产品形象，重心应从建立产品知名度转移到树立产品形象。

3. 成熟期的特点及营销策略

产品经过成长期销售量迅速增长的一段时间以后，销售量的增长开始缓慢下降，从而进入成熟期，这一时期的主要特征有：

（1）产品结构基本定型，工艺成熟，生产批量大，生产成本降至最低程度，价格开始下降。

（2）市场需求接近饱和，产品销售额在逐渐达到顶峰后开始缓慢回落。

（3）很多同类产品进入市场，竞争十分激烈；产品价格差距不大，开始出现价格大战。

（4）企业经营状况不尽如人意，利润开始下降。

企业在成熟期可采取的具体营销策略有：

（1）产品改良策略，亦称产品再推出策略，是指通过对产品本身的改变来满足不同消费者的需求，以扩大产品的销售量。产品改良的具体方法有质量改良、特性改良和形态改良等。如苹果手机型号从 iPhone4 更新换代到 iPhone11。

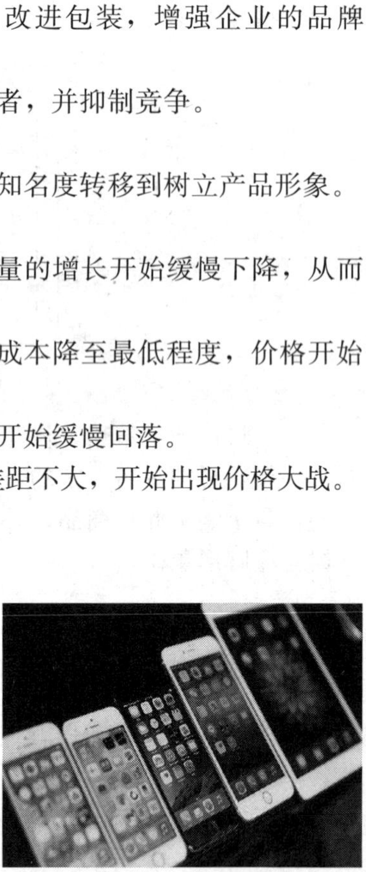

（2）市场改良策略，也称市场多元化策略。它不是要改变产品本身，而是通过发现产品的新用途，创造新的消费方式，从而开发出新市场，或寻求新用户，使产品销售量扩大的策略。

（3）市场营销组合改良策略。市场营销组合改良策略是指改变某些市场营销组合的因素，以延长产品成熟期，增加销售量。如运用降低价格、改进包装、扩大分销渠道、采用新广告、加强销售服务等手段刺激现有顾客增加使用率。

课堂讨论

企业采用减价、抽奖、积分、增加广告播放、提供新的服务等活动来促进销售，请问是采用了哪种策略？

提示：市场营销组合改良策略。

（4）转移生产场地。转移生产场地是指把处于成熟期的产品转移到某些生产成本低、市场潜力大的国家和地区。

4. 衰退期的特点及营销策略

在成熟期的后期，产品的销售开始急剧下降，利润水平也不断下降，产品开始进入衰退期，这一时期呈现以下特点：

（1）产品陈旧，且日趋“老化”，市场上的新产品和替代产品层出不穷。

（2）产品的销售量急剧下降，顾客也失去了对该产品的兴趣。

（3）利润明显下降，部分企业出现了亏损，大批竞争者退出市场。

（4）为减少损失，企业大幅削价处理库存产品，濒临破产。

企业在衰退期应采取的具体营销策略有：

（1）继续经营策略，也称自然淘汰策略，是指企业继续沿用过去的营销策略，直到产品完全退出市场为止。当企业在该市场上有绝对支配地位，且产品竞争者退出市场后，该市场仍有一定潜力时，可以采取这一策略。

（2）集中策略。集中策略是指企业把全部能力和资源都集中在对企业最有利的细分市场和销售渠道上，放弃那些没有赢利机会的市场，也就是集中优势力量，以保住最有利的市场，赢得尽可能多的利润。

（3）立即放弃策略。立即放弃策略是指企业停止生产处于衰退期的产品，推出新产品或转产其他产品。当企业现有产品无潜在市场机会，或新一代产品已经上市且前景看好时，应果断放弃老产品，把企业生产技术、经营渠道、广告宣传等转移到新产品上。

综上所述，产品市场生命周期各个阶段有不同的特点，企业应根据每一阶段的具体情况制定相应的营销策略，具体见表 10－2。

表 10－2　产品市场生命周期各阶段的特征与对策

产品市场生命周期		投入期	成长期	成熟期	衰退期
特征	市场需求状况	确认新产品需要，新产品上市试销，销售量非常低	需要量急剧增长，市场规模急速扩大，销售量快速增长	需要量接近饱和，老顾客更换旧品，只有少数新的消费者，销售增长缓慢	由于新产品的出现，产品的销售量迅速下降
	市场抵抗	市场抵抗性强，开始展开试销，少数人使用	市场抵抗性弱，使用频率提高，也有再度购买的情况	无抵抗性，市场完全被开发，市场占有率呈巅峰状态	市场占有率降低，市场规模逐渐萎缩
	消费者	创新的顾客	市场大众	市场大众	延迟的顾客

续表

产品市场生命周期		投入期	成长期	成熟期	衰退期
特征	经销商	经销商虽有怀疑，但开始尝试销售	经销商积极地销售，逐渐提高销售量	经销商已完全掌握市场，各自相互竞争	经销商兴趣降低，销售数量也剧减
	竞争者	竞争对手最少，竞争缓和	竞争对手增加，彼此竞争激烈	竞争对手最多，达到白热化，价格竞争非常普遍	大批竞争者退出，尚有若干对手存在
	营销费用	推广费用高	推广费用低	推广费用高	推广费用低
	利润	无多少实际的收益	单位利润达到巅峰状态	单位利润稳定，总利润最大的时期	总利润逐渐降低
对策	策略特点	市场扩张	市场渗透	巩固占有率	酌情退出
	营销重点	产品知晓，引导消费	培养品牌偏好	形成品牌忠诚	选择性
	产品	新产品	改进的产品	多变的产品	合理的产品
	价格	高价或低价	较低价	最低价	低价
	促销	产品信息传播	强调竞争差异	以提醒为主	最小化促销
	分销	零星的	增加网点	网点最大化	尽可能减少网点

课堂讨论

一个企业要想保持竞争优势，应该同时拥有哪几代产品？

提示：一个企业不能光靠一种产品打天下，要想在竞争中保持优势，通常需要同时拥有以下几代产品：第一代产品，在市场上处于衰退期，即将被新产品所取代的产品；第二代产品，在市场上处于成熟期，能够给企业带来现金流的产品；第三代产品，刚刚进入市场的新产品，并逐步进入成长期；第四代产品，刚刚试制成功的产品，正在进行试销；第五代产品，在实验室里研制开发的产品。

10.2.3 延长产品市场生命周期的方法

产品市场生命周期总的趋势是不断缩短的，这主要是由技术进步、市场竞争、政府干预和消费者需求等多种因素决定的。企业不能改变外部环境，但可以通过调整营销策略来延长产品市场生命周期。所谓延长产品市场生命周期，并不是延长它的每一个阶段，而只是延长能给企业带来较大销量和利润的成长期和成熟期，主要方法有以下几种。

1. 加大促销力度，促使消费者增加使用频率，扩大购买

即使产品处于稳定发展时期，企业仍要重视提高产品质量和服务质量，运用人员促销、广告宣传、公共关系、营业推广等促销组合，树立产品信誉，培养消费者的品牌偏好，促成购买习惯，以增加产品使用频率，扩大销售。

2. 对产品进行改进

企业要根据市场反馈的信息，不断改进产品的特性，开发产品新的功能，革新产品款

式、包装等，以留住老顾客，吸引新顾客。产品改进的方式主要有质量改良、形态改良和特征改良等。

3. 开拓新市场，拓展顾客群

由于不同地区的市场消费存在明显的差异性，企业可以利用这种差异性开拓新的市场领域。如有的产品在城市市场已经萎缩之后，可以向农村市场发展。对消费者也是如此，如化妆品市场以前是以女性消费者为主导，现在要积极争取男性消费者，还有满足儿童市场和老年市场的需求等。

4. 开拓产品新的使用领域

有些产品用途随着生产力发展、科技进步和消费水平提高而不断扩展，产品的市场生命周期也必然得以相应的延长。如纸的用途过去主要是书写和印刷，现在扩展到餐巾纸、装饰纸、卫生纸、纸桌布等。

10.3　新产品开发策略

10.3.1　新产品的含义和种类

1. 新产品的含义

市场营销学上的新产品与科技开发意义上的新产品并不完全相同。市场营销学所讲的新产品内容更广泛，并不一定是新发明的产品，而是相对于企业而言的。市场营销学上的新产品是指在产品整体概念中任何层次的更新和变革，包括材料、质量、性能、品种、特色、结构、服务等的变化，是企业向市场提供的与原先已有产品不同的产品。这种产品与原有产品存在一定的差异，能为顾客带来新的利益，如新的原理、构思、设计，新的原材料、功能，更高的质量和更好的服务，新的用途等。

课堂讨论

"概念车"是否属于新产品？

提示：不是。新产品必须是正式生产并投放市场的产品，只有经过消费者的检验，产品才能真正为企业、社会创造效益。那些试制成功后只放在陈列室供参观或展览会供展览的产品，不能纳入新产品之列，因此，没有投放市场的"概念车"不属于新产品。

2. 新产品的种类

根据产品的新颖程度，新产品一般可分为以下四种：

（1）全新型新产品。全新型新产品是指应用新原理、新技术、新结构、新材料研制开发的前所未有的新产品。如电视机、微波炉、手机、计算机等最初上市时都是全新的产品。这类产品往往是伴随着科学技术的重大发现而诞生的。一个全新产品的出现，要耗费大量的人力、物力和财力，并不是轻易能够得到的。

（2）换代型新产品。换代型新产品是指在原有产品的基础上，部分采用新技术、新材料和新结构研制的，在性能上有显著提高的产品。如从黑白电视机到彩色电视机，再到平面、液晶、等离子电视机等。相对于全新产品来说，换代型新产品更容易获得，也是企业产品创新所追求的主要形式。随着科学技术的迅猛发展，产品更新换代的速度越来越快。

（3）改进型新产品。改进型新产品是指对原有产品在质量、结构、功能、材料、花色品种等方面作出改进的产品。如山地自行车、多功能电风扇等。一般来说，改进后的产品性能更优良、结构更合理、使用更方便、功能更齐全。它是依靠企业自身力量较容易开发的新产品，因此成为企业产品创新的最主要形式。

（4）仿制型新产品。仿制型新产品是指市场上已经存在的，而本国、本地区或本企业初次仿制并投放市场的产品。这种产品对较大范围的市场来说已不是新产品，只是相对于企业来说，是用新工艺、新设备生产出来的与原有产品不同的产品，仍然可称为企业的新产品。如我国企业生产的电视机、冰箱等都属于仿制型新产品。企业在仿制时，要注意产品是否侵权等问题。

10.3.2 新产品开发的意义

随着科学技术的迅猛发展，市场竞争日益激烈，企业也更加意识到新产品开发的重要意义。

（1）新产品开发是提高企业核心竞争力，促进企业可持续发展的需要。随着市场经济的发展，市场竞争的日益加剧，企业只有不断提高技术水平、研制开发新产品，才能保持竞争优势。

（2）新产品开发是适应消费者需求变化的需要。企业的市场营销活动就是要不断地发现并设法满足消费者的需求。由于社会生产力的发展和科学技术的不断进步，消费者需求不断向多样化和高要求发展，这就要求企业不断地开发新产品以适应需求的变化。

（3）新产品开发是产品市场生命周期理论的要求。在新知识经济时代，新技术转化为新产品的速度越来越快，产品的市场生命周期越来越短，40 年前平均周期是 8 年，20 年前为 5 年，10 年前为 3 年。产品市场生命周期理论揭示了产品更新换代是市场发展变化的一种必然结果。作为企业，只有不断开发出顾客所需要的新产品，才能赢得竞争优势。

（4）新产品开发是提高企业经济效益和社会效益的重要途径。一个成功的企业要密切关注产品所处的市场生命周期阶段，及时淘汰那些不适应市场需要、销售额和利润额在不可逆转地下降的产品。在原有产品进入衰退期之前适时地推出新产品，新产品会刺激新的消费需求，实现企业的经济效益。同时，新产品使高新技术被广泛应用到生产、生活的各个方面，方便了生产，提高了生活质量，有利于提高企业的社会效益。

10.3.3　几种具体的新产品开发策略

新产品开发策略很多，企业如何选择是个很关键的问题，要根据企业的实际情况、产品情况、市场情况和竞争情况来确定。下面介绍一些常见的新产品开发策略。

1. 抢占市场策略

在高速发展的市场经济条件下，高新技术发展的速度与商业利润的增长已成正比，谁先获得新技术，并将其转化为产品，谁就能在市场上捷足先登，取得丰厚的利润。企业要建立一套科学完善的信息管理系统，收集包括科技环境在内的各种信息，及时捕捉环境中蕴藏的机会，并加以利用，开发出新产品，把握市场先机。

2. 改进现有产品策略

改进现有产品策略是指针对现有产品，开发出更多的能满足消费者需求的新用途、新功能的产品开发策略。如手机在保持原有的通信功能外，又新开发出收音机、可视通话、卫星定位导航等功能；在普通雨伞上加入防紫外线的材料，就变成了晴雨两用伞等。这种策略开发费用比较低，成功的可能性比较大。

3. 挖掘顾客潜在需求策略

挖掘顾客潜在需求策略是指通过挖掘市场潜在需求，创造出新的市场的策略。潜在需求是指顾客对市场还没出现的产品的需求，企业通过开发新产品，引导新的消费需求，创造一个新的市场。

4. 仿制产品策略

仿制产品策略是指对市场上已经畅销的产品或优质产品进行分析研究，在此基础上加以模仿、改进，开发出自己的新产品的策略。这种仿制的新产品要在性能上有所改进或价格更低一些，有新的特色。同时，还要注意不要侵权。如娃哈哈的“非常可乐”就是在可口可乐同类产品基础上的仿制。这种策略可以缩短与先进技术水平之间的差距，更快地推出被市场认可的产品。

10.4 品牌策略

10.4.1 品牌概述

1. 品牌的定义

品牌是企业整体产品的一个重要组成部分。品牌不仅有利于产品的销售，而且可以增加产品的价值。美国市场营销协会（AMA）对品牌的定义是：品牌是一个名称、术语、标记、符号、图案，或者是这些因素的组合，其目的是借以识别某个或某群销售者的产品或服务，使之与竞争者的产品和服务相区别。品牌主要由品牌名称、品牌标志以及商标等因素构成，如图 10－4 所示。

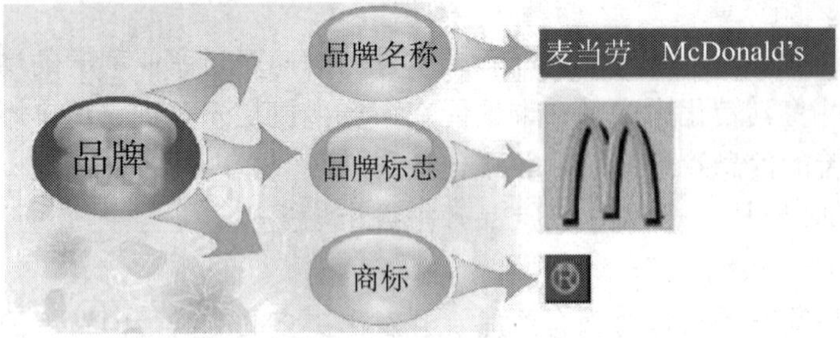

图 10－4 品牌构成

（1）品牌名称。品牌名称是指品牌中可以用语言称呼的部分。如海尔、娃哈哈、蒙牛等都是我国著名品牌的名称。

（2）品牌标志。品牌标志是指品牌中可以被识别但不能用语言称呼的部分，通常由图案、符号或特殊颜色等构成。

（3）商标。商标实质上是一个法律名词，是指经过注册登记已获得专用权并受法律保护的一个品牌或一个品牌的一部分。在我国，习惯上把所有品牌称为商标，而且另有“注册商标”和“非注册商标”之分。注册商标有“®”标识，其所代表的产品一般来说质量高、特色鲜明、包装比较规范；非注册商标则不受法律保护，所代表的产品一般来说质量不稳定，特征不明显，包装、广告等费用较低。这里所说的商标指注册商标。

商标与品牌是两个既有联系又有区别的概念。其联系在于：两者都是产品的标记，它们的对象都是商品；它们的功能都在于区别不同生产者和经营者的商品；其设计都是由名称、文字、图形、符号等构成的；都是企业的无形资产。但两者又有细微的区别：品牌是市场概念，而商标是法律概念；商标必须办理注册登记，品牌则无须办理；商标是受法律保护的品牌，具有专门的使用权；品牌侧重于名称，而商标侧重于标记；品牌与企业联系在一起，而商标与具体产品联系在一起；并非所有的品牌都是商标，品牌与商标可以相同也可以不同。

2. 品牌的内容

品牌是一个复杂的符号，是企业的无形资产，蕴含着丰富的市场信息。一个品牌能表达出六层意思，下面以奔驰汽车为例进行说明。

（1）属性。品牌代表着某种特定的商品属性，这是品牌最基本的含义。奔驰牌轿车意味着工艺精湛、制造优良、昂贵、耐用、信誉好及行驶速度快等。这些属性是奔驰生产经营者广为宣传的重要内容。多年来奔驰的广告一直强调“全世界无可比拟的工艺精良的汽车”。

（2）利益。品牌体现着某种特定的利益，顾客购买商品实际上是购买某种利益。品牌是产品效用和利益的具体体现。就奔驰品牌而言，“工艺精湛、制造优良”的属性可以转化为“安全”这种功能性利益。消费者看重的不是品牌本身，而是品牌所代表的产品效用和给消费者带来的利益。

（3）价值观。品牌体现了生产者的某些价值观。奔驰代表着高效、安全、声望等。

（4）文化。品牌代表着独特的文化。奔驰品牌蕴含着“严谨、有组织、高效率和高品质”的德国文化精神。

（5）个性。品牌反映一定的个性。不同的品牌会让人产生不同的品牌个性联想。奔驰会让人想到一位严谨的老板、一只飞奔的猎豹。

（6）使用者。品牌暗示了购买或使用该产品的消费者类型。事实上，产品所表示的价值、文化和个性，均可反映到使用者身上。

3. 品牌的作用

正是品牌所包含的丰富的内容，决定了品牌所具有的重要的作用：

（1）品牌有助于树立组织形象，促进产品销售，是企业的无形资产和财富。品牌以其简洁、明快、独特、易读易记的特征，在消费者心目中树立良好的组织形象，使消费者在对品牌信任的驱使下产生购买欲望。

（2）品牌有助于保护企业的合法权益。品牌经过注册后获得商标专利权，其他企业和个人未经允许不得仿冒侵权，从而保护品牌所有者的合法权益。同时，品牌也对使用者的市场行为起到约束的作用，促使企业重视产品质量、规范市场行为。

（3）品牌有助于消费者识别和购买商品。品牌所表示的独特的个性特征，促使消费者产生消费偏好，形成对品牌的忠诚度，从而使企业建立稳定的顾客群，增加重复购买，扩大销售。

（4）品牌有助于企业保持良好的产品品质，也便于消费者对产品进行评价和监督，有利于提高企业竞争力，维护企业和消费者的合法权益。

（5）品牌反映了不同企业产品质量、特点、等级，有利于营销人员按品牌质量实行区别价格，名优品牌的商品还会使消费者显示其生活档次和品位，获得心理满足。

10.4.2 品牌的制作

1. 品牌的设计

品牌设计是一种艺术和技巧在经营中的展现，在品牌设计中要遵循以下原则：

（1）所设计的品牌要简洁醒目，易读易记。品牌的重要作用是有助于识别商品，为此，要使消费者见到后留下深刻印象，起到广告宣传的作用，必须简洁明了，一目了然。同时，在语言、文字上要易于拼读、辨认、记忆；图案要清晰，线条流畅，和谐悦目。

（2）所设计的品牌要新颖别致，突出个性。品牌设计要力求构思新颖、造型美观，既要有鲜明的特点，又要突出企业或产品的特征，暗示产品的属性。如宝洁公司生产的去头屑洗发水采用海飞丝的品牌名称，联想丰富，寓意深刻，其中文名称“海飞丝”让人联想到平滑而飞扬的秀发，代表海洋的蓝色又给人以清凉舒爽的感觉，突出了产品特有的属性。

（3）所设计的品牌要易于发音，利于传播。心理学研究表明，人们的注意力很难同时容纳五个以上的要素。根据这一特点，品牌的设计要力求简短，容易发音，并有利于广泛传播。如可口可乐、百事可乐均易发音又易于记忆传播，成为世界上最畅销的饮料标记。我国的海尔、娃哈哈等品牌名称也因其易发音、易记忆，深受人们喜爱，成为著名品牌。

（4）所设计的品牌要寓意深刻，富有韵味。品牌或商标的设计应通过形象或含蓄的文字、图案等恰如其分地表现、隐喻商品的特征或风格，使人产生美好的想象与回味。如上海生产的永久牌自行车，产品名称和标志均给人以美好的回忆，既表示产品质量的可靠与稳定，也喻示企业发展的悠久历史。同时，品牌名称与品牌标志要协调一致，恰当地反映产品属性。

阅读材料

百度搜索引擎的命名

全球最优秀的中文信息检索与传递技术供应商百度于1999年年底成立于美国硅谷。

目前，中国所有提供搜索引擎的门户网站中，80%以上都由百度提供搜索引擎技术支持。百度搜索引擎拥有目前世界上最大的中文信息库，总量超过6亿页以上，并且还在以每天几十万页的速度快速增长。“百度”之名源自辛弃疾《青玉案·元夕》中的名句：“众里寻他千百度，蓦然回首，那人却在灯火阑珊处。”最后一刻蓦然回首，发现了佳人，寓意“搜寻”，十分契合公司的信息检索业务，同时也暗示了“百度”神奇的搜索效果，于不经意间就赢得了意外的收获。

（5）所设计的品牌要严肃。品牌的文字、名称、图案、符号要符合《中华人民共和国商标法》的规定，不得同中国或外国的国家名称、国旗、国徽、军旗、勋章等相同或相似；不得同国际组织的旗帜、徽记、名称相同或相似；不得同“红十字”“红新月”的标志、名称相同或相似；不得带有民族歧视性或带有欺骗性；不得有损社会主义道德风尚。

2. 品牌的命名

品牌设计的关键在于品牌的名称。企业品牌命名的方法很多，可供选择的命名方法有以下几个：

（1）以产地或生产厂家命名。以产地命名多用于颇有名气的土特产品的命名，如“西湖龙井茶”就是以产地杭州西湖而命名；有的产品生产厂家有名望、历史悠久、有专利技术等，可以用生产厂家来命名，以树立企业形象。如“海尔冰箱”“全聚德烤鸭”等。

（2）以人物命名。该方法以历史人物、传奇人物、产品的设计者以及对产品有特别偏好的名人姓名命名，可以衬托和说明产品品质，引起消费者敬仰，借物思人，因人忆物，借以提高产品身价。如“劳斯莱斯”汽车品牌就是以人物命名的。查理·劳斯和亨利·莱斯是劳斯莱斯公司的创始人，两人的出身、爱好、性格完全不同，但对汽车事业的执着和向往，使他们成为一对出色的搭档。

课堂讨论

你能列举几个用人物命名的产品吗？

提示：用人物命名的产品有“李宁”运动服、“杜康”酒、“福特”汽车等。

（3）以制作工艺命名。该方法是为了突出产品的特殊制作工艺，便于消费者了解产品制造技术。如北京白酒“二锅头”，就是用蒸酒的方法而命名的，其产品具有两次换水的特点，能使白酒香气浓郁。这种方法既能满足消费者求知的需要，又能使消费者对产品质量产生信任感。

（4）以外形命名。以商品的外形来命名，可突出产品优美或奇异的造型与特点，引发消费者的兴趣和注意，如棒棒糖、手指饼等。

（5）以译音命名。该方法用于进口产品、合资产品、化工产品、西药、纺织品和食品等的命名。如“可口可乐”是英文“Cocacola”的译音，“阿莫西林”是英文“Amoxicillin”的译音。

（6）以寓意或夸张手法命名。该方法是以能给人带来美好想象和祝福的词语命名，如“幸福”牌床罩，“好利来”蛋糕等；或者使用艺术、夸张的词语命名，以显示商品的独特功效，如“永固”牌弹子锁等。

（7）以字母或数字来命名。采用该方法命名有利于记忆和传播，也可利用谐音促销。如“TCL”“LG”“IBM”“NEC”；“999”“555”“502”等。

（8）以动植物或自然存在物命名。有些动植物比较珍贵、稀缺或受人青睐，用其命名可突出产品的优良品质，如“熊猫”彩电、“迎客松”香烟等；也可以借助自然存在物的永恒来隐喻产品的美好与持久，便于记忆，如“红塔”香烟等。

（9）以革命圣地、名胜古迹命名。该方法利用人们对名胜的敬仰心情，以引起人们对产品的青睐，并使产品有一定的文化意义，如“石林”香烟、“长城”润滑油等。

10.4.3 几种具体的品牌策略

品牌策略是企业经营决策的重要组成部分，是指企业依据自身状况和市场情况，最合理、有效地运用品牌、商标的策略。品牌策略通常有以下几种。

1. 统一品牌策略

统一品牌策略是指企业将经营的所有系列产品统一使用一个品牌的策略。如娃哈哈集团公司所有产品都统一使用“娃哈哈”统一品牌；佳能公司生产的照相机、传真机、复印机等所有产品都统一使用“Canon”品牌。采用此策略有利于建立企业形象识别系统，可以使推广新产品的成本降低，节省大量广告费用。如果企业声誉甚佳，新产品销售必将强劲，利用统一品牌策略是推出新产品最简便的方法。采用这种策略的企业必须对所有产品的质量严格控制，以维护品牌声誉。

课堂讨论

你所知道的企业中有哪些采用了统一品牌策略？

提示：飞利浦——音响、电视机、灯泡、插座、剃须刀和小家电。

PHILIPS 飞利浦

2. 个别品牌策略

个别品牌策略是指企业对各种不同的产品分别采用不同的品牌。如宝洁公司生产的洗发产品采用了“海飞丝”“飘柔”“潘婷”等品牌。这种策略的优点是，可以把个别产品的成败同企业的声誉分开，不至于因个别产品信誉不佳而影响其他产品，不会对企业整体形象造成不良后果。但实行这种策略，企业的广告费用开支很大，而且有时品牌过多，顾客不容易记住，管理难度大。最好的做法是先做好企业品牌，以企业品牌带动产品品牌。

课堂讨论

你所知道的企业中有哪些采用了个别品牌策略？

提示： 百丽集团——百丽、天美意、思加图、他她、森达、百思图、妙丽等。

3. 扩展品牌策略

扩展品牌策略是指企业利用市场上已有一定声誉的品牌，推出改进型产品或改良新产品。如娃哈哈集团以生产儿童营养口服液起家，后又利用这个品牌成功地推出娃哈哈饮料、娃哈哈童装等新产品。采用这种策略既能节省推广费用，又能迅速打开产品销路。不过，实施这种策略有一个前提，即扩展的品牌在市场上已有较高的声誉，扩展的产品也必须是与之相适应的优良产品。否则，会影响产品的销售或降低已有品牌的声誉。

4. 品牌重新定位策略

品牌重新定位策略是指企业全部或部分改变原有品牌定位的做法。尽管品牌没有市场生命周期，但并不意味着品牌设计出来之后就一定能持续到永远。因为随着时间的推移，顾客的偏好可能会发生变化，竞争对手也可能会推出后继品牌，使企业产品的需求减少，竞争力下降。此时，企业要考虑品牌的重新定位问题。如《家庭》杂志原名为《广东妇女》，最初的目标读者仅限于广东省内部分妇女，因缺乏知名度，投稿的人少以及稿件覆盖内容狭窄而发行量很低。杂志更名为《家庭》后，面向更广阔的目标市场，迅速成为贴近百姓生活的大众化通俗刊物。

5. 中间商品牌策略

中间商品牌策略也称经销商品牌策略，即企业把产品销售给中间商，由中间商使用自

己的品牌将产品转卖出去。如美国著名的零售商西尔斯（SEARS）百货公司，90%以上的商品都是用自己的品牌。采用这种策略可以利用中间商良好的品牌声誉以及庞大、完善的分销体系，为企业推销新的产品和服务。但采用这种策略，要求中间商对生产者的产品质量要严格控制，否则，不但会影响产品销售，而且会砸掉中间商的牌子。

6. 无品牌策略

无品牌策略，即产品不使用品牌。一般来说，绝大部分企业或产品都使用品牌或注册商标，但在某些特殊情况下，可以不使用品牌或注册商标，只注明产地或生产厂家名称，也可使用未经注册的临时商标。企业采用无品牌策略可以节省包装、广告宣传等费用，降低产品成本和价格，达到扩大销售的目的。一般来说，粮食、牲畜、矿砂等无须使用品牌。技术包装较低、品种繁多的日用小商品也可以不使用品牌名称。

10.5 包装策略

俗话说“佛要金装，人要衣装”。有统计数据显示，产品竞争力的30%来自包装。随着人们生活水平的提高，精神享受的要求也越来越高，在产品竞争中，包装对销售的影响越来越明显。包装除了保护产品之外，还能够美化、宣传产品，诱发消费者的购买欲望，增强产品在市场上的竞争力。

10.5.1 包装的概念与作用

1. 包装的概念

包装是指设计并制作产品的容器和外部包扎的一系列活动。包装有两方面的含义：一方面是静态的含义，一般把那些用来盛放或包裹产品的容器或包扎物称为包装，如箱、罐、瓶等；另一方面是动态的含义，是指企业设计并生产容器或包扎物，并将产品盛放或包裹起来的一系列操作过程，又可称为包装化或包装设计。在实际工作中，以上两层含义紧密联系在一起，不可分离，故统称为包装。

2. 包装的作用

包装作为商品的重要组成部分，在市场营销中发挥着重要的作用。

（1）保护商品。这是包装最主要的目的和最基本的功能。保护商品的作用主要表现在两个方面：一方面是保护商品本身。在商品的流通和使用过程中，通过包装可以起到防止各种损坏的作用，如防止破损、变质、挥发、虫蛀、散失等，从而保证商品的使用价值。另一方面，包装还起到保护环境的作用。有些商品属于易燃、易爆、放射、污染或有毒物品，必须进行包装，以防泄漏造成危害。

（2）便于运输、携带和储存。商品的物质形态有气、液、固等不同形态，它们可能是有毒的、有腐蚀性的或具有易挥发、易燃、易爆等特性，外形上可能有棱角、刃口等危及人身安全的形状，若不对产品进行包装，则无法运输和储存。

（3）便于使用。一方面，包装可起到指导消费者和方便使用的作用。包装上的使用说明、注意事项、生产日期等对于产品的正常使用和合理保存具有重要意义。另一方面，企业可根据不同用户的使用量设计不同的包装。如豆奶粉有独立小包装和家庭装大包装等，这里包装的大小起到方便使用的作用。同时，适当的包装结构也起到便于使用的作用，如拉环式易开罐头。

（4）促进销售，增加利润。消费者购买商品时首先注意到的往往是商品的包装而不是商品本身，美观新颖的包装能吸引消费者的注意力。同时，包装上说明产品的特色，能给消费者以信心，形成一个有利的总体印象。消费者愿意为良好的包装带来的方便、可靠性和声望多付些钱。

（5）提供创新的机会。产品包装的改进是产品创新的一个重要方面。包装的创新能够给消费者带来好处，同时也能够给生产者带来利润。

阅读材料

“水晶之恋”果冻包装设计“俘获”消费者

喜之郎的新型产品“水晶之恋”果冻系列正式上市，并迅速得到了市场的认可。在消费定位上，“水晶之恋”果冻系列产品缩小目标市场，聚焦于年轻情侣，但果冻与“水晶之恋”原本是两个意义完全不同的符号，为了建立消费者的认知，平成公司为“水晶之恋”创造性地设计了“爱的造型”与“爱的语言”，将果冻的造型由传统的小碗样式改造为心形，封盖上两个漫画人物相拥而望，更为这种心形果冻增添了几分魅力，迅速受到了市场的认可。“水晶之恋”的推出使喜之郎公司在短短的一年时间内从一个地方性品牌一下子跃升为行业第二大品牌。

资料来源：盘点包装界十大经典创意包装，经典不可复制．（2015－09－23）［2016－09－16］．http：//news.pack.cn/show－278605.html.

课堂讨论

请评价过度包装的危害。

提示：

（1）浪费资源，加剧了资源供需矛盾。

（2）污染环境，危害人类的生存。
（3）增加了产品成本，损害消费者利益。
（4）助长奢侈浪费，毒化社会风气。

10.5.2 包装的种类

包装可分为很多种类，按产品包装在流通过程中作用的不同，可将其分为运输包装和销售包装两种。

1. 运输包装

运输包装又称大包装或外包装，主要出于保护产品品质安全和数量完整的考虑，是产品储存、辨认和运输时所必需的包装。运输包装又可细分为单件运输包装和集合运输包装。运输包装的方式和造型多种多样，用料和质地各不相同。在国际贸易中，买卖双方究竟采用何种运输包装，应在合同中具体说明。

2. 销售包装

销售包装又称内包装或小包装，它随同产品进入零售环节，与消费者直接接触。这类包装除必须具有保护商品的功能外，更应具有促销的功能。因此，对销售包装的造型结构、装潢画面和文字说明等方面，都有较高的要求。销售包装一般有两个层次：第一层次的包装是指最接近产品的容器，是伴随产品使用的材料。如包裹牙膏的铝管材料是最接近产品的包装。第二层次的包装是指保护第一层次包装的材料，当产品使用时，它即被丢弃。用来包装牙膏管体的纸盒就属于第二层次的包装，它为产品提供了进一步的保护和促销机会。因此，销售包装不仅要保护产品，更重要的是要美化和宣传商品，便于陈列展销，吸引顾客，方便消费者认识、选购、携带和使用。

10.5.3 几种具体的包装策略

包装不仅起着保护商品的作用，良好的包装与科学的包装决策相结合，还会起到促进销售的作用。通常有以下几种包装策略可供选择。

1. 类似包装策略

类似包装策略是指企业所生产经营的各种产品，在包装上采用相同的外形图案、近似的色彩或其他共有的特征。这种策略可以节省包装设计成本，树立企业整体形象，提高企业声誉，扩大企业影响，有利于新产品上市。这种包装策略适用于质量水平相近的产品，不适于质量等级相差悬殊的产品，否则会对高档优质产品产生不利影响，并危及企业声誉。

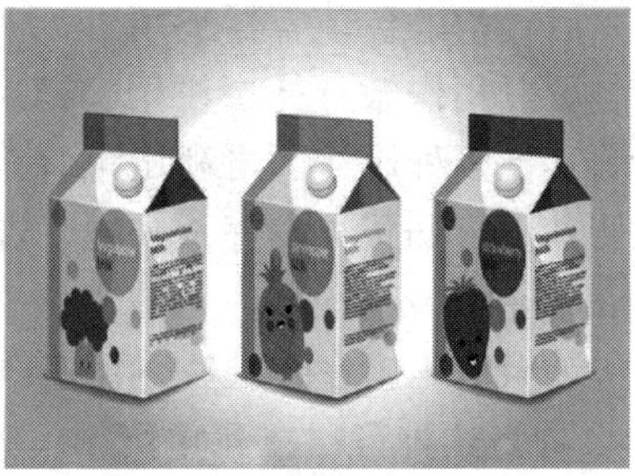

2. 等级包装策略

等级包装策略是指企业所生产经营的产品，按质量等级的不同采用不同的包装。把高、中、低档产品区别开来，以使产品的包装与价值相一致。一般产品采用普通包装，可稍微简朴；优质高档产品则要采用精美包装，以显示其名贵。

3. 组合包装策略

组合包装策略是指按照消费者的消费和使用习惯或特殊需要，将相互关联的多种产品置于同一包装物中。组合包装策略便于消费者购买、使用和保管商品，也有利于企业扩大产品销路，增加收益。

课堂讨论

你能举例说明什么是组合包装策略吗？

提示： 将口红、粉饼、眼影、眉笔等放到同一个精致美观的化妆盒内，以便于消费者选择购买。

4. 再利用包装策略

再利用包装策略也称双重用途包装策略或复用包装策略，是指原包装的商品用完后，空的包装容器还可继续利用。如蜂蜜、罐头等使用的玻璃杯式包装可以用作旅行杯；饼干、糖果等用的盒式包装，空盒可以用作储钱罐等其他多种用途。再利用包装策略有利于引起顾客的购买兴趣，还可促使其重复购买，发挥长久的广告宣传作用。

5. 附赠品包装策略

附赠品包装策略是指在包装物内附有一定的小赠品，以吸引消费者的购买兴趣，达到刺激消费的目的。这种策略在儿童玩具、休闲食品等商品包装中运用较多。如儿童玩具中附赠连环画、认字卡片、贴画；在休闲食品中附赠组装的小玩具等。这种策略对儿童和青少年以及低收入者比较有效，是一种有效的营销推广方式。

6. 绿色包装策略

绿色包装策略是指企业在进行包装设计时，选择可重复利用或可再生、易回收处理、对环境无污染的包装材料。随着消费者环保意识的增强，绿色环保成为社会发展的主题，绿色概念营销方式成为企业经营的主流。绿色包装策略容易赢得消费者的好感与认同，也有利于环境保护和与国际包装技术标准接轨，从而为企业的发展带来良好的前景。如纸质包装替代塑料袋包装、羊毛材质衣物中夹放轻柔垫纸来取代硬质衬板，既美化了包装，又顺应了发展潮流，一举两得。

除了上面列举的包装策略外，还有诸如开窗式包装策略、密封式包装策略、情趣式包装策略等。企业要根据产品特点以及消费者需要来选择科学的包装策略。

课堂讨论

产品包装可以创造价值吗？

提示： 可以。因为包装作为整体产品的重要组成部分，不仅能保护产品，还可以增加产品价值，提高产品美感，吸引消费者的注意，促进销售，增加利润。

单元小结

产品是市场营销组合的首要因素。我们要从整体上认识产品的概念，在重视产品本身价值的同时，也要重视形式产品和延伸产品的研究与开发。同时，合理的产品组合对市场营销活动具有重要意义。产品除了本身的使用寿命周期外，还有市场生命周期。企业要针对产品市场生命周期各阶段的不同特征采取相应的营销策略。为了延缓进入衰退期，企业要不断开发新产品。作为形式产品的一部分，品牌和商标策略也能够给企业创造无形价值。

单元 11　价格策略

课前思考

在星巴克一杯咖啡卖到 28 元，而它的原材料成本只有 4 元，那么，这个价格里面到底藏着什么秘密呢？

11.1　营销价格及其影响因素

价格是 4Ps 中唯一能带来收益的因素，价格的制定和调整不仅直接影响消费者的购买行为，而且直接涉及生产者、转卖者和消费者三方面的利益，并对市场竞争的格局和竞争者的行为产生重大影响，也直接影响着企业产品的销售和利润。因此价格决策与产品决策一样，是构成企业市场营销组合的基本因素。

11.1.1　营销价格的概念及构成

1. 营销价格的概念

关于产品价格，从经济学和市场营销学的角度看，其含义是不同的。价格是商品价值的货币表现，是商品的交换价值在流通过程中所取得的转化形式。价格总是与利润的实现紧密联系在一起的，即价格＝总成本＋利润。从经济学的角度来说，价格是严肃的，是不可随意变动的，因此，定价是一门科学。从市场营销的角度看，价格是活跃的，是可以随时随地根据企业营销的需要而变动的。在法律允许的范围内，企业可以根据市场供求关系的变化，以及产品所处的不同市场生命周期，综合考虑消费者对价格的接受能力，以及企业的定价目标来制定出合理的价格。综上所述，定价既是一门科学，又是一门艺术，企业应研究定价的技巧和策略，充分发挥营销价格的调节作用，实现企业的营销目标。

2. 营销价格的构成

营销价格的构成主要包括四个要素：生产成本、流通费用、税金和利润，如图 11－1 所示。

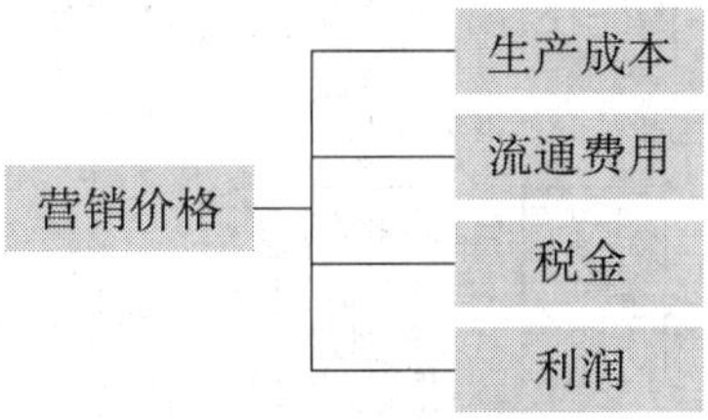

图 11－1　营销价格的构成

（1）生产成本。生产成本是指在生产领域生产一定数量产品时所耗费的物质资料和劳动报酬的货币形态。它是商品价值的重要组成部分，也是制定商品价格的重要依据。构成商品价格的生产成本，不是个别企业的成本，而是行业（部门）的平均成本，即社会成本。

（2）流通费用。流通费用是指商品从生产领域通过流通领域进入消费领域所耗费的物化劳动和活劳动的货币表现。具体来说，流通费用的一小部分是生产领域的生产单位为推销商品而发生的销售费用，它和生产成本共同构成生产单位的全部成本；另一大部分是在流通领域发生的商业流通费用。根据商业流转环节的不同，还要划分为采购商业费用、批发商业费用和零售商业费用，作为批发价格和零售价格的组成部分。

（3）税金。税金是生产者为社会创造和占有的价值的表现形态，是价格的构成因素，国家通过法令形式强制规定各类商品的税率并征收税金。税率的高低直接影响商品的价格，因而税率是国家宏观调控商品生产经营活动的重要经济手段。

（4）利润。利润是指企业在一定时期内生产经营的财务成果，是价格的构成因素，是企业扩大再生产的重要资金来源。利润是商品价格减去生产成本、流通费用和税金后的余额。按照商品生产经营的流通环节，可将利润分为生产利润和商业利润。

课堂讨论

价值是决定商品价格的唯一因素，这句话对吗？

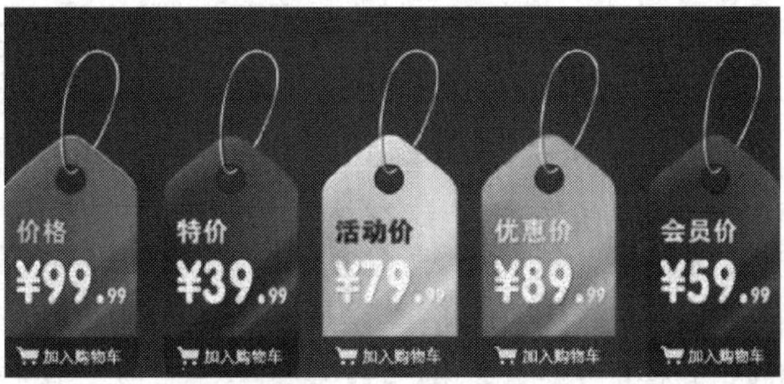

提示：不对，价格的构成除了体现产品价值的生产成本之外，还包括流通费用、税金和利润等因素。同时，商品的价格还会受市场环境的影响，同样价值的产品会呈现不同的价格。

从市场营销角度来看，商品价格的具体构成有如图 11－2 所示的几个方面。

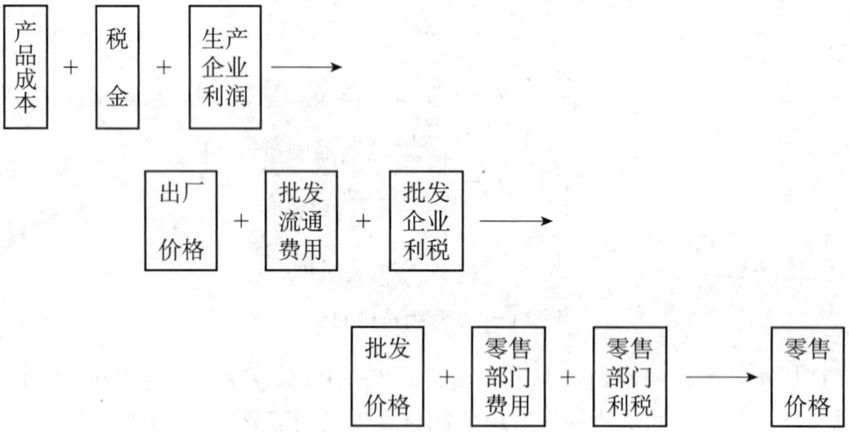

图 11－2 商品价格的具体构成

11.1.2 影响企业定价的主要因素

影响企业定价的因素有很多，既有企业内部因素，也有企业外部因素；既有主观的因素，也有客观的因素。企业内部因素包括企业的营销目标、营销组合策略、产品成本和组织结构。企业外部因素包括市场的性质、需求、竞争以及其他一些环境约束。概括起来主要有产品成本、企业定价目标、市场与需求、竞争因素和其他环境因素五个方面。

1. 产品成本

成本是影响产品定价最基本、最主要的因素，也是产品定价的最低限度。企业定价不但要弥补其产品的全部生产、分销和促销成本，同时还应该为企业的经营努力和所冒的风险赚取合理的投资回报。产品成本主要包括生产成本、营销成本和储运成本等。

2. 企业定价目标

企业定价目标是指企业在对其生产或经营的产品制定价格时，有意识地要求达到的目的和标准，它是指导企业进行价格决策的主要因素。企业的定价目标是多种多样的，在现实生活中，可供企业选择与运用的具体定价目标通常有以下几种：

（1）以获取利润为目标。这是产品的主要定价目标，也有许多企业把价格作为一种吸引消费者和增加销售量的武器，不强调近期利润。这种定价目标直接反映企业的基本经营目标，具体可分为以获取合理利润、以获取投资收益、以当期利润最大化为目标三种情况。

（2）以扩大市场份额为目标。有些企业想通过定价来夺取一个占主导地位的市场份额。它们认为，拥有最大市场份额的公司最终将具有成本优势，能产生规模效益并获得较高的长期利润，同时低价位还可以有效地排斥竞争对手，所以，它们在定价时，总是尽可能地压低价格来追求市场占有率的领先地位。提高市场占有率有两种做法：定价由高到低和由低到高。定价由高到低是指最初进入市场时竞争不激烈，因此采用高价方式获得高额利润，待其他竞争者进入后，降低价格，获得高的市场占有率；由低到高是指进入市场后，采用低价策略占领市场，然后通过提高质量、增加服务功能而提高价格，获得高额的利润。

（3）以应付和防止竞争为目标。这种定价方法是指企业通过服从竞争需要来制定价格。企业对竞争者的行为都十分敏感，尤其是对价格的变动状况。在市场竞争日益激烈的形势下，企业在实际定价前，都要广泛收集资料，仔细研究竞争对手的产品和价格情况，然后有意识地通过自己的定价目标去应对竞争。根据企业的不同条件，通常力量较弱的企业可采用与竞争者价格相同或略低于竞争者价格出售产品的方法；力量较强的企业可采用低于竞争者价格出售产品的方法，以迅速扩大市场占有率；资金雄厚并拥有特殊技术或产品品质优良或能为消费者提供较多服务的企业，可采用高于竞争者价格出售产品的方法。此外，为了防止其他竞争者加入同类产品的竞争行列，在一定条件下，企业可以采用一开始就把价格定得很低的方法，从而迫使弱小企业退出市场或阻止对手进入市场。

（4）以树立和维护企业形象为目标。这种定价方法是指把价格作为确定企业特定形象的表现手段的定价目标。企业形象是企业通过一系列活动在消费者心目中留下的印象和评价，是企业在经营中创造的无形资产。价格是消费者据以判断企业行为及其产品的一个重要因素。如果一个企业的定价与其向消费者所提供产品与服务的价值相一致，那么企业在消费者心目中就较容易树立诚实可信的形象，反之，企业定价以单纯的获利，甚至以牟取暴利为动机，质价不符，或是质次价高，企业就难以树立良好的形象。与产品策略等相配合，适当的定价也可以起到确立、强化企业形象特征的作用。为优质高档商品制定高价，有助于确立高档产品形象，吸引特定目标市场的顾客；适当运用低价或折扣价则能帮助企业树立“平民企业”、以普通大众作为其服务对象的企业形象。

（5）以产品质量领先为目标。这种方法是指以产品质量领先为前提，在生产和经营过程中始终贯彻产品最优化的指导思想。为了维持高质量，企业必须拥有良好的设计工艺和优质的原材料。因此，必须有足够的预算来维持企业作为质量领先者的市场地位，用高价格来弥补高质量和研究开发的高成本。在注意产品优质、高价的同时，采用这种定价目标的企业还应提供相应的优质服务，让消费者感受到物有所值。

阅读材料

劳斯莱斯的经典故事

劳斯莱斯是世界顶级豪华轿车厂商，一提到这个名字，人们自然会联想到其昂贵的价格、优越的性能、精细的做工和严格控制的产量。作为世界上最经典的汽车，劳斯莱斯拥有许多关于其传奇车型、卓越性能的故事。

（1）受装饰派艺术启发。从装饰派艺术风潮中汲取艺术、颜色和图案、灵感，为客户定制汽车。

（2）中国龙年特别系列。劳斯莱斯汽车公司隆重推出中国龙年特别系列，以贺新禧龙年。

（3）幻影双门轿跑车飞行家典藏版。飞行家典藏版因受先驱飞行家、劳斯莱斯创始人之一查尔斯·劳斯先生的杰出飞行成就启发而诞生。

（4）60 双手。每一辆劳斯莱斯都要经过 60 位娴熟工匠巧手打磨，才能交付车主。

在实际工作中，以上五种定价目标有时可单独使用，有时可配合使用。定价目标是企业定的，当然也要由企业灵活运用，要根据不同时期的具体情况来选择合适的定价目标。

3. 市场与需求

成本决定了价格的下限，而市场与需求则决定了价格的上限。价格受商品供给与需求的相互关系的影响。通常情况下，当商品的市场需求大于供给时，价格应高一些；当商品的市场需求小于供给时，价格应低一些。反过来，价格变动也会影响市场需求总量，从而影响销售量，进而影响企业目标的实现。

阅读材料

羊脂玉价格飞升

自古道："黄金有价玉无价"。随着和田玉价格的飞涨，和田玉中的佼佼者——羊脂玉价格急剧上升。除了羊脂玉的美丽、耐用性、稀少性等自身因素之外，市场需求的波动也是影响和田玉价值的重要因素。市场需求过大，会导致抢购和囤积玉石；商家追涨杀跌，加之近年来的玉石热，都会导致玉石价格在某一时期暴涨。

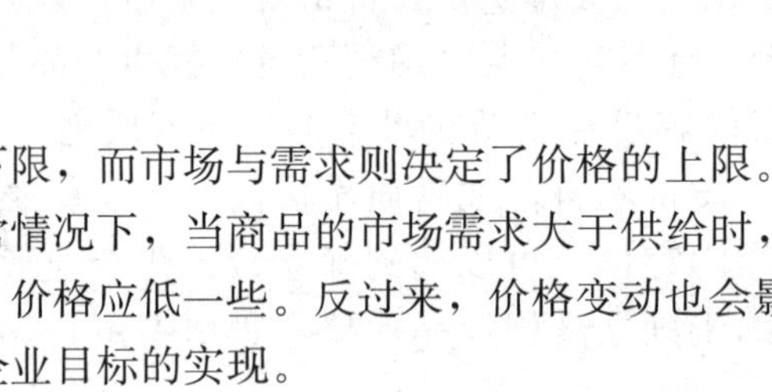

资料来源：羊脂玉竟然天价．(2018-01-03) [2019-06-16]. http://www.sohu.com.

企业在制定价格时必须了解价格变动对市场需求的影响程度，反映这种影响程度的一个指标就是商品的需求价格弹性。所谓需求价格弹性，即需求对价格变化的敏感程度，是指由于价格的相对变动而引起的需求量相对变动的程度，如图 11－3 所示。

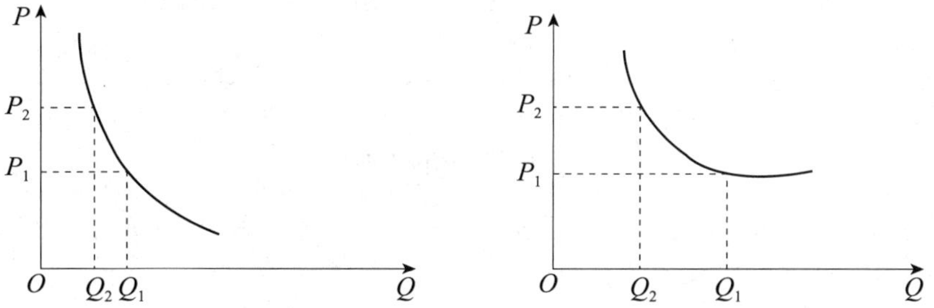

(a) 需求缺乏弹性　　(b) 需求富有弹性

图 11－3　需求价格弹性

在图 11－3（a）中，当价格从 P_2 下降到 P_1 时，需求从 Q_2 稍微上升到 Q_1；而在图 11－3（b）中，价格下降幅度相同，但是需求上升幅度较大。当价格小幅度变化的时候，如果需求变化幅度小，则需求缺乏弹性或低弹性，如果需求变化幅度大，那么需求为富有弹性或高弹性。需求价格弹性的公式为：

$$\text{需求价格弹性}\ (E) = \frac{\text{需求变动的百分比}}{\text{价格变动的百分比}}$$

课堂讨论

是什么决定了需求价格弹性？

提示： 首先，如果产品是唯一的、高质量的、声誉卓著的或者具有独特性，那么购买者对价格就不会太敏感。其次，当购买者很难找到替代产品，或购买者很难比较替代产品质量时，购买者对价格也不会太敏感。最后，当产品的价格占购买者总收入的比例比较小，或者有其他人分担成本时，购买者对价格也不敏感。此外，商品的性质也决定了需求价格弹性，通常生活必需品需求价格弹性比较小，而奢侈品和耐用消费品需求价格弹性较大。

需求价格弹性有三种基本类型：

（1）$E=1$，单一弹性，即价格变动的比率等于需求量变动的比率。这类商品价格的上升（下降）会引起需求量等比例减少（增加）。价格变化对销售收入影响不大，因此，企业可选择通行的市场价格或者企业预期利润率的价格。

（2）$E>1$，富有弹性，即需求量变动的比率大于价格变动的比率。此类商品价格的上升（下降）会引起需求量较大幅度减少（增加）。对这类商品定价时，企业应通过降低价格、薄利多销达到赢利的目的。同时，提高价格务必谨慎，以防需求量锐减，影响企业收入。

（3）$E<1$，缺乏弹性，即需求量变动的比率小于价格变动的比率。此类商品价格的上升（下降）会引起需求量较小幅度减少（增加）。对这类商品，低价对需求量刺激效

果不明显，薄利并不多销，反而会降低收入水平，因此，企业定价时可以选择较高的价格。

(4) $E=0$，完全无弹性，即价格无论如何变动，需求量都不会变动。此类商品价格的上升（下降）不会引起需求量变化，因此企业可采用高价格来增加赢利。

课堂讨论

计算需求的价格弹性

一家拥有 20 000 个用户的有线电视服务公司将其价格由每月 10 元涨到 12 元，从而丧失了 5 000 用户，请计算需求的价格弹性。

提示：需求的价格弹性＝(5 000÷20 000)÷(2÷10)＝1.25。

$E>1$，说明该有线电视服务富有弹性，消费者对价格的敏感度是比较高的，定价时采取降价的方式，会刺激消费者的购买。

4. 竞争因素

市场竞争也是影响价格制定的重要因素。竞争的程度不同，企业定价策略会有所不同。按照市场竞争程度，竞争可以分为完全竞争、完全垄断和不完全竞争三种情况。

(1) 完全竞争，也称自由竞争，它是一种理想化了的极端情况。在完全竞争条件下，买者和卖者都大量存在，产品都是同质的，不存在质量与功能上的差异，企业自由地选择产品生产，买卖双方能充分地获得市场情报。在这种情况下，无论是买方还是卖方都不能对产品价格产生影响，只能在市场既定价格下从事生产和交易。

(2) 完全垄断。它是完全竞争的反面，是指一种商品的供应完全由某个或某几个厂商所垄断和控制，形成独占市场。在完全垄断竞争情况下，交易的数量与价格由垄断者单方面决定。完全垄断在现实中并不多见。如国企中石油和中石化公司垄断了我国石油产业。

(3) 不完全竞争。它介于完全竞争与完全垄断之间，是现实中存在的典型的市场竞争状况。在不完全竞争条件下，最少有两个以上买者或卖者，少数买者或卖者对价格和交易数量起着较大的影响作用，买卖各方获得的市场信息是不充分的，它们的活动受到一定的限制，而且它们提供的同类商品有差异，因此，买卖双方之间存在着一定程度的竞争。在不完全竞争情况下，企业的定价策略有比较大的回旋余地，它既要考虑竞争对象的价格策略，也要考虑本企业定价策略对竞争态势的影响。

企业的定价策略受到竞争状况的影响。完全竞争与完全垄断是竞争的两个极端，中间状况是不完全竞争。在不完全竞争条件下，竞争的强度对企业的价格策略有重要影响。所以，企业首先要了解竞争的强度。竞争的强度主要取决于产品制作技术的难易、是否有专利保护、供求形势以及具体的竞争格局。其次，企业要了解竞争对手的价格策略，以及竞争对手的实力。最后，还要了解、分析本企业在竞争中的地位。

5. 其他环境因素

企业的定价策略除了受企业定价目标、产品成本、市场与需求以及竞争因素的影响外，还受到其他多种因素的影响。这些因素包括政府或行业组织的干预、消费者心理和习惯、企业或产品的形象等。

（1）政府或行业组织的干预。政府为了维护经济秩序，或为了其他目的，可能通过立法或者其他途径对企业的价格策略进行干预。政府的干预包括规定毛利率，规定最高、最低限价，限制价格的浮动幅度或者规定价格变动的审批手续，实行价格补贴等。如我国某些地方为反暴利对商业毛利率的限制等。一些贸易协会或行业性垄断组织也会对企业的定价策略产生影响。

（2）消费者心理和习惯。价格的制定和变动在消费者心理上的反应也是定价策略必须考虑的因素。在现实生活中，很多消费者存在"一分价钱一分货"的观念。以洗衣粉为例，雕牌洗衣粉用"只选对的，不买贵的"的广告语，暗示其价格实惠以影响消费者的选择。面对不太熟悉的商品时，消费者常常从价格上判断商品的好坏，从经验上把价格同商品的使用价值挂钩。消费者心理和习惯上的反应是很复杂的，某些情况下会出现完全相反的反应。如在一般情况下，涨价会减少购买，但有时涨价也会引起抢购。因此，在研究消费者心理对定价的影响时，企业要持谨慎态度，要仔细了解消费者心理及其变化规律。

（3）企业或产品的形象。有时企业根据企业理念和形象设计的要求，需要对产品价格做出限制。如为了树立热心公益事业的形象，企业将某些有关公益事业的产品价格定得很低；为了塑造高贵的企业形象，企业将某些产品价格定得较高等。

11.2　企业的定价程序和方法

11.2.1　企业定价程序

企业在新产品投放市场，或者在市场环境发生变化时需要制定或调整价格，以利于企业营销目标的实现。由于价格涉及企业、竞争者、购买者三者之间的利益，因而为产品定价既重要又困难，需要掌握科学、合理的定价程序。大体上，企业定价程序可分为五个步骤，如图 11－4 所示。

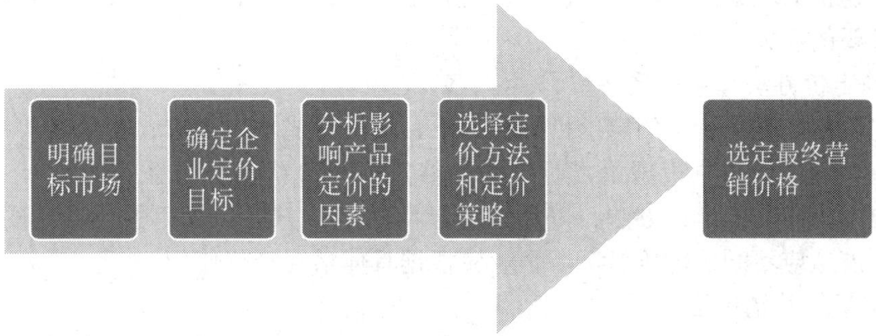

图 11－4　企业定价程序

1. 明确目标市场

定价的第一步是明确目标市场。所谓目标市场，是指企业的产品有望进入的市场。具体来讲，就是谁是本企业产品的购买者和消费者。目标市场不同，定价不同。分析目标市场一般要分析该市场消费者的基本特征、需求目标、需求强度、需求潜量、购买力水平和风俗习惯等情况。

2. 确定企业定价目标

企业定价目标是在对目标市场和影响定价因素综合分析的基础上确定的。定价目标是企业选择定价方法和制定价格策略的基本依据。不同企业、不同的经营环境和不同的经营时期，企业的定价目标是不同的。在某个时期，对企业生存与发展影响最大的因素，通常会被作为定价目标。

3. 分析影响产品定价的因素

(1) 估算成本。企业生产和经营产品的成本费用是制定产品价格的基础，是影响定价的首要因素。商品价格高于成本，企业才能获利。因此，企业定价必须估算成本。成本包括固定成本和变动成本两种。总成本即固定成本和变动成本之和。平均成本是指总成本与总销量之比，即单位产品的平均成本费用。企业获利的前提条件是价格不能低于平均成本费用。

(2) 了解需求的价格弹性。在一般情况下，价格与需求呈反方向变化，价格上升，需求减少；价格下降，需求增加，这是供求规律的客观反映。在现实中，不同商品价格对需求量的影响是不同的，对企业的总收入影响程度也不相同，因此要了解需求的价格弹性。通常情况下，影响需求价格弹性的因素主要有商品的需求程度、可替代性以及商品供求状况。

(3) 分析竞争者的价格。企业在制定价格时要做到知己知彼，了解和分析竞争者的价格对企业制定合理的价格至关重要。一般情况下，企业某种商品的最高价格取决于这种商品的市场需求量，最低价格取决于这种商品的单位成本费用。在最高和最低价格幅度内，企业定价的高低又取决于竞争者的同种商品价格水平的高低。企业的营销人员通过对市场竞争状况进行广泛细致的调查分析，尽可能清楚地掌握竞争者定价的全部情况，并估计其对本企业营销产品定价的影响，预测竞争者对企业营销产品定价的反应，从而为本企业营销的产品确定一个适当的市场价格。

(4) 了解国家有关物价的政策法规。价格虽然由企业来制定，但是企业必须了解和执行国家有关物价的政策法规，这不仅可以明确定价的指导思想，利用其为企业服务，还可以避免不必要的损失。

4. 选择定价方法和定价策略

选择定价方法是在特定的定价目标指导下，根据对成本、供求、竞争者等一系列基本因素的研究，运用价格决策理论，对产品价格进行计算的具体方法。通常有三种定价方法，即以成本为导向的定价方法、以需求为导向的定价方法和以竞争为导向的定价方法。这三种方法能适应不同的定价目标，企业应根据具体情况择优使用。

5. 选定最终营销价格

确定价格要以定价目标为指导，选择合理的定价方法，同时也要考虑其他因素，如消费者心理因素、产品所处市场生命周期阶段等。最后经过分析、判断以及计算，为产品确定一个既能为顾客所接受，又能为企业带来利益，同时还有利于实现企业营销目标的合理价格。

11.2.2　企业定价方法

企业所制定的价格可能处于两种极端之间：一种是价格低得没有利润可赚，一种是价格高得没有人买得起。一般来说，产品成本构成了价格的下限，而消费者对产品价值的认知构成了价格的上限。同时，企业必须考虑竞争者的价格以及其他一些外部和内部因素，以便在这两者之间寻找到最适当的价格水平。通常情况下，企业在制定价格时应综合考虑成本、供求和竞争这三个基本要素，但在实际定价时，往往又侧重于某一因素，于是便形成了成本导向定价法、需求导向定价法和竞争导向定价法三种基本定价方法。

1. 成本导向定价法

成本导向定价法就是以产品成本作为定价基础的方法，即企业定价时首先考虑要收回成本，然后才考虑赚取利润。这是一种传统的定价方法，在现代社会仍被普遍采用，是以实现当期利润最大化、获取一定的投资收益率、维持营业或生存、履行社会责任等为定价目标的企业所普遍采用的一种定价方法。产品成本包括固定成本和变动成本两部分，单位产品成本应根据预测的销售量加以推算。成本导向定价法中最常用的有以下三种：

(1) 成本加成定价法。这是最简单的定价方法，即在产品成本的基础上乘以标准成本加成率，从而定出产品销售价格。这个成本加成率就是预期利润占产品成本的百分比。成本加成定价法的计算公式为：

单位产品销售价格＝单位产品成本×(1＋成本加成率)

如某制造商生产某产品的可变成本是10元/件，固定成本是30万元，成本加成率是20%，预计销量是5万件，则其单位产品销售价格为：

总成本＝固定成本＋变动成本

单位产品成本＝总成本÷预计销量

＝(300 000＋10×50 000)÷50 000

＝16（元）

单位产品销售价格＝16×(1＋20%)＝19.2（元）

因此，该产品的单位销售价格应为19.2元。

在成本加成定价法中，定价的关键是确定成本加成率。一般来说，成本加成率的大小与商品需求价格弹性和企业的预期赢利有关。需求价格弹性大的商品，成本加成率宜低；需求价格弹性小的产品，成本加成率不宜低。

成本加成定价法的优点是：第一，简便易行。因为确定成本要比确定需求容易，企业可简化定价工作，也不必经常依据需求情况进行调整。第二，采用这种方法可以保证各行业取得正常的利润，从而可以保障生产经营的正常进行。第三，如果同行都采取此种方法定价，价格竞争就会大大削弱。这种方法在西方国家广为应用，尤其在零售业中，大都采用成本加成定价。

成本加成定价法也存在不足：该方法是从卖方的利益出发进行定价的，其基本原则是将本求利，没有考虑市场需求和竞争因素的影响，因而它是在卖方市场条件下的产物。另外，成本加成率是一个估计数，缺乏科学性，由此计算出来的价格，很难说一定能为顾客所接受，更谈不上在市场上具有竞争能力，同时，此种方法过分强调了历史实际成本在定价中的作用。因此在应用这种方法时，应当根据市场需求、竞争情况等因素的变化做必要的调整。

（2）目标利润率定价法。这种定价法的要点是使产品的售价能保证企业达到预期的目标利润率。它是在成本的基础上，按照目标利润率的高低计算价格的方法。具体计算公式为：

$$单位产品价格=\frac{总成本+目标利润}{预计销售量}$$

如某企业年生产能力为100万件A产品，估计销售量为80万件，其总成本为1 000万元，企业的目标利润率为20%，单位产品价格应为：

$$目标利润=总成本\times目标利润率=1\ 000\times20\%=200（万元）$$

$$单位产品价格=\frac{总成本+目标利润}{预计销售量}$$

$$=\frac{1\ 000+200}{80}$$

$$=15（元）$$

因此，该企业产品的价格应为15元。

目标利润率定价法的优点是可以保证企业既定目标利润的实现；缺点是这种方法只是从卖方的利益出发，没有考虑竞争因素和市场需求情况。这种方法是先确定销量，再确定和计算出产品的价格，这在理论上是说不通的。因为，对于销售商品而言，一般是价格影响销售，而不是销售决定价格。因此，按此种方法计算出来的价格不一定能够保证产品预计销售量的实现，而如果产品不能够卖出去，则企业的利润目标就难以实现。

所以，目标利润率定价法一般适用于需求价格弹性较小，而且在市场上有一定影响力的企业以及市场占有率较高或具有垄断性质的企业，对于大型的公用事业单位更为适用。

（3）盈亏平衡定价法。这是利用盈亏平衡点的原理来定价的一种方法。盈亏平衡点又称盈亏分界点、保本点。企业产品销售若达到均衡点，就可实现收支平衡。这是侧重于保本经营的定价方法。这种定价方法的计算公式为：

$$盈亏平衡价格=\frac{应摊固定成本}{总产量}+单位变动成本$$

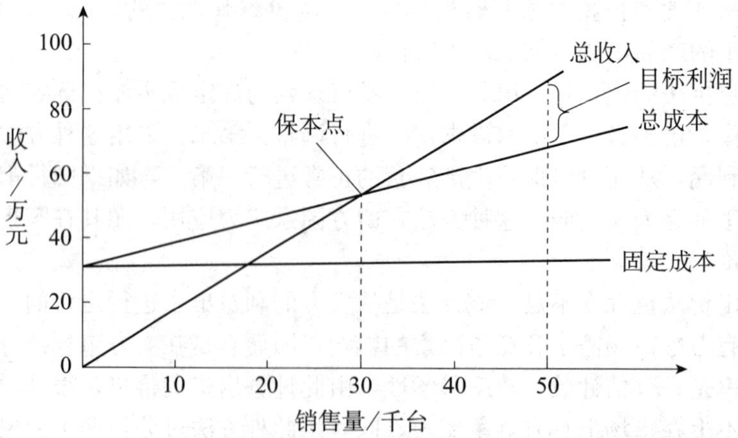

如某企业某项产品年应摊固定成本为200 000元，每件产品的单位变动成本为40元，如果销量可望达到5 000件，其收支平衡价格为：

$$盈亏平衡价格=\frac{应摊固定成本}{总产量}+单位变动成本$$

$$=\frac{200\ 000}{5\ 000}+40=80\ (元)$$

因此，要想达到盈亏平衡，该产品价格应为80元。产品售价在此之上则企业能获利，低于此价格则亏损。

采用盈亏平衡定价方法的优点是：企业能够判断在一定条件下，以什么样的价格能够收回成本，据此判断价格的最低限度；采用此方法的缺点是：市场的产品销售量难以控制，因为它取决于市场的供求关系；又因为只有超过预测销售量的部分才可取得利润，所以，如果市场供求波动较大，则很难保证获得预期的利润。

课堂讨论

计算盈亏平衡点

某企业经营的女士皮鞋应摊固定成本为4万元，每双女式皮鞋进价为200元，销售费用和税金为20元，即每双女式皮鞋的变动成本为220元，若企业每年预期销量为1 000双，每双女士皮鞋售价应定为多少时，企业才能保本？如果该企业采取与竞争者同样的价格300元出售，其收支相抵，不盈不亏的销售量多少？

提示：女式皮鞋保本价格=(40 000÷1 000)+220=260（元）

保本销售量=40 000÷(300－220)=500（双）

按盈亏平衡定价法，每双女士皮鞋售价应定为260元时，企业才能保本。如果每双女士皮鞋售价300元，则只需要出售500双就能保本。

2. 需求导向定价法

需求导向定价法是以消费者需求的变化及消费者心理作为定价的基本依据，以消费者所能接受的价格作为销售价格的定价方法。常用的需求导向定价法有下列两种：

(1) 理解（认知）价值定价法。这种定价方法的基本指导思想是：认为决定商品价格的关键因素是顾客对商品价值的认知水平，而不是卖方的成本。企业根据顾客对产品的认知价值来确定产品的价格。因此，在定价时，企业先要估计和测量在营销组合中的非价格变量在顾客心目中建立起来的认知价值，然后根据顾客对商品的认知价值，制定出商品的价格。

一般来说，消费者对每一种商品的性能、用途、质量、外观以及价格等都有一定的认知和评价。当卖方的价格水平与消费者对商品的认知水平大体一致时，消费者才能接受这种价格。采用认知价值定价法的企业必须了解购买者对不同竞争产品的价值观念，但是衡量价值观念可能很困难。企业可以通过市场调查了解消费者能为基本产品支付的价格和为附加利益支付的价格，正确判断顾客对商品价值的认知程度。

(2) 需求差别定价法。这种方法是指在给产品定价时可根据不同需求强度、不同购买力、不同购买地点和不同购买时间等因素，采取不同的价格。需求差别定价法的具体形式有以下几个方面：

1）因顾客而异。企业按照不同的价格把同一种产品或服务卖给不同的顾客。如对老顾客和新顾客采用不同的价格，对老顾客给予一定的优惠。同一产品卖给批发商、零售商或消费者采用不同的价格；酒店对长期客户的收费低于短期客户等。

2）因产品而异。企业对不同型号或形式的产品分别制定不同的价格，卖给不同的目标顾客。如以较低的价格将普通洗衣机卖给工薪阶层，以较高的价格将全自动洗衣机卖给高薪阶层；工业用水、灌溉用水和居民用水的收费往往不同等。

3）因地点或位置而异。企业对于处在不同位置的产品或服务分别制定不同的价格，如同一地区或城市的影剧院、运动场、球场或娱乐场等因地点或位置的不同，价格也不同。

4）因时间而异。企业对于不同季节、不同时期甚至不同钟点的产品或服务分别制定不同的价格。如宾馆、饭店、机票在旅游旺季和淡季的收费标准不同。

需求差别定价法有一定的适用条件：首先，市场必须是可以细分的，而且各个细分市场须表现出不同的需求程度；其次，以较低价格购买某种产品的顾客没有可能以较高价格把这种产品倒卖给别人；再次，竞争者没有可能在企业以较高价格销售产品的市场上以低价竞销；最后，价格歧视不会引起顾客反感，采取的价格歧视形式不能违法等。

3. 竞争导向定价法

竞争导向定价法是指企业完全根据竞争的需要，以竞争者的价格作为定价基础的一种定价方法。常见的竞争导向定价法有以下三种：

（1）随行就市定价法。所谓随行就市定价法，是指企业按照行业的平均现行价格水平进行定价，这是一种比较常见的定价方法。一般是基于产品的成本测算比较困难、竞争对手不确定，以及企业希望得到一种公平的报酬和不愿打乱市场现有正常秩序的情况下，采用的一种行之有效的方法。采用这种方法既可以追随市场领先者定价，也可以采用市场上的一般价格水平定价。这要根据企业产品特征以及产品的市场差异性来决定。

（2）密封投标定价法。这是一种依据竞争情况来定价的方法，也称招标定价法，主要用于建筑包工、产品设计和大宗商品的购买等方面，是买方引导卖方通过竞争成交的一种定价方法。招标人以公告或寄送招标单的形式，邀请投标人在指定期限内按招标人在公告或招标书中提出的条件进行投标，最后由招标人在规定日期开标，选择投标者中最有利者成交。投标程序包括招标、投标、开标。

阅读材料

中央电视台广告招标

中央电视台首开先河，举办了黄金时段广告招标会，运用招投标方式配置广告黄金时段这个稀缺资源。自从中央电视台黄金段位广告开始招标以来，每年广告招投标的那一天就成了业界的一个盛典，因为它不仅反映了电视媒体、广告界的成长情况，也反映了企业对来年行业和经济发展的预期，中央电视台黄金段位广告招标也因此被誉为“中国经济的晴雨表”“行业发展的风向标”和“企业预期的信心指数”。中央电视台 2016 年黄金资源广告招标会在北京梅地亚中心多功能厅举行。近两百家企业、千余名代表参与了这场年度国内电视广告招商的“压轴大戏”。

资料来源：中央电视台 2016 广告招标圆满成功．(2015-11-29)［2019-09-16］．http：//www.cctv.cn/2015/11/29/ARTI1448797480858534.shtml.

(3) 拍卖定价法。这是指卖方委托拍卖行，以公开叫卖方式引导买方报价，利用买方竞争求购的心理，从中选择高价格成交的一种定价方法。这种方法历史悠久，常见于出售古董、珍品、高级艺术品或大宗商品的交易中。

课堂讨论

比较以上三种定价方法的差异。

提示： 成本导向定价法是在卖方成本结构的基础上定价；需求导向定价法是以消费者需求的变化及消费者心理作为定价的基本依据，以消费者所能接受的价格作为销售价格的定价方法；竞争导向定价法是根据竞争的需要，以竞争者的价格作为定价的基础。

11.3　企业定价策略

定价策略是指企业在不同时期，依据确定的定价目标所采取的具体的定价方针和价格对策。定价策略是影响商品销售的关键性因素，因此，企业必须善于根据市场状况、产品特点、消费者心理和营销组合等因素，正确选择定价策略，保持价格的适应性。

11.3.1　新产品定价策略

定价策略会随着产品市场生命周期的演进而发生变化。对企业来说，在产品投入期的定价尤其具有挑战性。企业通常会选择以下新产品定价策略。

1. 撇脂定价策略

撇脂定价策略是指在产品市场生命周期的最初阶段，把产品的价格定得较高，在短期内获取厚利，尽快收回投资。这一定价策略就像从牛奶中撇取其中所含的奶油一样，故得名。

这种定价策略的优点包括：一是迅速收回投资，减少投资风险；二是在新产品上市之初，在潜在的竞争对手还没进入市场前，用高价获利，可从容应对竞争对手的入侵；三是先制定较高的价格，在其新产品进入成熟期后可拥有较大的调价余地，不仅可以通过逐步降价保持企业的竞争力，还可以从现有的目标市场上吸引潜在追求者，甚至可以争取到对价格比较敏感的顾客。

这种定价策略的缺点是：在新产品尚未建立起信誉时，高价不利于打开市场，有时甚至会导致无人问津。同时，如果高价投放市场且销路旺盛，很容易吸引竞争者进入。潜在竞争者发现创新企业获得大量赢利时，会决定进入该市场，加速本行业竞争的白热化。因此，在采用撇脂定价策略时，要根据产品特点和竞争状况谨慎决策。

课堂讨论

请分析在什么情况下适用撇脂定价策略。

提示：撇脂定价策略只能在某些条件下使用：首先，产品的质量必须能够支持它的高价位，并且有足够的消费者愿意以这样的高价位购买产品；其次，高价使需求减少，但不致抵消高价所带来的利润；最后，在高价情况下，企业仍然能够独家经营，竞争者不能轻易进入该市场。

2. 渗透定价策略

渗透定价策略是指企业把其新产品的价格定得相对较低，以吸引大量的消费者，提高市场占有率。这种定价策略的优点包括：第一，低价可以使新产品尽快被市场接受，并借助大批量销售来降低成本，获得长期稳定的市场地位；第二，微利阻止了竞争者的进入，增强了企业自身的市场竞争力。

采用渗透定价策略须满足某些条件。首先，市场需求对价格极为敏感，低价会刺激市场需求迅速增长；其次，企业的生产成本和分销费用会随着销售量的增加而降低；最后，低价必须有助于抵御竞争，不会引起实际和潜在的竞争。

3. 满意定价策略

满意定价策略是一种介于撇脂定价策略和渗透定价策略之间的定价策略，是指新产品上市后，将产品的价格定在一个比较合理的水平，既能使顾客比较满意，又能让企业获得适当的利润。由于这个价格策略过于关注多方面的利益，反而缺乏开拓市场的勇气，适用于产销较为稳定的产品，而不适用于需求多变、竞争激烈的市场环境。

11.3.2 折扣定价策略

企业为了鼓励顾客及早付清货款、大量购买、淡季购买，还可以酌情降低其基本价格，即实行折扣定价策略。折扣定价策略主要包括以下几种。

1. 现金折扣策略

现金折扣策略是企业给那些及时付清货款的购买者的一种优惠，实质上是变相降低价格，目的是鼓励购买者提早付清货款。这样的折扣在很多行业中得到应用，以帮助企业改善现金状况，减少坏账和信用收账的成本。这种定价策略适用于价格昂贵的耐用消费品，尤其是采取分期付款的商品。

课堂讨论

猜一猜，“2/10，净 30”是什么意思？

提示：意思是应在购买后 30 天内付清账款，如果在 10 天内付款，则可以享受在原价基础上 2%的折扣，这是常见的现金折扣形式。

2. 数量折扣策略

数量折扣策略是根据经销数量的大小给予购买者不同的折扣，主要是鼓励大批量的订货和经营。为了使折扣起不同的鼓励作用，数量折扣分为以下两种形式：

（1）累计折扣，根据一定时期内供货总数计算。这种折扣有利于鼓励经营者集中向一个生产者或供应者多次进货，成为可信赖的长期顾客。

（2）非累计折扣，即一次性折扣，它是根据一次购货数量来计算的，这类折扣鼓励购买者一次大量购买。

3. 季节折扣策略

季节折扣策略是指生产季节性产品的企业对销售淡季来采购的买主给予折扣优待，鼓励中间商和用户提早采购，这样有利于减轻储存压力，使淡季也能均衡生产。如旅馆和航空公司经常在其销售淡季提供季节折扣。

4. 功能折扣策略

功能折扣也称贸易折扣，是根据各类中间商在市场营销中担负的功能不同，给予不同的折扣。如制造商给予批发商的折扣要大于给予零售商的折扣，目的是鼓励中间商努力销售本企业的商品。

5. 推广让价策略

推广让价策略是指企业对经营者为推广本企业经营的商品而组织的各种促销活动（如刊登广告、布置展台、组织人员促销等）进行鼓励，给予津贴或减价作为报酬。这种策略对于激发经销商的销售热情、扩大产品影响和销路意义重大。

课堂讨论

采用折扣定价策略应考虑哪些因素？

提示：企业在实行折扣定价策略时应考虑：竞争对手以及联合竞争的实力；折扣的成本均衡性；市场总体价格水平；企业流动资金的成本；金融市场汇率变化以及消费者对折扣的疑虑等因素。

11.3.3 心理定价策略

心理定价策略是指企业根据消费者的不同心理，采取不同定价技巧的策略。这种策略考虑的是价格的心理影响，而不仅仅是简单的经济影响。常见的心理定价策略包括以下几种。

1. 整数定价策略

整数定价策略是采用整数作为商品价格的方法。这种定价策略主要适用于高档商品、名牌商品或消费者不太了解的商品。整数定价策略可以满足那些享受豪华和满足虚荣的消费者的心理需要。通常人们购买高档或名牌商品，对质量要求特别严格，而大多数消费者属于非专家型，他们往往根据价格高低来判断产品质量，而实行整数定价则可以适当抬高商品身价，从而扩大销售。一般来说，耐用消费品宜使用整数定价策略。例如，将一枚价值49.9万元的宝石定价为50万元，这样价格上升到较高一级的档次，借以满足消费者的高消费心理。

2. 尾数定价策略

尾数定价策略是指利用消费者数字认知的某种心理，尽可能在价格数字上不进位，而保留零头，使消费者产生价格低廉和卖主经过认真的成本核算后才定价的感觉，从而使消费者对企业产品及其价格产生信任感。如某商品的价格为9.98元，接近10元，但是比10元的价格更容易让消费者接受，这就是利用消费者的求廉心理和要求定价准确的心理进行定价的。日用消费品等低价值商品通常采用尾数定价策略。

3. 声望定价策略

声望定价策略是指企业利用消费者仰慕名牌商品或名店的声望所产生的某种心理来制定商品的价格，故意把价格定成整数或高价的策略。名牌产品或高价值产品最适宜采用此法定价，这是因为许多消费者都有崇拜名牌的心理，他们往往以价格判断质量，认为高价格代表高质量。

消费高价位的产品往往被看成是财富、身份和地位的象征。企业可以利用声望定价策略塑造高端产品形象，强调产品的品牌声誉、高端品质、超值服务以及给消费者精神上的高度满足。“爱她，就请她吃哈根达斯!”哈根达斯采取声望定价策略，在中国走出了一条高端路线。哈根达斯不仅在中国一线城市的大型超市里拥有独立的专柜，在一些繁华的商厦里更是开设了专门的品尝门店，提供哈根达斯火锅等服务。哈根达斯在中国成了成功人士所选择的消费品牌的代表。

阅读材料

低价不好销，高价反抢手

美国亚利桑那州的一家珠宝店采购到一批漂亮的绿宝石。由于数量较大，店主担心短时间内销售不出去，影响资金周转，便决心只求微利，以低价销售。店主本以为会一抢而光，结果却事与愿违，几天过去了，仅销出很少一部分。后来店老板急着要去外地谈生意，便在临走前匆匆留下一纸手令：我走后若仍销售不了，可按1/2的价格卖掉。几天后老板返回，见绿宝石销售一空，一问价格，却喜出望外。原来店员把店老板的指令误读成“按1或2倍的价格出售”，结果绿宝石一售而空。

资料来源：低价不好销，高价反抢手．(2014－11－08)［2019－09－16］. https：//wenku. baidu. com/view/4b3e6cd065ce0508763213ab. html.

4. 招徕定价策略

招徕定价策略是指零售商利用部分顾客求廉的心理，特意将某几种商品的价格定得较低以吸引顾客的策略。一般来说，顾客对于低价商品总是很感兴趣，制造商或零售商就可以利用顾客的这种心理，有意把某几种商品价格降得较低，甚至低于成本或进价，借此吸引顾客购买正常价格水平的商品或其他种类的商品，从而扩大销售量。

采用招徕定价策略时，必须注意以下几点：

（1）降价的商品应是消费者常用的，最好是适合于每一个家庭使用的物品，否则没有吸引力。

（2）实行招徕定价策略的零售商经营的品种要多，以便使顾客有较多的选购机会。

（3）降价商品的降价幅度要大，一般应接近成本或者低于成本。只有这样，才能引起消费者的注意和兴趣，才能激起消费者的购买动机。

（4）降价商品的数量要适当，数量太多则企业亏损太大，数量太少则容易引起消费者的反感。

（5）降价商品应与因残次而削价的商品明显区别开来。

阅读材料

模糊定价策略

模糊定价策略也称组合定价策略，就是把一些畅销产品与新产品或滞销商品进行组合定价销售。畅销品与新产品进行组合有利于企业为新产品打开销路，与滞销品组合则有利于促进产品销售。变换产品包装也是模糊定价策略的一种方式，如推出小包装的产品，价格很低，让顾客产生商品很便宜的错觉，其实这样的商品利润更高，而降低了购买的门槛，很容易使顾客产生冲动购买的欲望，同时也为商家带来了更多的利润。

资料来源：闫小艳．浅谈心理定价策略与技巧．新西部：理论版，2011（8）：73.

5．习惯定价策略

消费者对许多日用消费品的长年购买已经形成价格习惯，习惯定价策略就是按照消费者已经形成的价格习惯来为商品定价。这种定价方法主要适用于消费者购买频率比较高的日用消费品。

各种心理定价策略并没有好坏之分，关键是看这种定价策略是否适合于商品的需求特征。

11.3.4　地理定价策略

地理定价策略是一种考虑到用户的地理位置、运费负担不同而采取的定价策略，这种定价策略在应用中有几种具体形式，见表 11－1。

表 11－1　地理定价策略的定价形式

定价方法	定价形式
产地定价策略	在产地的某种运输工具上交货，交货后一切费用、风险均由买方承担，这种定价方法对卖方来说最为便利、费用最省、风险最小，但对扩大销售有一定影响
目的地交货价格策略	由卖方承担从产地到目的地的运费及保险费。目的地交货价格由出厂价格加上产地至目的地的手续费、运费和保险费等构成
统一运送定价策略	卖方对买方不论远近实行统一价格，价格等于出厂价加上按平均运费计算的相同运费
分区运送定价策略	企业把全国（或某些地区）划分为若干价格区，实行不同的价格（一般是较远地区收取的运费高，较近地区收取的运费低）；同一价格区内实行相同价格

续表

定价方法	定价形式
运费津贴定价策略	为弥补产地定价策略的不足，减轻买方的运杂费、保险费等负担，由卖方补贴其部分或全部运费
免收运费定价策略	由卖方负担全部或部分运费的策略，这种做法可促成市场渗透，降低平均成本

课堂讨论

德邦公司的定价策略

德邦快递公司采用了哪种方法对快递产品进行定价？

德邦 详细地区快递价格表

包含省份	标准快递		3.60特惠件								
	首重	续重	2KG	3KG	4KG	5KG	6KG	7KG	8KG	9KG	10KG
浙江-上海-江苏-北京-天津 贵州-四川-广西-海南-广东 江西-湖北-安徽-湖南-重庆 河北-山西-河南-山东-陕西	12	4	16	18	22	26	30	34	38	42	46
7折价格	8	2.8	11	13	15	18	21	24	27	29	32
辽宁-吉林-云南	首重	续重	2KG	3KG	4KG	5KG	6KG	7KG	8KG	9KG	10KG
	14	4	18	20	24	28	32	36	40	44	48
7折价格	10	2.8	13	14	17	20	22	25	28	31	34
黑龙江-青海-宁夏 甘肃-内蒙古	首重	续重	2KG	3KG	4KG	5KG	6KG	7KG	8KG	9KG	10KG
	15	6	21	25	31	37	43	49	55	61	67
7折价格	11	4.2	15	18	22	26	30	34	39	43	47
福建	首重	续重	2KG	3KG	4KG	5KG	6KG	7KG	8KG	9KG	10KG
	10	2	12	13	14	15	16	17	18	19	20
7折价格	7	1.4	8	9	10	11	11	12	13	13	14

提示：德邦采用了分区运送定价策略，把全国（或某些地区）划分为不同的价格区，分别进行定价。

11.3.5 价格调整策略

产品定价不是一劳永逸的，由于市场环境的变化，企业经常需要对价格进行调整。价格调整主要有两种方式：一是提价策略，二是降价策略。

1. 提价策略

企业提价的原因：一是通货膨胀造成的成本上涨。当企业的原材料、工资等费用上升造成企业成本提高时，企业只能通过提价来转嫁成本上涨的压力，维持正常的赢利水平。二是产品供不应求。当市场需求旺盛，企业生产的产品无法满足所有顾客需求时，可以通过提高价格抑制部分需求。

阅读材料

深圳一餐厅外卖配送费 1 000 元！店家：我故意的！

台风“山竹”登陆广东当天中午，有深圳一网友点了 15 元的外卖，发现单次配送费用为 1 000 元。快餐店工作人员告诉记者，昨天上午深圳台风很大，有很多人通过外卖平台点单，但是为了防止外卖小哥外出出现意外，店家尽量避免接单，所以将外卖配送费上调。

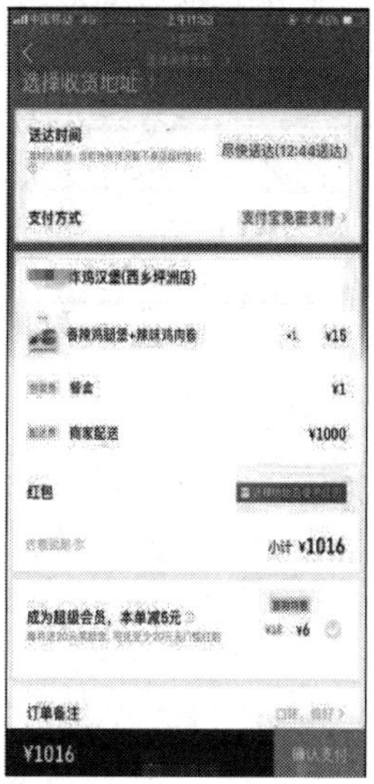

资料来源：一快餐店点 15 元外卖需 1 000 元配送费．（2018－09－18）[2019－09－16]. http：//www.sohu.com/a/254353747_100167627.

企业可以公开地提高价格，但是在提价之前应该让消费者知晓成本上涨的原因，以获得消费者的理解。企业也可以采取比较隐蔽的提价方式，主要方法和技巧有：（1）保持原有价格不变，但采用更便宜的原材料或配件，或者改用廉价的包装材料或者减少产品的功能、分量等；（2）减少价格折扣；（3）在企业购销合同中采用推迟报价或使用价格自动调整条款；（4）减少附加产品或者将原来提供的附加产品从整体产品中分离出来，另行加价。

2. 降价策略

企业降价的原因主要有：（1）存在过剩的生产能力，企业需要通过降低价格来扩大销售，提高市场占有率；（2）竞争的压力；（3）企业的成本比竞争者低，企业希望通过降价来扩大市场占有率，形成良性循环，成为市场领导者。

企业降价的方法和技巧主要有：（1）保持原有价格不变，增加额外的服务，如送货上门、免费安装、维修等；（2）改进产品的性能，提高产品的质量；（3）增加折扣，或者在原有的基础上，扩大各种折扣比例；（4）馈赠礼品等。

课堂讨论

有些商家在进行降价促销之前，将部分产品的价格在原来的基础上上调，然后再打折销售，你认为这种价格调整合理吗？

提示：不合理。这是欺骗消费者的行为，违反了国家有关价格政策和法规。

单元小结

定价策略是市场营销组合中一个十分关键的组成部分。价格通常是影响交易成败的重要因素，同时又是市场营销组合中最难以确定的因素。企业定价的目标是促进销售，获取利润。这要求企业既要考虑成本的补偿，又要考虑消费者对价格的接受能力，从而使定价策略具有买卖双方双向决策的特征。此外，价格还是市场营销组合中最灵活的因素，它可以对市场作出灵敏的反应。价格是企业的生命线，营销定价既是一门科学，也是一门艺术。研究和运用定价策略是企业营销策略的重要任务。

单元 12　分销渠道策略

课前思考

“海尔，真诚到永远”的广告让人感动。经过高速发展，海尔现已成为中国家电的第一品牌。试想：如果消费者要购买海尔电冰箱，可以通过哪些途径购买？

12.1　分销渠道的相关概念

使用何种分销渠道是企业管理者要做的重要决策之一，也是企业对渠道成员的一项重要承诺。分销渠道是企业的一项重要外部资源，建立企业的分销渠道通常需要很多年的积累。企业的渠道策略影响产品的定价、促销推广及广告决策。

12.1.1　分销渠道概述

1. 分销渠道的含义

分销渠道是指在产品从生产者向消费者或用户转移的过程中，取得商品所有权或帮助转移商品所有权的所有组织和个人。它的起点是生产者，终点是消费者或用户，中间环节是中间商，中间商在分销渠道中起着连接企业与消费者或用户的桥梁作用。

2. 分销渠道的功能

（1）市场调研。收集、整理有关现实与潜在消费者、竞争者及营销环境的有关信息，并及时向分销渠道其他成员传递。

（2）促进销售。通过各种促销手段，以消费者乐于接受的、富有吸引力的形式，把商品和服务的有关信息传播给消费者。

（3）寻求顾客。寻求潜在顾客，针对不同细分市场的特点，针对消费者提供不同的营销业务。

（4）分类编配。按买方要求分类整理供应产品，如按产品相关性分类组合，改变包装大小、分级等。

（5）洽谈生意。在分销渠道的成员之间，按照互利互惠的原则，彼此协商，达成有关商品的价格和其他条件的最终协议，实现所有权或持有权的转移。

（6）物流运输。从商品离开生产线起，就进入了营销过程，分销渠道就自然承担起商品实体的运输和储存功能。

（7）财务信用。分销渠道的建设、运转、职工工资支付、渠道成员之间货款划转、消费信贷实施都需要财务上的支持。

（8）承担风险。分销渠道成员通过分工分享利益的同时，还应共同承担商品销售、市场波动带来的风险。

12.1.2 分销渠道的模式

由于产品的消费目的与购买特点等具有差异性，形成了消费品市场的分销渠道和生产市场的分销渠道两种基本模式。

1. 消费品市场的分销渠道

消费品市场的分销渠道如图 12－1 所示。

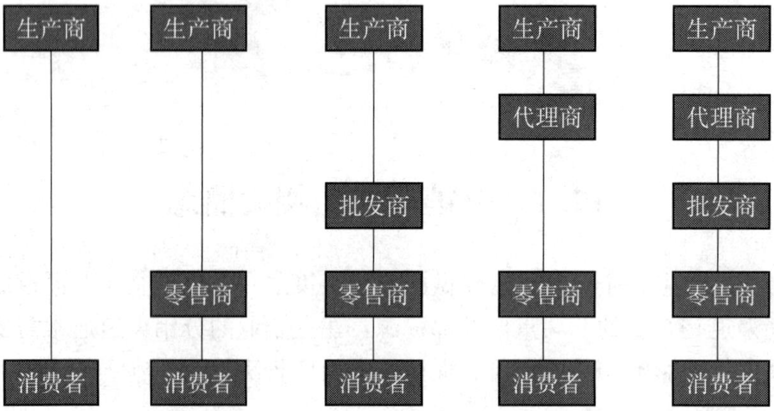

图 12－1 消费品市场的分销渠道

（1）生产商-消费者。由生产商和消费者直接发生联系，把产品销售给最终消费者，没有任何中间商的介入。这是最短的、最直接的销售渠道。如使用人员推销的方法将产品直接销售给最终用户或消费者，或者生产企业自己开办门市部、零售商店等。

（2）生产商-零售商-消费者。这是最常见的一种销售渠道，在食品、服装、家具及一些半耐用品的销售中被广泛使用。零售商的范围很广，包括较大的百货公司、超级市场、邮购商店，也包括为数众多的小商亭和摊点。

（3）生产商-批发商-零售商-消费者。为了使产品大批量出售，或需要在较大的范围内通过不同类型的零售商出售，生产企业会通过批发商把产品迅速转移到零售商手中，最后由零售商销售给消费者。这是消费者市场最普遍的一种渠道。

（4）生产商-代理商-零售商-消费者。在某些情况下，许多企业也常常通过代理商、经纪人或其他代理商将产品转移给零售商，再由零售商向消费者出售。当企业跨国家和地区营销时，建立自己的销售机构时间长、费用高、熟悉市场情况慢，而使用当地代理商将起到迅速把企业与零售商联系起来的作用。

（5）生产商-代理商-批发商-零售商-消费者。这是最长、最复杂、销售环节最多的一种销售渠道，生产企业要通过代理商将产品转移给批发商，由批发商分配给零售商，再出售给消费者。在西方，一些规模较小而产品又需要广泛推销的生产者多采用这种渠道。

2. 生产市场的分销渠道

生产市场的分销渠道如图 12－2 所示。

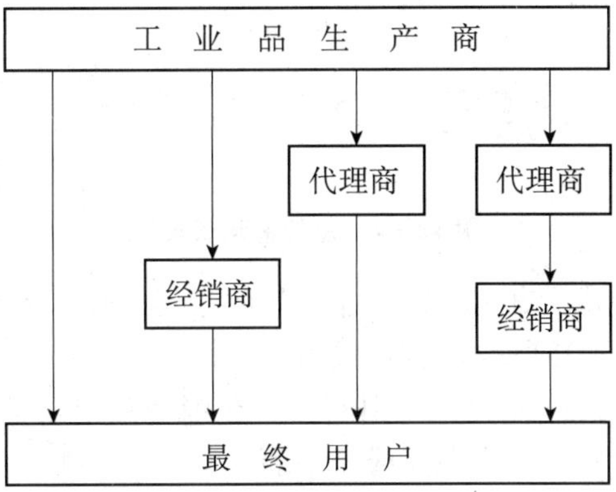

图 12－2　生产市场的分销渠道

（1）生产商-最终用户。这种销售渠道是工业品生产企业产品销售的主要选择，尤其是生产大型机器设备的企业，大都直接将产品销售给最终用户。

（2）生产商-经销商-最终用户。通过工业品经销商将产品出售给最终用户的生产商，往往是那些生产普通机器设备及附属设备的企业。

（3）生产商-代理商-最终用户。如果生产企业要开发情况不够熟悉的新市场，设置销售机构的费用太高或缺乏销售经验，在当地寻找一个代理商为企业销售产品更为合适。

（4）生产商-代理商-经销商-最终用户。由于某种原因产品不宜由代理商直接卖给用户，如市场不够均衡，有的地区用户多，有的地区用户少，就有必要利用经销商分散存货。更多层次的市场分销渠道虽然存在，但并不多见。对制造商而言，渠道层级越多越难协调和控制，会给分销渠道的管理与控制带来许多不便。

12.1.3　分销渠道的类型

1. 直接渠道和间接渠道

按在商品流通过程中是否有中间商参与，分销渠道分为直接渠道和间接渠道。

直接渠道是没有中间商参与，由生产商直接把产品销售给消费者和用户的渠道类型，它是工业用品分销的主要形式，如图 12－3 所示。

间接渠道是指经过中间商把企业产品销售给消费者或用户的渠道类型，它是消费品分销的主要方式。按在商品流通过程中经过中间环节的多少，分销渠道分为短渠道和长渠道，如图 12－4 所示。

在市场营销学中，我们根据中间机构层次的多少来确定渠道的长短。

（1）零渠道（直接渠道）。这是指生产商将产品直接销售给最终消费者，中间不经过

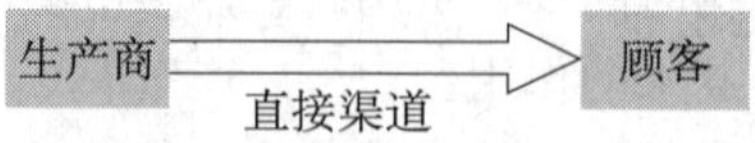

图 12－3 直接渠道

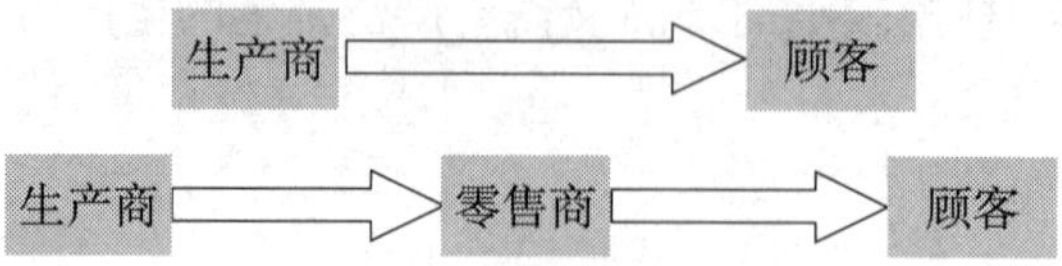

（a）短渠道

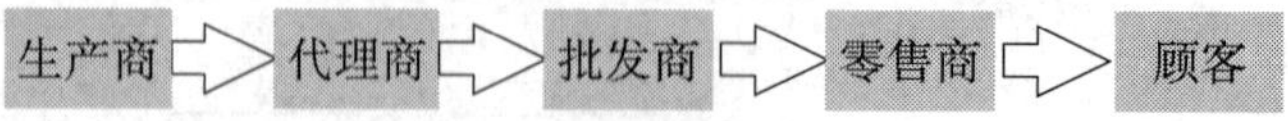

（b）长渠道

图 12－4 短渠道和长渠道

任何中间商的分销渠道类型。直销是工业品销售的主要方式，大型设备、专用工具及需要提供专门服务的工业品，几乎都采用直销渠道。

（2）一级渠道。一级渠道包括一级中间商。在消费品市场上，中间商通常是零售商；在工业品市场上，它可以是一个代理商或经销商。

（3）二级渠道。二级渠道包括两级中间商。消费品二级渠道的典型模式是经由批发商和零售商两级转手销售，这是消费品分销渠道中应用最多的、最典型的分销渠道。在工业品市场上，两级中间商大多是由销售代理商和工业品经销商组成。

（4）三级渠道。三级渠道是包含三级中间结构的渠道类型，通常适用于消费者市场，生产商的产品通过代理商卖给批发商和零售商。

零渠道和一级渠道属于短渠道。二级渠道和三级渠道属于长渠道，适用于产销量大、范围广的产品的分销。

课堂讨论

“分销渠道层次越多，越难控制”是否意味着分销渠道层次越少越好？

提示：否。分销渠道层次的多少要依据产品特点、市场因素、企业自身条件和环境来决定，不可简单地以层次的多少作为渠道评价的标准。

2. 窄渠道和宽渠道

按分销渠道每一个层次中间商数量的多少，分销渠道可分为宽渠道和窄渠道，具体如图 12－5 所示。

宽渠道是指制造商同时选择两个以上的同类中间商销售产品。窄渠道是指制造商在某地区或某一产品分类中只选择一个中间商来销售产品，即独家经销，这种销售渠道结构仅仅适用于特殊商品。

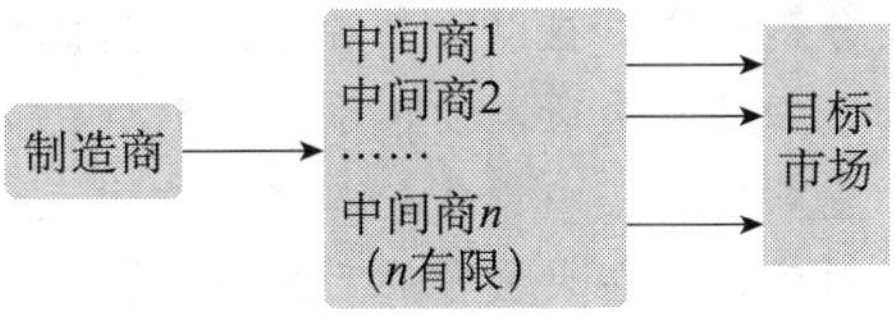

（a）宽渠道

（b）窄渠道

图 12－5　宽渠道和窄渠道

3. 密集分销渠道、选择性分销渠道和独家分销渠道

根据在渠道中各环节使用同类型中间商数目的多少可以分为密集分销渠道、选择性分销渠道和独家分销渠道三种渠道，具体适用情况见表 12－1。

表 12－1　三种渠道适用情况

项目	密集分销渠道	选择性分销渠道	独家分销渠道
渠道的长度和宽度	长而宽	较短而窄	短而窄
中间商数量	尽可能多的中间商	有限中间商	一个地区一个中间商
销售成本	高	较低	较低
广告任务承担者	生产商	生产商、中间商	生产商、中间商
商品类别	便利品、消费品	选购品、特殊品	高价品、特色商品

（1）密集分销渠道。密集分销渠道又称广泛分销渠道，即生产商通过尽可能多的批发商或零售商经销其商品。这种类型分销渠道的优点是能扩大市场覆盖面，提高购买的便捷性，能快速全面地渗透目标市场。日用品和食品、工业品中的标准化和通用型产品及经常性易消耗品宜采用这种渠道。

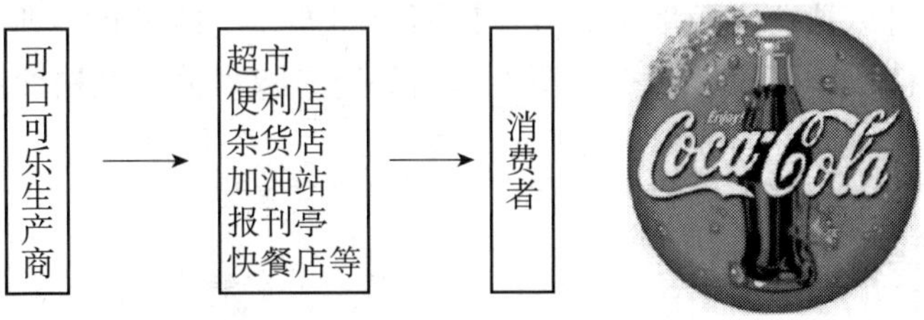

（2）选择性分销渠道。即生产商按一定条件在某一层级上优选少量中间商分销其商品。这种类型分销渠道的优点是可以集中使用生产商的资源，充分利用经销商的专业销售能力。这类渠道多适用于选购品、特色产品、工业品中的机器设备等。

（3）独家分销渠道。即生产商在某一地区市场、某一层次上只选择一家中间商经销其商品。这种类型分销渠道的优点是可以得到经销商最大程度的配合，但如果选择不慎也可能影响企业的商品销售，或者在经销商提出无理要求时处于被动的境地。

课堂讨论

举例说明耐克的分销渠道。

提示：耐克采用了密集分销渠道，在以下六种不同类型的商店中销售其生产的运动鞋和运动衣：体育用品专卖店，如高尔夫球职业选手用品商店；大众体育用品商店，供应许多不同样式的耐克产品；百货商店，集中销售最新样式的耐克产品；大型综合商场，仅销售折扣款式；耐克产品零售商店，设在大城市的耐克城，供应耐克的全部产品，重点是销售最新款式；工厂的门市零售店，销售的大部分是二手货和存货。

12.2 中间商

12.2.1 中间商的概念

中间商是指介于生产商与消费者之间，专门从事组织与参与商品流通业务，促进交易行为实现的企业和个人。中间商在商品由生产领域到消费领域的转移过程中，起着桥梁和纽带的作用。中间商的存在，不仅简化了销售手续，节约了销售费用，而且还扩大了销售范围，提高了销售效率，如图 12－6 所示。

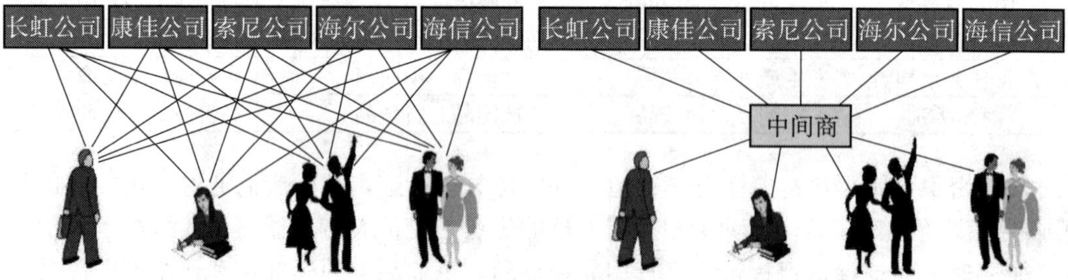

图 12－6 使用中间商提高销售效率

中间商的类型可以从两个角度来划分：按照中间商在流通过程中所处的环节可以分为批发商和零售商；按照中间商是否拥有所经营商品所有权可分为经销商和代理商。

课堂讨论

经销商和代理商有什么区别？

提示：

经销商和代理商的区别

项目	经销商	代理商
商品所有权	拥有商品所有权	不拥有商品所有权
是否预付或垫付资金	预付商品资金	不需要垫付资金
报酬	赚取差价	赚取佣金

12.2.2　批发商的主要业态

批发商是指位于商品流通的起点或中间环节，成批大量地分销商品的中间商。批发商一般向生产企业购进产品，然后转售给其他批发商、零售商、产业用户或各种非营利组织，但不直接服务于个人消费者。批发商可以分为三大类，即商人批发商、经纪人和代理商、制造商和零售商的分销机构和销售办事处。

1. 商人批发商

商人批发商是指拥有商品所有权，并承担相应风险的独立批发商，即自己进货取得产品所有权后，再批发出售的商业企业，是批发商中最主要的部分。根据其职能和提供的服务是否完全，商人批发商可以分为完全服务批发商和有限服务批发商两大类。

（1）完全服务批发商。它是指能向消费者提供市场营销各项服务功能的批发商。其提供的服务主要有保持存货、雇用固定的销售人员、提供信贷、送货和协助管理等。具体又可分为一般商品批发商、有限商品批发商和特殊商品批发商。

（2）有限服务批发商。它是指向消费者提供的服务相对较少的批发商，目的是减少费用，降低批发价格。有限服务批发商又可分为现购自运批发商、承销批发商、货车批发商、托售批发商、邮购批发商、生产合作社等。

2. 经纪人和代理商

经纪人和代理商是指从事采购或销售业务或两者兼备，但不取得商品所有权的商业单位。与商人批发商不同，经纪人和代理商对所经营的商品没有所有权，所提供的服务比有限服务批发商还少，其主要职能在于促成产品的交易，借此赚取佣金作为报酬。与商人批发商相似的是，经纪人和代理商通常专注于某些产品种类或某些顾客群。经纪人和代理商主要可分为商品经纪人、制造代理商、销售代理商、采购代理商和佣金商。

3. 制造商和零售商的分销机构和销售办事处

制造商和零售商的分销机构和销售办事处是属于制造商和零售商所有、专门经营其产品批发销售业务的独立商业机构，目的在于改进存货控制、销售和促销业务。分销机构有一定的商品储存，其形式如同商人批发商，只不过隶属关系不同。办事处没有仓储和库存，主要从事商品销售业务。

12.2.3　零售商的主要业态

零售商是指把商品直接销售给最终消费者，以满足消费者个人或家庭需要的中间商。从经营形式上看，目前零售商的类型主要分为店铺零售商、无店铺零售商和零售组织三种。

1. 店铺零售商

店铺零售商是指那些有固定的供顾客选择商品的营业场所的零售商。目前，多数商品是通过店铺零售商销售的。按经营特点划分，店铺零售商主要有以下几种：

（1）百货商店。百货商店是以经营日用百货、服装鞋帽、食品饮料、文化用品、家庭用品等为主要品种的综合性商店。其特点是经营范围广，服务项目多，顾客去一家商店可以买足所需的大部分商品，并可得到良好服务，因而成为我国许多地方采用的主要销售方式。

（2）专业商店。专业商店是以销售某一产品大类或满足某一特定顾客群需求的专业化商店，如钟表店、妇女用品商店等。该商店的特点是经营的产品线较为狭窄，但经营范围内产品的花色品种较为齐全；服务的项目较多，售前、售中、售后均有良好服务。

（3）便利店。便利店是设在居民区附近的小型商店。这类商店的特点是所经营产品的种类有限，但往往是消费者急需的、周转快的日用品，价格相对高些。

（4）超级市场。超级市场是经营规模相当大、成本低、毛利低、销售量大的自我挑选式零售机构。超级市场的特点是营业面积大，经营品种多，产品价格低，营业时间长，配套设施全，顾客自己挑选满意的商品。这种零售方式深受低收入群体的欢迎。

（5）仓储商店。仓储商店是一种集商品仓储、批发、零售于一体的自选商店。其特点是仓店合一、大批量、低成本、会员制以及在城乡接合部开设。仓储商店的营业面积一般在2万平方米左右，商场附设大型停车场。商场内装修简单，采用开架式货架，以日用消费品为主。这种商店对于那些大量购买者有较强的吸引力。

阅读材料

世界排名第一的现购自运商业集团——麦德龙

麦德龙超市是德国最大、欧洲第二、世界第三的零售批发超市集团，在麦德龙和万客隆（仅限欧洲）品牌旗下拥有多家麦德龙现购自运商场。“现购自运”是指专业顾客在仓储式商场内自选商品，以现金支付并取走商品。麦德龙主要针对专业客户，如中小型零售商、酒店、餐饮业、工厂、企事业单位、政府和团体等。截至2013年1月6日，麦德龙在中国39个城市开设了64家商场。

资料来源：麦德龙超市．（2015-10-06）［2019-06-16］．http：//www.baike.com/wiki/%E9%BA%A6%E5%BE%B7%E9%BE%99.

（6）折扣商店。折扣商店是一种以较低的价格销售标准商品的商店类型。其特点是远离市中心，房租较低；营业设施少，设备费用低；突出销售全国性品牌，质量有保证；销售中顾客实行自我服务，销售价格低于传统的商店。这种商店能吸引大批距离较远的顾客前往购买。适用于周转快、品牌产品的销售。如名牌服装、照相器材、皮包等产品。

（7）购物中心（Mall）。购物中心是指在一个毗邻的建筑群或一个大型建筑物中，由一个管理机构组织、协调和规划，把一系列的零售商店、服务机构组织在一起，提供购物、休闲、娱乐、饮食等各种服务的一站式消费中心。购物中心不仅规模巨大，集合了百货店、超市、大卖场、专卖店、大型专业店等各种零售业态，而且有各式快餐店、小吃店、特色餐馆、电影院、儿童乐园、健身中心等各种休闲娱乐设施。

2. 无店铺零售商

无店铺零售商是指没有固定的供顾客选择商品的营业场所的零售商。无店铺零售商有直销、直复营销和自动售货三种类型。

（1）直销。直销是直销企业招募直销员，由直销员在固定营业场所之外直接向最终消费者推销产品的经销方式。根据组织方式和计酬方式的不同，直销可以分为单层次直销和多层次直销。单层次直销是指在直销企业的直销活动中，直销产品只是经过一个直销商的层次就可以到达消费者手中。多层次直销是指直销产品经过若干层次的直销商的销售行为到达消费者手中，也就是传销。

阅读材料

全球第一大直销公司——安利

安利是世界上最大的直销企业。1995 年安利（中国）日用品有限公司正式开业，投资总额 2.35 亿美元，总部设于广州。安利主要经营日用消费品，涵盖了纽崔莱营养保健食品、雅姿美容化妆品、个人护理用品、家居护理用品和家居耐用品等系列，安利同时兼任生产及销售商。

资料来源：安利（中国）日用品有限公司简介．(2018-08-30)［2019-06-16］. http：//www.chinatt315.org.cn/members/inc2021.aspx.

（2）直复营销。直复营销是指企业运用一种或多种广告媒体向顾客介绍产品，以求顾客产生积极反应，从而达到交易目的的营销方式。具体形式有邮寄目录、直接邮购、电话营销、电视营销、网络营销等。

（3）自动售货。自动售货的优点是营业时间长，24 小时售货，从而方便购买；缺点是售货机的价格昂贵，因而其销售的商品价格较高。

3. 零售组织

零售组织是以多店铺联盟的组织形式来开展零售活动的。根据商店的产权关系，零售组织又可分为三种具体形式：正规连锁店、特许连锁店和自愿连锁店。

（1）正规连锁店又称“直营连锁”，是指在同一个资本下建立多个店铺形成的连锁。总部对各连锁店拥有全部的所有权和经营权，实行高度统一的管理，在价格上低于具有同等服务水平的其他商店，是最为正式和紧密的连锁经营形式。如苏宁、国美等。

（2）特许连锁店又称“契约连锁店”“加盟连锁店”，是指特许权人以合同的方式，与加盟者联合形成的零售组织。特许连锁店形成的基础是特许权人拥有独特的产品、服务或者生意的独特方式、商标、专利、专有技术等。其特点是所有权分散，经营权集中，并具有正规连锁的优势。

阅读材料

百胜中国的特许经营制度

百胜中国于2016年11月1日从Yum! Brands中分拆出来，独立在纽约证券交易所上市，是中国领先的餐饮公司，致力于成为“全球最创新的餐饮先锋”。百胜中国拥有肯德基、必胜客和塔可贝尔三个品牌在中国市场的独家运营和授权经营权，并完全拥有东方既白和小肥羊连锁餐厅品牌。1987年肯德基在中国的第一家门店于北京前门开业，首次将特许经营的概念带入中国。目前百胜中国在1 200多座城镇经营着8 100余家餐厅，员工超过45万名。

资料来源：肯德基特许经营网．(2018-19-01)[2019-09-16]. http://www.kfc.com.cn/franchise/special.html.

(3) 自愿连锁店是指由批发商牵头，各商店在自愿的基础上组合而成的独立零售商店集团。其特点是统一采购、分散销售，因而降低了销售价格。

12.3 分销渠道的选择与管理

12.3.1 影响分销渠道选择的因素

影响分销渠道选择的因素很多，制造商在决定分销渠道前，应对各种因素进行综合分析，以作出正确的决策。

1. 目标市场因素

目标市场是企业选择销售渠道时首先应考虑的，是影响分销渠道选择的最重要的因素。分销渠道选择受目标市场大小、消费者的购买习惯、目标顾客的集中程度的影响。目标市场范围大用长渠道，目标顾客比较分散使用长而宽的渠道。反之，则应使用短渠道或窄渠道。

2. 产品因素

分销渠道选择受产品单价、时尚性、季节性、标准化程度、技术复杂程度、售后服务等产品特性的影响。只要产品具有易腐烂、易碎、体积大、重量大、单价高、时尚性和季节性强、技术含量高、售后服务要求高、专业化、非标准件等性质之一，就选择短渠道；反之，选择长渠道。

3. 企业自身因素

分销渠道选择受企业实力，渠道管理能力，产品的组合宽度、深度、关联性，控制渠道的欲望，现行营销政策等企业因素的影响。如果企业实力强，渠道管理经验丰富，产品组合跨度和深度大，控制渠道愿望强，则应采用短渠道；反之，则应采用长渠道。

4. 中间商因素

分销渠道选择受中间商的分销费用、商企合作的可能性及服务质量等中间商特性的影响。如果中间商愿意合作，企业支付中间商从事分销的费用少，且能在运输、储存、广告宣传、吸引顾客、信用条件、送货频率等方面提供优质服务，则选择长渠道；反之，则选择短渠道。

5. 竞争者因素

分销渠道选择应考虑竞争者的因素，如果企业产品与竞争者产品在各方面大体相似或有竞争优势，即可以选择与竞争者产品相同或相似的分销渠道，也可以选择不同的分销渠道。无论是选择与竞争者相同还是选择与竞争者不同的分销渠道，都要以企业的总体发展战略为出发点。

6. 环境因素

分销渠道选择受经济形势、国家有关法律法规等环境因素的影响。如果经济形势好，则渠道可以长一些，如果经济低迷，则渠道可以短一些，这样做能降低流通费用，提高企业产品的竞争力。同时，选择分销渠道的长短，要严格按照国家法律法规的有关规定进行。

12.3.2　分销渠道的设计

分销渠道设计包括确定渠道模式、确定中间商的数目以及明确渠道成员的条件与责任。

1. 确定渠道模式，即决定渠道的长度

越短的分销渠道，制造商承担的销售任务就越多，信息传递快，销售越及时，就越能有效地控制渠道。越长的分销渠道，中间商就越要承担大部分销售渠道职能，信息传递就越慢，流通时间长，制造商对渠道的控制就越弱。制造商在决定分销渠道长短时，应综合分析制造商的特点、产品的特点、中间商的特点以及竞争者的特点加以确定。

2. 确定中间商的数目，即决定渠道的宽度

分销渠道的宽度主要取决于企业希望产品在目标市场上扩散范围的大小。合理的渠道宽度能更好地覆盖目标市场。市场规模越大，渠道宽度越宽；目标消费者越集中，渠道宽度越窄。消费者购买季节性强的产品，适合选用较宽的渠道；产品越重，适合的渠道越窄。

此外，企业的实力、管理水平、渠道控制力度等也影响分销渠道的宽度。如果企业要求对中间商的控制力度强，适合选用较窄的分销渠道。分销渠道宽度设计应结合前面介绍过的密集分销、选择性分销、独家分销三种类型进行分析。

阅读材料

王老吉结盟“真功夫”

2012年12月3日，由广药集团、中国医药企业管理协会和中国中药协会共同举办的“首届健康中国2020高峰论坛”在广州召开，广药集团在会上宣布与中式快餐第一品牌“真功夫”达成战略合作。王老吉开辟出一条全新的销售渠道——连锁餐饮通道。此前这一通道只有可口可乐和百事可乐在中国拥

有。“真功夫”在全国已经有超过450家门店，遍布广州、深圳、北京、上海、南京、杭州、哈尔滨等多个城市。王老吉凉茶铺进全国“真功夫”各门店，无疑将获得品牌曝光与销售额的双重提升。

资料来源：牛思远．王老吉结盟“真功夫”．南方日报，2012-12-05.

3. 明确渠道成员的条件与责任

在确定渠道的长度和宽度后，企业必须明确各渠道成员参与交易的条件和应担负的责任。在交易关系组合中，这种责任和条件主要包括价格策略、销售条件、地区权力、承担责任四个方面。

（1）价格策略是指确定出针对中间商公开、公平、一致的产品价格和折扣明细表。

（2）销售条件是指确定中间商付款期限、销售条件等，例如中间商支付预付款、现款或期限付款时所享受的待遇。

（3）地区权力是指确定中间商销售产品种类、销售的范围、应承担的销售额等。

（4）承担责任是指确定中间商所应承担的市场信息、覆盖率、销售服务、产品促销、人员培训责任、相关权利与义务。

12.3.3 分销渠道的管理

对分销渠道进行管理，主要是指企业做好中间商的选择、考核、激励工作，同时结合营销环境的变化，对现有的渠道进行调整。

1. 评估与选择中间商

制造厂商选择中间商时，要对中间商进行评估。评估的内容主要包括以下方面：

（1）中间商经营时间的长短及成长状况。

（2）中间商的经营管理水平和经营开拓能力。

（3）中间商决策者的营销观念和人格形象。

（4）中间商的信用状况。

（5）中间商的区域优势。

当中间商是代理商时，生产企业必须评估其经销的其他产品大类的数量与性质，以及该代理商推销人员的素质与能力。

当打算授予某一零售商店独家分销权时，生产企业还要评估零售商店的位置、未来发展能力以及经常光顾零售商店的顾客类型。

2. 客情关系的建立

客情关系是指制造商与中间商在诚信合作、沟通交流的过程中形成的情感关系。客情关系是维系分销渠道各成员紧密合作的润滑剂，在某种程度上决定了分销渠道运作的效率和效益。

3. 建立相互培训制度

相互培训制度是密切渠道成员关系、提高分销效率的重要举措。一方面，制造商培训中间商的终端销售人员，使他们懂得商品知识、使用方法和相关技术，提高他们顾问式销售的能力，更好地引导消费，扩大销售；另一方面，中间商可以给制造商的营销人员、技术人员提供培训，传递市场知识、竞争者信息和消费需求特点，使制造商的产品、促销、售后服务得到改进，提高制造商适应市场的能力。

4. 对中间商绩效的考核

对中间商绩效考核有两种方法：一是将中间商的销售额绩效与上期绩效进行比较，并以整个群体在某一地区市场的升降百分比作为评价标准；二是将各中间商的绩效与根据某一地区市场营销潜量分析所设立的销售配额做比较，即在考核期中，将中间商实际销售额与其潜在销售额进行对比分析，并将中间商按销售绩效的先后名次进行排序。

5. ABCDE 分类管理表

按照销售额高低和货款回笼的快慢可将中间商分为 A、B、C、D、E 五类。对不同类别的中间商实施不同的经销策略和管理策略，降低企业经营风险，提升企业分销网络的竞争力。中间商分类管理表见表 12-2。

表 12-2　中间商分类管理表

分类	销售额	货款回笼	管理策略
A	高	快	给予奖励，扩大授权
B	中等以上	快	支持促销，向 A 转化
C	高	慢	防范风险，向 A 转化
D	中等以下	快	支持促销，向 B 转化
E	中等以下	慢	逐步减少，最终放弃

6. 对中间商的激励

为了更好地与中间商合作，调动其经营企业产品的积极性，制造商往往给予中间商各种激励。

（1）提供促销费用。特别是在新产品上市之初，制造商为了激励中间商多进货、多销售，在促销上应大力扶持中间商，包括提供广告费用、公关礼品、营业推广费用等。

（2）价格折扣率。在制定价格策略时，制造商充分考虑中间商的利益，根据市场竞争的需要，为产品价格制定一个合理的浮动范围，主动让利于中间商。

（3）年终返利。制造商对中间商完成销售指标后的超额部分按照一定的比例返还利润。

（4）奖励。制造商对于销售业绩好、真诚合作的中间商给予奖励。奖励可以是现金，也可以是实物，还可以是价格折扣率的加大。

（5）陈列津贴。商品在展示和陈列期间，制造商给予中间商经济补偿，可以用货铺底，也可给予适当的现金津贴，其目的是降低中间商经销产品的风险。

7. 调整分销渠道

由于消费者购买方式的改变、市场规模的扩大与缩小、产品生命周期的更替和新渠道方式的出现，现行的分销渠道结构不能带来高效产出，制造商需要对现行分销渠道进行调整。制造商调整渠道的方式有三种：一是增减分销渠道成员，这属于结构性调整；二是增减分销渠道的数量，这属于功能性调整；三是变动分销渠道，这也属于功能性调整，但难度较大。

8. 窜货管理

窜货是指分销成员为了牟取非正常利润或者获取制造商的返利，超越经销商权限向非辖区或者下级分销渠道低价倾销货物。窜货会扰乱正常的分销秩序，引发分销渠道成员之间的冲突和市场区域内的价格混乱。窜货预防和处理的主要方法有：事先制定分销网络经营政策；事先规定窜货处理政策；制造商成立销售管理小组。

单元小结

分销渠道是指产品从生产商向消费者或用户转移过程中取得商品所有权或帮助转移商品所有权的所有组织和个人。产品的消费目的和购买特点存在差异性，因此形成了消费品市场的分销渠道和产业市场的分销渠道两种基本模式。中间商的存在，不仅简化了销售手续，节约了销售费用，还扩大了销售范围，提高了销售效率。在决定销售渠道之前，必须对影响销售渠道选择的各种因素进行认真分析，然后进行销售渠道的设计和管理。

单元 13　促销策略

课前思考

假设你接到这样一个任务，在一家超市推销一瓶红酒，时间是一天，你认为自己有能力做到吗？你可能会说：小菜一碟。那么，再给你一个新任务，推销汽车，一天一辆，你做得到吗？你也许会说：那就不一定了。如果是连续多年都是每天卖出一辆汽车呢？你肯定会说：不可能，没人做得到。可是，乔·吉拉德做到了。在 15 年的汽车推销生涯中，他总共卖出了 13 001 辆汽车，而且全部是一对一销售给个人的。他是如何创造了这样的销售奇迹呢？如果是在中国卖车，乔·吉拉德又能否创造奇迹呢？

13.1　促销及促销组合

13.1.1　促销的含义及作用

1. 促销的含义

在 4Ps 理论中，产品是创造价值，价格是衡量价值，渠道是交换价值，而促销是宣传价值。从市场营销的角度看，促销是企业通过人员和非人员的方式，沟通企业与消费者之间的信息，引发、刺激消费者的消费欲望和兴趣，使其产生购买行为的活动。促销的实质是厂商以非降价方式向顾客传递信息、激发顾客的购买欲望、促成顾客的购买行为的经营策略。其核心是沟通信息，其目的是引发、刺激消费者产生购买行为，其方式有人员促销和非人员促销两类。其中人员促销亦称直接促销，非人员促销又称间接促销，包括广告、公共关系、销售促进营销等方式，如图 13-1 所示。

2. 促销的作用

促销的根本目的是将企业的产品及服务的信息传递给消费者及整个渠道成员。为此，企业需要将自己的产品、服务信息进行分类、整理、编辑，通过广告、公共关系、人员推销、业务推广及中间商的帮助，把这些经过加工整理后的信息准确地传递到目标市场的顾客那里。促销的作用主要表现为：

（1）扩大宣传，展示产品特点，指导消费。促销的深度口碑宣传能使消费者准确地了

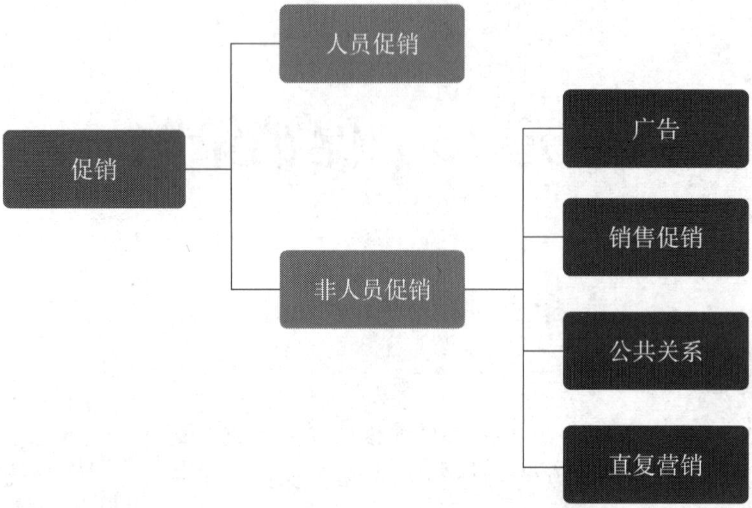

图 13-1 促销的方式

解产品，提高产品认知度。同时促销员渊博的知识、真诚的服务、优秀的表现，可以在消费者的心目中形成良好的企业和产品形象，提高产品美誉度。

（2）促进短期竞争，形成偏爱，稳定销售。企业运用适当的促销方式开展促销活动，可使较多的消费者对本企业的产品形成偏爱，进而稳住已占领的市场，达到稳定销售的目的。对于消费者偏爱的品牌，即使该类商品需求下降，也可以通过一定形式的促销活动，促使消费者对该品牌的需求得到一定程度的恢复和提高。

（3）增加市场需求，扩大销量。有效的促销活动不仅可以诱导和激发需求，有时还可以创造需求。如当某种商品滞销时，企业可以通过适当的促销活动改变需求，甚至可以创造出新的需求，从而延长商品的市场寿命，吸引更多的新用户，从某种程度上改变滞销商品的销售态势。

阅读材料

士力架，从横扫饥饿开始

士力架是玛氏食品公司出品的巧克力产品，属于热量型巧克力，口味甜中带咸，1930年在美国上市。其取胜之道是：它结合普通条状糖的成分，比如巧克力、牛轧糖、焦糖、花生等，热量更高，更耐饥饿，在人们生活中充当的角色更像是正餐而不是甜点。随后十年间，玛氏公司在全球市场对士力架进行了大众营销。1979 年，特德·贝茨广告公司创造了“士力架横扫饥饿”这一广告语，直接体现了士力架能够饱腹的特点。数十年间，士力架以其“横扫饥饿”为基础开展全球营销活动，不断推出新的标语：“饿的时候，你就不是你自己了”“士力架让你满意”“横扫饥饿，做回自己”。通过讲故事的方式以及生动展示饥饿对人们的不利影响，玛氏公司给予士力架品牌更具感情色彩也更强有力的诉求，并保持了产品长久的活力。

资料来源：菲利普·科特勒，加里·阿姆斯特朗．市场营销原理与实践（第 16 版）．楼尊，译．北京：中国人民大学出版社，2015.

13.1.2　促销组合及其选择

1. 促销组合的内涵

由于各种促销方式都有其优点和缺点，在促销过程中，企业的促销策略并非一劳永逸，企业需要不断地总结各种促销手段的有效性、缺陷与不足，重新设计促销组合策略，以利于企业在新一轮的市场竞争中掌握主动权。促销组合又称营销沟通组合，由人员促销、广告、销售促进、公共关系工具特定组合构成，用于更有效地沟通顾客价值和建立顾客关系。

2. 促销组合策略

促销组合策略从总的指导思想上可分为推动策略和拉引策略两类，如图 13－2 所示。推动策略是指企业运用人员推销的方式把产品推向市场，即从生产企业推向中间商，再由中间商推给消费者，故也称人员推销策略。推动策略一般适合于单位价值较高的产品，性能复杂、需要做示范的产品，根据用户需求特点设计的产品，流通环节较少、流通渠道较短的产品，市场比较集中的产品等。拉引策略也称非人员推销策略，是指企业运用非人员推销方式把顾客拉过来，使其对本企业的产品产生需求，以扩大销售。对单位价值较低的日常用品，流通环节较多、流通渠道较长的产品，市场范围较广、市场需求较大的产品，常采用拉引策略。促销组合较大程度上受企业选择推动或拉引策略的影响。推动策略要求使用销售队伍，通过销售渠道推出产品；拉引策略则要求在广告和消费者促销方面投入较多，以建立消费者的需求欲望。

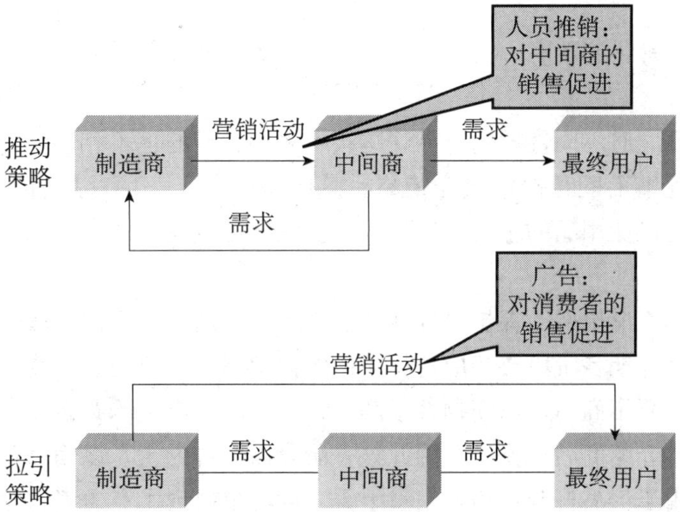

图 13－2　推动策略和拉引策略

课堂讨论

联合利华运用电视和平面广告、品牌网站和其他渠道，直接向年轻的目标顾客推广 AXE 美容产品。请问：这是推动策略还是拉引策略？

提示：拉引策略。通过广告和其他传播沟通工具向消费者传递有关商品的信息，如果能引起消费者的购买欲望，消费者就会向零售商求购产品，这些零售商就会向联合利华订货。在拉引策略下，消费者需求在整个渠道中“拉动”产品。

3. 影响促销组合决策的因素

（1）促销目标。促销目标是影响促销组合决策的首要因素。通常企业的各种促销活动都是围绕促使顾客采取购买行动这一基本目标展开的。但是，顾客采取购买行动，只是顾客整个购买决策过程的最终环节。如果从心理学的角度来分析，潜在消费者只有在经历了知晓、了解、喜欢、偏爱、信任等一系列心理活动过程而积累了较高水平的需求状态之后，才会转而购买某种产品。因此，企业应该制定更有针对性的具体促销目标，否则，就会使促销活动失去针对性。

（2）市场特点。除了考虑促销目标外，市场特点也是影响促销组合决策的重要因素。对于规模小而相对集中的市场，应突出人员推销策略；对处于管制的市场，应突出销售促进及公共关系的作用；对于范围广而分散的市场，特别是日用消费品，则应更多地采用广告形式进行宣传。市场特点受各地区的文化、风俗习惯、经济、政治环境等的影响，促销工具在不同类型的市场上所起的作用是不同的，应该综合考虑市场和促销工具的特点，选择合适的促销工具并使之相匹配，以达到最佳促销效果。

课堂讨论

很多国家和地区的法律不允许对香烟做广告宣传，那么企业能够采取的促销方式有哪些？

提示：开展赞助体育赛事、支持社会公益事业等公共关系活动。

（3）产品性质。对不同性质的产品，购买者和购买目的也不相同，对不同性质的产品必须采用不同的促销手段和促销组合策略。总体而言，广告一直是消费品的主要促销工具，人员推销则是产业用品的主要促销工具，而销售促进在这两类市场上具有同等重要的程度。

（4）产品市场生命周期。促销目标在产品市场生命周期的不同阶段是不同的，这决定了产品在市场生命周期各阶段要相应选择不同的促销组合。以消费品为例，在投入期，促销目标主要是宣传介绍商品，以使顾客了解、认识商品，产生购买欲望。广告起到了向消费者、中间商宣传介绍商品的作用，因此这一阶段以广告为主，以销售促进和人员推销为辅。在成长期，由于产品打开销路，销量上升，同时也出现了竞争者，这时仍需加强广告宣传，但要注重宣传企业产品特色，以增进顾客对本企业产品的购买兴趣，若能辅之以公关手段，会收到相得益彰之功效。在成熟期，竞争者增多，促销活动以增进购买兴趣与偏爱为目标，广告的作用在于强调本产品与其他同类产品的细微差别，同时要配合运用适当的销售促进方式。在衰退期，由于更新换代产品和新发明产品的出现，使原有产品的销量大幅度下降。为减少损失，促销费用不宜过大，促销活动宜针对老顾客，应采用提示性广告，并辅之以适当的销售促进和公共关系手段。

阅读材料

旅游产品市场生命周期与促销组合策略

旅游产品市场生命周期	促销目标	促销组合策略
投入期	使旅游中间商、旅客了解并试用产品，创造产品知名度	使用大量广告吸引游客尝试，以质优价廉建立良好口碑
成长期	提高游客信任度，最大化地扩大旅游市场占有率	扩展产品广度，调整至渗透市场的价格，以广告人员推销为主
成熟期	追求利润最大化，同时维护市场占有率，稳定客源，吸引潜在客源	强调品牌差异与形式多样化，更新广告，以广告和人员推销为主
衰退期	减少支出并榨取品牌价值，促使游客购买	降价，逐渐除去弱势的产品项；以营业推广为主，广告减少至维持品牌忠诚信誉度的水准

资料来源：樊雅琴. 旅游市场营销 . 北京：中国发展出版社，2009.

（5）促销预算。费用是企业十分关心的问题，并且企业能够用于促销活动的费用总是有限的。企业在选择促销组合时，一要考虑促销预算费用有多少，二要考虑促销预算费用在众多促销手段中如何分配。需要综合分析比较各种促销媒体的费用与效益，以尽可能低的促销费用取得尽可能多的促销效益是促销费用分配的原则。

此外，企业的营销风格、销售人员素质、整体发展战略、社会和竞争环境等不同程度地影响着促销组合的决策。营销人员应审时度势、全面考虑，才能制定出有效的促销组合策略。

课堂讨论

针对通货膨胀时期人们对价格十分敏感的状况，企业可采取何种促销策略？

提示： 加强销售促进，减少广告；在促销中特别强调产品价值；提供咨询服务等。

13.2　人员推销

13.2.1　人员推销的含义及特点

1. 人员推销的含义

人员推销是指企业的销售人员直接与顾客或潜在顾客接触、洽谈、介绍商品，以达到促进销售目的的活动过程。这个过程既是一个向市场提供商品的供应过程，又是一个激发顾客的需求、引起顾客的购买欲望的需求引导过程，还是一个了解顾客需求、为顾客提供服务以满足顾客需求的过程。这里所指的销售人员包括销售员、市场代表、商店售货员以及其他直接同消费者接触的销售人员。人员推销的基本形式有上门推销、柜台推销和会议推销等。

阅读材料

人员推销在实战中要完成的推销内容

1. 推销自己

让客户接受你，使其对你产生良好的印象，发生兴趣，进而产生信任感。

2. 推销公司

让客户增进对企业的了解，特别是在顾客的心中树立起企业的良好印象。这是促成消费者购买的重要条件。

3. 推销价值观念

通过与顾客的双向交流与沟通，改变、强化消费者的价值观和认识事物的思维方式，使消费者接受新的观念。

4. 推销知识

广泛介绍与产品相关的生活、生产知识，加强顾客的认识能力。这是最好的推销方式。

5. 推销产品

向客户讲解产品的技术、质量、价格、功能等相关信息。

资料来源：肖德明．人员推销的实战应用．商情．2010（35）：141.

2. 人员推销的特点

人员推销是企业所有促销手段中唯一利用人员所进行的促销活动，因此，它具有与其他促销手段不同的显著特点。

（1）信息传递的双向性。人员推销是一种双向沟通的促销形式。

（2）推销目的的双重性。人员推销的目的不仅是推销产品，还要帮助顾客解决问题，与顾客建立长期合作关系。因此，人员推销具有推销商品和建立合作关系的双重目的，这二者是相互联系的。

（3）满足需求的多样性。在人员推销活动中，不仅要通过推销商品满足顾客对商品的使用价值的需要，而且要通过宣传介绍商品满足顾客对商品信息的需要，通过售前、售中、售后的服务满足顾客对技术和服务方面的需要，通过文明经营、礼貌服务满足顾客心理上的需求。

（4）推销过程的灵活性。在人员推销过程中，买卖双方当面洽谈，易于形成一种直接、友好的相互关系。推销人员可以通过交谈和观察掌握顾客的购买动机，有针对性地从某个侧面介绍商品的特点及功能，抓住有利时机促成交易；销售人员可以根据顾客的态度和特点，有针对性地采取必要的协调行动，满足顾客的需要；销售人员还可以及时发现问题，进行解释，解除顾客的疑虑，消除顾客的不满意感。

（5）推销成果的有效性。人员推销过程是推销人员直接将产品“推”给顾客的过程，通过面对面地看货、议价、谈判来达成交易，使推销人员与顾客之间建立起长期的关系，这比非人员推销更具有人情味，因而常常能当场成交，成功率较高。

人员推销也有一定的局限性，表现在接触的顾客面很窄，开支大，费用高，对推销人员的素质要求高。因此，人员推销多用于对产业用户和中间商的销售。

13.2.2 人员推销的销售进程与销售技巧

要使人员推销的功能得以充分实现，推销人员就必须掌握一定的销售技术。一般来讲，销售人员应当准确把握销售活动的进程和熟练掌握销售进程各环节中的技巧。

1. 销售进程

销售进程就是销售人员围绕一定的销售目的而设计的达到预定目标的工作程序，一般表现为如图 13－3 所示的几个步骤。

图 13－3　销售进程

（1）寻找并识别目标顾客。销售人员必须首先寻找自己的销售对象——目标顾客。销售人员如果识别有误，就会使销售的成功率下降。因此，准确寻找和识别顾客应当是销售人员的基本功。经验之谈是：一要找对客户；二要找大量的客户；三要长期地找客户。

（2）前期调查。对于已确定的目标顾客，销售人员应当首先收集他们的有关资料，如他们的需求类型、经济实力、谈判方式、购买方式等，以便针对不同的对象制定相应的销售方案。

（3）试探性接触。在正式向目标顾客销售之前，可以先做一些试探性的接触，而不要急于向目标顾客直接销售。如可以公开的方式向社会公众进行产品的一般介绍，然后观察目标顾客的反应，以进一步了解目标顾客需求的紧迫性、对产品的评价以及可能接受的价位。

（4）介绍和示范。在对目标顾客已有充分了解的基础上，销售人员可以直接向目标顾客进行产品的介绍。销售人员应当根据所掌握的情况，有针对性地介绍目标顾客可能感兴趣的内容，以提高销售的成功率。必要时，销售人员应主动地进行一些产品的使用示范，以增强目标顾客对产品的信心。

（5）排除障碍。在大多数情况下，顾客对销售人员的销售都会提出一些质疑，甚至给予拒绝，这是销售活动中必然会出现的障碍。销售人员只有善于排除这样的障碍，才能顺利地完成销售任务。有经验的销售人员对于销售中可能出现的各种障碍都有事先准备，往往能随机应变，有效地排除障碍，达到销售目的。

（6）实现交易。当各种障碍被排除之后，销售人员就有可能同目标顾客达成交易。此时，应当注意不要遗漏各种交易所必需的程序，应当使交易双方的利益得到保护。

（7）后续工作。交易实现后，并不意味着销售活动的结束，各种后续工作必须跟上，如备货、送货、配套服务及售后服务等。这些工作的妥善处理，将有利于企业与目标顾客建立起稳固的交易关系，这正是企业销售活动所追求的最终目标。

只要能准确把握销售过程的各个环节，采取相应的销售策略，循序渐进，逐步深入，就会取得很好的销售效果。

阅读材料

“爱达公式”和“迪伯达公式”

国外营销学者对销售活动的进程曾做过典型的归纳，其中比较有代表性的是两大公式，即“爱达公式”和“迪伯达公式”。

“爱达”（AIDA）由四个阶段活动的英文单词第一个字母所构成。

Attention——引起注意，即在销售活动中首先要吸引顾客对销售人员以及产品的注意。

Interest——激发兴趣，即在引起顾客注意之后，努力使其对产品产生浓厚的兴趣。

Desire——促动欲望，即在顾客注意之后，促使其进一步形成拥有该产品的欲望。

Action——导致行动，即顾客的欲望一旦形成，便驱使其迅速决策，采取购买行动，完成销售过程。

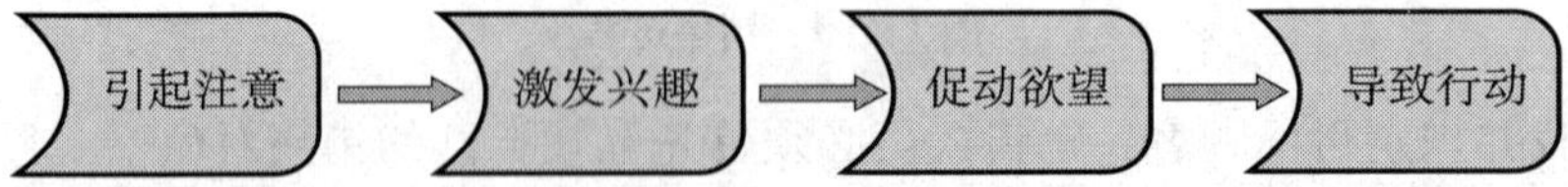

“迪伯达”（DIPADA）同样是由各阶段的英文单词第一个字母所构成。

Discover——发现需求，即销售人员首先应当去寻找和发现顾客的不同需求。

Interest——激发兴趣，即销售人员应对顾客需求进行适当引导，使其转化为对企业产品的兴趣。

Proof——增强信任，即提供具有说服力的证据，证明产品可能满足顾客的需求，增强顾客对企业产品的信任度。

Accept——促使接受，即通过积极的游说，促使顾客接受销售人员的建议。

Desire——促动欲望，即在顾客对产品有所了解的基础上，促使其产生拥有该产品的欲望。

Action——导致行动，即顾客欲望一旦形成，便驱使其迅速决策，采取购买行动，完成销售过程。

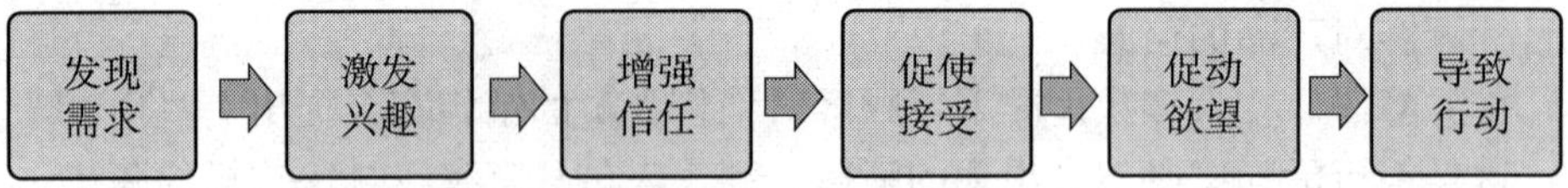

二者的基本过程差不多，但相比较而言，“迪伯达公式”更重视对顾客需求的了解和满足，更符合以市场为导向的现代营销观念。

资料来源：H. M. 戈德曼．推销技巧：怎样赢得顾客．谢毅斌，译．北京：中国农业机械出版社，1984.

2. 销售技巧

人员推销是一种对象各异、环境多变的促销手段，随机性很强，因此销售人员的销售技巧对销售活动的成败有很大影响。销售技巧是一种艺术，变幻无穷，这里只介绍一些销售人员应掌握的基本技巧。

（1）把握时机。销售人员应能准确地把握销售的时机，因人、因时、因地而宜地开展销售活动。一般来说，销售的最佳时机应选择在对方比较空闲，乐意同人交谈或正好有需求的时候。如社交场合、旅行途中、茶前饭后或参观游览之际，都是进行销售的较好时机，应当避免在对方比较繁忙或心情不好时开展销售工作。

（2）善于辞令。语言是销售人员最基本的销售工具，所以，销售人员必须熟练掌握各种语言技巧，充分发挥语言对顾客的影响力。具体来说，一是要在各种场合下寻找到便于接近对方的话题；二是在谈话中要能牢牢把握交谈的方向，并使之逐渐转入销售活动的正题；三是善于运用适当的词句和语调，使对方感到亲切自然；四是对顾客的不同意见不轻易反驳，而是在鼓励顾客发表意见的同时，耐心地进行说服诱导。

（3）注意形象。销售人员在销售过程中同时扮演着两重角色：一方面是企业的代表；另一方面又是顾客的朋友。因此，销售人员必须十分重视自身形象。在同顾客的接触中，应做到不卑不亢，给顾客留下可亲可敬的印象，以使顾客产生信任感，在同顾客进行交易活动中，应做到言必信、行必果，守信重诺，以维护自身和企业的声誉；应避免惹人讨厌的倾力销售，而努力创造亲密和谐的销售环境。

（4）培植感情。销售人员应重视发展同顾客之间的感情沟通，设法同一些主要的顾客群体建立长期关系，可超越买卖关系建立起同他们之间的个人友情，形成一批稳定的顾客群。要做到这一点，销售人员往往不能局限于站在企业的立场上同顾客发生联系，而应学会站在顾客的立场上帮其出主意，当参谋，指导消费，选购商品，甚至可向其推荐一些非本企业的产品，以强化销售活动中的“自己人效应”。

13.3　广告

13.3.1　广告的含义及特点

1. 广告的含义

广告即“广而告之”，泛指向广大公众传递信息的手段和行为。商业广告是指企业为扩大销售、获得赢利，以付酬的方式利用各种传播手段向目标市场的广大公众传播商品或服务信息的经济活动。广告策略是企业在广告活动中为取得更好的效果而采取的行动方案和对策，是市场营销策略的一个重要组成部分。

阅读材料

麦当劳愚人节恶搞广告微型汉堡

愚人节期间，麦当劳公司宣布推出一款微型汉堡包，这份汉堡包只有饼干那么大：包含了两个小牛肉饼，一小滴酱料、一小片生菜、酥软的奶酪、一小份腌黄瓜、一点点小洋葱点缀在小圆面包上，外加一丢丢芝麻粒。麦当劳之所以推出这款汉堡，就是应景愚人节这个特殊日子，借助恶作剧一样的手段，把汉堡做得夸张有趣，以此吸引顾客的注意和兴趣，达到广告宣传的效果。

资料来源：网络广告人社区．麦当劳愚人节恶搞广告微型汉堡．（2017-04-05）［2019-06-19］．http：//iwebad.com/case/6377.html.

2. 广告的特点

广告是利用各种传播媒体来传递商品和服务信息的，这就形成了广告宣传的一些固有特征：

（1）传播面广。由于传播媒体能大量地复制信息并广泛地进行传播，所以广告的信息覆盖面相当大，可以使企业及其产品在短期内迅速扩大影响。

（2）间接传播。由于是通过传播媒体进行宣传，广告主同广告的接受者并不直接见面，所以广告的内容和形式对于广告的宣传效果会产生很大影响。

（3）媒体效应。由于消费者是通过传播媒体来获得产品和服务信息的，所以媒体本身的声誉、吸引力及接触的可能性都会对广告信息的传播效果产生正反两方面的效应。

（4）经济效益。由于广告对传播媒体的利用是有偿的，所以企业的广告活动就必须重视经济效益，必须对广告费用的投入及产生的促销效果进行核算和比较。

13.3.2 广告的诉求方式

广告诉求是商品广告宣传中所要强调的内容，俗称"卖点"，它体现了整个广告的宣传策略，往往是广告成败的关键所在。广告诉求是广告内容中很重要的部分，是信息传播者为了改变信息接收者的观念，在传播信号中所应用的某些心理动力，以引发消费者对于某项活动的动机，或影响其对于某项产品或服务的态度。

依据广告的诉求方式即广告所期望激发的消费者的购买动机不同，广告可分为感性诉求广告、理性诉求广告和混合诉求广告三类。

1. 理性诉求广告

理性诉求广告是指广告诉求定位于受众的理智动机，通过真实、准确、公正地传达企业、产品、服务的客观情况，使受众经过概念、判断、推理等思维过程，理智地作出决定。它主要是在广告诉求中告诉受众如果购买某种产品或接受某种服务会获得什么样的利益，或者是告诉受众不购买某种产品或不接受某种服务会产生什么样的影响。理性诉求广告具有一定的强制性，需要消费者通过理性思考，进行分析、比较进而作出选择。恰当地使用理性诉求广告可以起到良好的劝服效果，使用不当又常常会变成对消费者的一种说教，使消费者从本能上产生抵触情绪，从而造成广告的失败。

课堂讨论

你能举出理性诉求广告的实例吗？

提示：如下图所示。

2. 感性诉求广告

通过广告对无生命的商品赋予一定的、生动的感性色彩，与消费者对某种情感的追求相吻合，即动之以情，使消费者在好感和共鸣的基础上采取购买行为。感性诉求广告直接诉诸消费者的情感、情绪，如喜悦、恐惧、爱、悲哀等，形成或者改变消费者的品牌态度。在这类广告中，消费者首先感受到的是一种情绪、情感的体验，是对产品的一种感性认识，得到的是产品的软信息。这种软信息能够在无形之中把产品的形象注入消费者的意识中，潜移默化地改变消费者对产品的态度。感性诉求广告以消费者的情感或社会需要为基础，宣传的是广告品牌的附加价值。

阅读材料

江小白推出“表达瓶”，直击消费者的情感诉求

江小白因其包装上内容不同的有内涵且短小精悍的文案，吸引了消费者的注意，并为大众所熟悉。江小白推出的表达瓶“我有一瓶酒，有话对你说”，在原有语录瓶的基础上，打开用户参与的通道，在江小白表达瓶上“扫一扫”二维码，进入表达瓶 H5 互动页面，消费者可在活动页面写下想说的话，上传自己的照片，便可“定制”出属于自己的江小白“表达瓶”，借此表达情感、思考和对岁月的留恋、感慨。最为吸引顾客的是，如果你的文案特别精彩，还有可能被江小白采用，成为下一批“表达瓶”之一。

资料来源：大渝网．“表达瓶”就是江小白的产品主义．(2016-10-18)[2019-06-16]．http://cq.qq.com/a/20161018/033547.htm.

3. 混合诉求广告

混合诉求广告是集感性诉求与理性诉求于一身的一种综合诉求广告方式。具体来说，有的混合诉求广告侧重于感性诉求，辅以理性诉求，有的混合诉求广告侧重于理性诉求，辅以感性诉求。

阅读材料

化妆品广告的混合诉求

化妆品和汽车一样，属于高认知投入和高情感投入的产品，这说明在一般情况下，消费者购买化妆品时思考投入程度很高，情感投入也很高。因此化妆品宜采用情理结合的混合诉求广告方式。比如玉兰油的系列广告，在理性示范产品美容效果的同时，通过广告设计的情节、优美精致的画面，向消费者展示女性通过使用产品后进而能拥有快乐自信的生活。

资料来源：周亚兰．化妆品广告的情理诉求．（2011-01-31）［2019-06-16］．http：//www.138job.com/shtml/Article/18101/56715.shtml.

13.3.3 广告媒体及选择

广告，从本质上来讲是一种沟通信息的传播活动，它的实现往往需要借助一定的传播媒体。广告媒体就是介于广告发布者与接受者之间，用以传递信息的手段与设施。

1. 广告媒体的类型

总的来看，现代广告媒体主要包括以下类型：

（1）印刷媒体。印刷媒体是指在广告的制作、宣传中利用印刷技术的媒体，包括报纸、杂志、书籍、宣传册及其他各种印刷品。

（2）电子媒体。电子媒体是指利用电子技术进行广告宣传的媒体，如电视、网络、广播、电影、幻灯等，这一类媒体近年来的发展变化尤其突出。

（3）户外媒体。户外媒体主要包括在户外公共场所进行广告宣传所使用的广告牌、霓虹灯、灯箱及邮筒、电话亭等公共设施。一般来说，这些媒体总是要和城市的整体布局及周围的环境、气氛融为一体，甚至具有装饰市容、美化环境的作用，但同时又要求它能够“跳出”环境，以吸引人们的注意。

（4）直复媒体。传统的直复媒体是指直接邮递广告或电话、电视直销广告等。此类媒体担负着直接推销的双重功能，即宣传者、销售者原则上是合二为一的，由于可根据其掌握购买行为和分析消费者对广告的反应，所以这种形式的广告媒体体现了广告发布者与接受者之间的双向沟通。随着互联网技术的发展，网络媒体、微博、Facebook（脸书）等社交媒体，智能手机、平板电脑等移动媒体成为新型数字化直复媒体。

（5）售点媒体。售点媒体是指在销售现场及其周围进行广告宣传的设施和布置，包括商店的门面、橱窗、商品陈列及店内外的海报、横幅、灯箱等，这类媒体在消费者最后的购买决策中体现了较为明显和直接的沟通、引导作用。

（6）包装媒体。包装媒体是指同时兼有广告传播效应的包装纸、包装盒、包装袋等。一方面，现代包装除了便于运输、维护使用价值等包装的初始功能外，还可以继续发挥价值，如用作装饰品、器皿、手袋等，由此也使其广告宣传的作用得到较长时间的延续和更大范围的传播；另一方面，自选服务式商业的兴起也推动了对包装这个广告媒体的加强和重视，它甚至兼具人员推销的效用。抢眼的色彩易吸引消费者的注意，美观的设计易赢得消费者的喜爱，而很多老产品也常常通过包装来改头换面，用新颖的包装再度唤起老顾客的购买兴趣。

（7）交通媒体。交通媒体是指利用车、船、地铁等交通设施进行宣传，表现为汽车或火车、船等交通工具内部的产品、品牌广告，以及一些汽车的车体广告，即通过汽车外部的装饰或图画进行传播。除了流动人口较多的旅游或商业中心城市外，公交车或出租车广告的传播地域一般只能局限在本市范围之内，长途交通工具的广告媒体效应却恰恰相反，往往可以超越地理界限，信息覆盖面较广。

阅读材料

云朵机：广告新媒体

顾名思义，云朵机就是能人工制造云朵的机器。儒勒·凡尔纳的小说《2889 年一个美国新闻界巨子的一天》中对未来景象作了各种畅想，其中就有人造云，而现在，这个梦想已经实现了。云朵机的工作原理是：氦气通过特殊的发泡装置，将无数个足够小的氦气泡泡组合成各种形状的人造云朵，由于氦气比空气轻，所以人造云朵可以轻松地飞向天空中，随着时间的延长，泡泡不断破裂、挥发，最终消失在天空中。云朵机由于可以制作各种形状的云朵，因此被大量应用在广告、庆典、发布会、演出、娱乐活动中。作为国家大力提倡的创意产业，云朵机所蕴含的巨大商业价值及潜力正被逐步挖掘出来。

资料来源：云朵机．(2014-08-15) [2019-06-16]. https://baike.so.com/doc/6894485-7112120.html.

2. 影响广告媒体选择的因素

媒体策划是广告策划的重要组成部分，在媒体选择时需要考虑以下因素：

(1) 商品的性质与市场生命周期。

商品本身的性质、特点是选择广告媒体的重要根据。一般来说，生产技术性强、结构用途复杂的商品，宜用文字图形印刷广告，如报纸、杂志、产品说明书等，这些广告媒体能够详细地说明产品的结构、性能、保养、维修方法。而日用消费品最好用形、声、色兼备的电视媒体或广播媒体，因为这种媒体具有形象感，能诱发消费者的购买欲望。如在电视里做服装、鞋帽广告，感兴趣的人就会多，广告效果就比较好。

从产品市场生命周期看，投入期要利用覆盖面广的广告媒体；成长期则要界定目标受众，增加广告频次；成熟期须针对使用者实施媒体的重点覆盖；衰退期的广告媒体分配在销售好的地区，主要针对品牌忠诚者，或分配在新地区。

(2) 目标受众的接受习惯与接受能力。

做广告一定要考虑到不同广告对象对媒体的偏好。如女性对电影、电视、流行杂志等感兴趣，在这些媒体上宣传化妆品、流行服装，就容易引起女性的注意和兴趣。又如农药、农机等农业生产资料的购买对象是农民，他们有听广播或看电视的习惯，所以利用广播、电视介绍这些商品就比用报纸杂志的效果要好。

此外，还必须根据消费者的接受能力来选择广告媒体，才能保证广告信息被准确传达。如在文盲率较高的地区，报纸、电视机普及率不高，在电视上尤其报刊上做广告是不适宜的；交通条件不便的地区，可能只有广播是比较好的传播媒体；而在偏僻荒凉的农村，广告牌的作用也不可能充分发挥。因人因地、有的放矢地选择媒体，才能使广告产生最大效应。

(3) 广告信息的时效性。

广告信息有不同的时效要求。有些广告信息要求及时、迅速地传递，以便捷足先登，取得“先入为主”的市场竞争优势。从商品类型看，凡广告信息传播的时间要求不是太迫切，可以考虑制作时间或发行间隔较长的电视、杂志等传统广告媒体。反之，鲜活易腐、容易变质的商品，或一些时令、时髦商品以及演出、比赛等文体活动，必须尽快发布广告信息，这一类的广告可以借助报纸、广播或海报等媒体。近年来，伴随着互联网信息技术的发展，一些网络平台如微博等也成为迅速传递广告信息的营销新媒体。

阅读材料

一条微博引发恐慌!

2016 年 5 月 3 日，孙杨在微博上发出“预告”，表示自己将在 5 日 21 时 45 分至 21 时 55 分登上 CCTV1 和 CCTV5，并且写道“有一些话不得不说”。从预告发出到最终揭晓谜底，孙杨的粉丝可谓是“提心吊胆”，有人担心他会退出奥运，有人则担心他是否陷入禁药危机。最终，当大家守在电视机前时，出炉的却是孙杨最新为赞助商拍摄的广告。通过微博这个新媒体中的自媒体传播，最大的优势是信息传播快捷、辐射广、信息发布实时，且具有交互性、全息化、数字化、网络化等优势。孙杨这次采用微博方式，用悬疑的手段，在同步实时的大范围传播中获得了足够的关注，无疑是一次成功的营销。

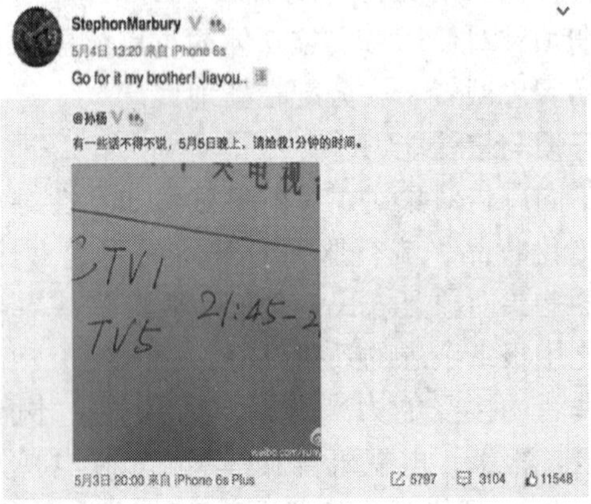

资料来源：蒲垚磊．一条微博引发恐慌！网友为孙杨操碎了心，结果却是如此营销．(2016-05-06)[2019-09-16]．https：//www.thepaper.cn/newsDetail_forward_1464806.

（4）媒体的覆盖范围与特点。

从地域上来说，媒体有全国性媒体和地区性媒体之分，由于广告的最终目的是销售，所以广告的传播范围应该与商品的销售范围基本一致。如果是本地产本地销的产品，就不必到全国性的广告媒体上做广告。反之，如果是面向全国市场的产品，本企业又有巨大的资本能力及扩产潜力，就可以选择在全国有影响力的电视、广播、报纸、杂志等媒体做广告。

（5）广告费用。

广告费用是选择广告媒体的制约因素之一，不同媒体的广告费用不一样。一般来说，电视、电影媒体的广告费用最高，广播、报纸、杂志次之，路牌、橱窗、招贴的广告费用则更低。对于企业来说，广告费用对其的制约主要体现在两方面：一方面是经济承受力，若一次性支付的广告费用很高，而企业经济实力又不是很雄厚，企业就难以选择这样的广告媒体。另一方面是广告的经济效果，即广告费用的投入和产出之比，如虽然利用某种媒体的一次性广告费用较高，但其所带来的经济效益却远远超出广告费用的投入，企业也愿意利用这样的广告媒体。反之，若某媒体广告带来的经济效益低于广告费用的支出，那么即使该媒体的广告费用很低，企业也不会愿意对其进行投入。

13.3.4 广告的媒体组合策略

1. 四大传统广告媒体的比较

广告媒体是广告宣传的载体。不同的广告媒体有不同程度的传达性、吸引性和适应性，因而各种广告媒体有不同的特性。报纸、杂志、广播、电视是公认的四大传统广告媒体，也是以“大众传播”为基础原理的传播媒体，其共同特点是传播面广、表现力强、持续性好、影响力大，所以往往成为企业最常用的广告媒体。四大传统广告媒体各自的优缺点见表13-1。

表 13-1　四大传统广告媒体的特性

媒体	优越性	局限性
报纸	(1) 宣传面广，读者众多； (2) 传播迅速； (3) 简便灵活，制作简便； (4) 便于剪贴存查； (5) 费用低廉； (6) 可借助报纸本身的威信	(1) 广告接触时间较短； (2) 登载内容较多，分散了对广告的注意力； (3) 单调呆板，不够精美
杂志	(1) 专业性强，针对性强； (2) 发行量大，宣传面广； (3) 可以反复阅读，反复接触； (4) 专业杂志读者的文化程度较高，易于接受开拓性广告； (5) 印刷精美，引人注意	(1) 发行周期长，广告时效性差； (2) 篇幅小，广告受限制； (3) 专业性强的杂志接触面窄
电视	(1) 形象生动逼真，感染力强； (2) 收视率高，深入千家万户； (3) 表现手法多样，艺术性强； (4) 可重复播放	(1) 播放时间短，广告印象不深； (2) 播放节目多，容易分散对广告的注意力； (3) 编导制作复杂，费用较高
广播	(1) 制作简便，传播快； (2) 覆盖面广； (3) 通俗易懂； (4) 灵活多样，生动活泼	(1) 有声无形，印象不深； (2) 转瞬即逝，难以记忆和存查； (3) 广告的注意力不够集中

正确的广告媒体组合可以增强广告效果，在心理效应上有提高广告声势的作用；把同一主题的广告分别在不同媒体上传播，目标顾客接触的机会就多，有拾遗补阙的作用；以不同的广告媒体传播同一个广告主题，还有相互补充、取长补短的作用。

2. 媒体组合策略的方式

(1) 视觉媒体与听觉媒体的组合。视觉媒体是指借助于视觉要素表现的媒体，如报纸、杂志、户外广告、招贴、公共汽车广告等；听觉媒体主要是借用听觉要素表现的媒体，如广播、音响广告。电视可以说是视听觉完美结合的媒体。视觉媒体更直观，能给人以真实感；听觉媒体更抽象，可以让人产生丰富的想象。

(2) 瞬间媒体与长效媒体的组合。瞬间媒体是指广告信息瞬时消失的媒体，如广播、电视等电子媒体，由于广告一闪而过，信息不易保留，因而要与能长期保留信息，可供反复查阅的长效媒体配合使用。长效媒体一般是指那些可以用较长时间传播同一广告的印刷品、路牌、霓虹灯、公共汽车等媒体。

(3) 大众媒体与促销媒体的组合。大众媒体是指报纸、电视、广播、杂志等传播面广、声势大的广告媒体，其传播优势在于"面"。但这些媒体与销售现场相脱离，只能起到间接促销作用。促销媒体主要是指邮寄、招贴、展销、户外广告等传播面小、传播范围固定、具有直接促销作用的广告，它的优势在于"点"，若在采用大众媒体的同时又配合使用促销媒体，能使点面结合，收到直接促销的效果。

课堂讨论

采用广告媒体组合策略时应该注意哪些事项？

提示：

（1）媒体组合策略较适合于开拓新市场及推出新产品时使用。

（2）媒体组合使用要耗费大量广告费，因此只适合有经济实力的大中型企业。

（3）媒体组合运用是复杂的，不能随心所欲，应建立在研究分析和计划的基础上。

13.4 销售促进

13.4.1 销售促进的含义及作用

1. 销售促进的含义

销售促进又称营业推广，是企业在某一段时期内采用特殊的手段对消费者进行强烈的刺激，以促进企业销售迅速增长的一种策略。广告为购买某一产品或服务提供了理由，而销售促进则提供了立即购买的理由。销售促进包括各种以激发消费者更迅速或更强烈的市场反应为目的的促销手段，包括赠送样品、发放优惠券、有奖销售、以旧换新、销售点陈列、组织竞赛和现场示范等。销售促进有时也用于对中间商的促销，如转让回扣、支付宣传津贴、组织销售竞赛等。各种展销会和博览会也是销售促进经常采用的手段。销售促进同其他促销策略的显著区别在于：它以有冲击力的呈现和特殊的优惠为特征，给消费者以不同寻常的刺激，从而激发起他们的购买欲望。销售促进不能作为一种经常的促销手段来加以使用，但在某一个特定时期内，对于促进销售的迅速增长是十分有效的。

2. 销售促进的主要作用

（1）企业可利用各种销售促进手段来吸引新顾客和新用户。因为销售促进对消费者的刺激比较强烈，很有可能会吸引一部分新顾客的注意，使他们因追求某些利益方面的优惠而转向购买和使用本企业的产品。

（2）企业可利用各种销售促进手段来报答那些忠诚于本企业品牌产品的顾客。如通过“赠券”“奖售”等手段所体现的利益让渡，受惠者大多是企业的品牌忠诚者，这就有可能增加这部分顾客的“回头率”，稳定企业的市场份额。

（3）企业可利用各种销售促进手段来补充和配合广告等其他促销策略，实现企业的营销目标。因为广告等手段的促销效应是长期的，从消费者接收广告信息到采取购买行为往往有一段时间间隔。在此期间，广告的促销效果可能减弱也可能增强；销售促进的促销效果是即时的，反应较快。销售促进和广告同时使用，就有可能强化广告的促销效果，促使消费者尽早采取购买行动。

课堂讨论

销售促进在何时适用？

提示：销售促进很大程度上是为了打破消费者对于其他企业产品的品牌忠诚度，以特殊的手段来扩大企业产品的消费市场。在大多数情况下，品牌声誉不高的产品，采用销售促进的手段比较多。名牌产品若过多地采用销售促进的手段，则有可能降低其品牌声誉，所以，企业在运用销售促进策略时必须慎重。由于销售促进一般都表现为企业对购买者在利益上的让渡，所以对于价格弹性较大的产品来讲比较适用；而价格弹性小、品质要求高的产品则不宜过多采用销售促进手段。

13.4.2　销售促进的基本策略

企业利用销售促进手段时，首先应根据企业的营销目标来确定销售促进的目标：或是争取新顾客，扩大市场份额；或是鼓励消费者多购买产品，扩大产品销量；或是推销滞销产品，延长产品市场生命周期。销售促进目标一旦确定，企业就应选择适当的销售促进手段来实现既定目标。

销售促进手段选定后，企业应进一步制定具体的实施方案。如刺激的规模、刺激的对象、实施的途径、实施的时机和实施的总体预算等。若有需要，在实施销售促进方案之前还应对销售促进的做法在小范围内进行预试，在实施过程中也应随时掌握情况，不断调整，实现对销售促进的全过程的控制。在一项销售促进活动结束后，还应及时总结，对实施的效果进行评估，并注意同其他促销策略之间的配合情况。

1. 对消费者的销售促进

销售促进的手段是多种多样的，其中对消费者的手段主要有：

（1）赠送样品。赠送样品是指企业将一部分产品免费赠予目标市场的消费者，使其试尝、试用、试穿。样品可直接赠送，也可在销售其他商品时附送，或凭企业广告上的附条领取。这种方式对新产品介绍和推广最为有效。

（2）发放优惠券。企业向目标市场的部分消费者发放优惠券，凭券可按实际销售价格折价购买某种商品。优惠券可采取直接赠送或广告附赠的方法发放。发放优惠券可刺激消费者购买品牌成熟的商品，也可用来推广新产品。

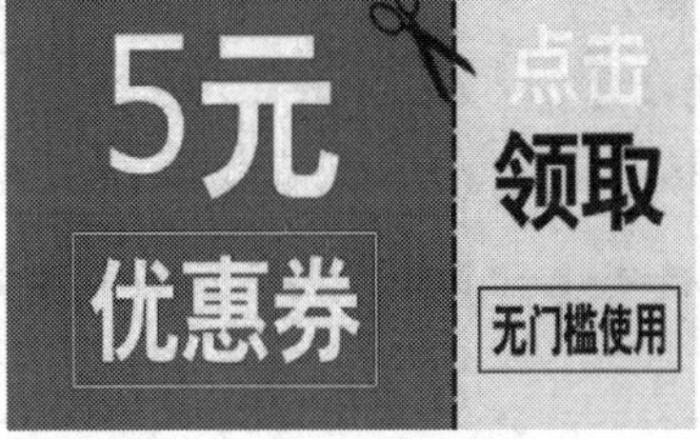

（3）开展有奖销售。这是指企业对购买某些商品的消费者设立特殊的奖励。如凭该商品中的某种标志（如瓶盖）可免费或以很低的价格获取此类商品或得到其他好处；也可按购买商品的一定数量（如十个以上），赠送一份消费者所需要的礼品。奖励的对象可以是全部购买者，也可用抽签或摇奖的方式奖励一部分购买者。这种方式的刺激性很强，常用来推销一些品牌成熟的日用消费品。

（4）组织展销。企业将一些能显示企业优势和特征的产品集中陈列，边展边销，由于展销可使消费者在同时同地看到大量的优质商品，有充分挑选的余地，所以对消费者的吸引力很强。展销可以一个企业为单位举行，也可由众多生产同类产品的企业联合举行。若能对某些展销活动赋予一定的主题，并同广告宣传活动配合起来，促销效果会更佳。

（5）现场示范。现场示范是指企业派人将自己的产品在销售现场当场进行使用示范表演。现场示范一方面可以把一些技术性较强的产品的使用方法介绍给消费者，另一方面也可使消费者直观地看到产品的使用效果，从而能迅速地打消顾客的某些疑虑，使顾客接受企业的产品。

课堂讨论

现场示范适用于哪些产品？

提示：现场示范对于使用技术比较复杂或是效果直观性比较强的产品最为适用，特别适宜于推广一些新产品。

2. 对中间商的销售促进

对于中间商企业，通常可采用以下一些销售促进的手段：

（1）批发回扣。企业为争取批发商或零售商多购进自己的产品，在某一时期内可按批发商购买企业产品的数量给予一定的回扣。回扣的形式可以是折价，也可以是附赠商品。批发回扣可吸引中间商增加对本企业产品的进货量，促使它们购进原先不愿经营的新产品。

（2）推广津贴。企业为促使中间商购进本企业产品，并帮助企业推销产品，还可支付给中间商一定的推广津贴，以鼓励和酬谢中间商在推销本企业产品方面所做的努力。推广津贴对于激励中间商的推销热情是很有效的。

（3）销售竞赛。企业如果在同一个市场上通过多家中间商来销售本企业的产品，就可以发起由这些中间商所参加的销售竞赛活动。根据各个中间商销售本企业产品的实绩，分别给优胜者以不同的奖励，如现金奖、实物奖或是给予较大的批发回扣。这种竞赛活动可鼓励中间商超额完成其推销任务，从而使企业产品的销量大增。

（4）交易会或博览会。同对消费者的销售促进一样，企业也可以举办或参加各种商品交易会或博览会，向中间商推销自己的产品。由于这类交易会或博览会能集中大量优质产品，并能形成对促销有利的现场环境效应，对中间商有很大的吸引力，所以也是一种对中间商进行销售促进的好形式。

企业对于各种销售促进策略的选择应当根据其营销目标、产品的特性、目标市场的顾客类型以及当时当地的有利时机灵活地加以选用。但是，任何销售促进的前提是产品必须能够达到规定的质量标准或具有明显的优势，不能利用销售促进来推销损害消费者利益的假冒伪劣产品。

13.5　公共关系

13.5.1　公共关系的含义及基本特征

1. 公共关系的含义

公共关系与广告、销售促进的基本功能都是传递信息，都要利用传播媒介和传播技术进行信息沟通。但是，公共关系又与其他促销手段有所不同，并且其功能也不仅局限于促销。作为促销组合之一的公共关系，是指争取对企业有利的宣传报道，帮助企业与有关各界公众建立和保持良好关系，塑造和保持良好的企业形象，以及消除和处理对企业不利的谣言、传说和事件等一系列活动。

2. 公共关系的基本特征

作为社会关系的一种表现形态，公共关系有其独特的性质。

（1）情感性。公共关系是一种创造美好形象的艺术，它强调的是成功的人和环境、和谐的人事气氛、最佳的社会舆论，以赢得社会各界的了解、信任、好感与合作。公共关系的目的是为组织的生存、发展或个人的活动创造最佳的软环境。

（2）双向性。公共关系是以事实为基础的双向沟通，而不是单向的公众传达或对公众舆论进行调查、监控，它是主体与公众之间的双向信息系统。组织一方面要吸取人情民意以调整决策，改善自身；另一方面又要对外传播，使公众认识和了解自己，达成有效的双向意见沟通。

（3）广泛性。一方面，公共关系无处不在、无时不在，贯穿于主体的整个生存和发展过程中；另一方面，公共关系的对象可以是任何个人、群体和组织，既可以是已经与主体发生关系的任何公众，也可以是将要或有可能发生关系的潜在公众。

（4）整体性。公共关系的宗旨是使公众全面地了解企业，从而建立起企业的声誉和知名度。它侧重于一个组织机构或个人在社会中的竞争地位和整体形象，以使人们对自己产生整体性的认识。它并不是要单纯地传递信息，宣传企业的地位和社会威望，而是要使人们对企业各方面都要有所了解。

（5）长期性。公共关系的实践告诉我们，不能把公共关系人员当作“救火队”，而应把他们当作“常备军”。公共关系的管理职能应该是经常性与计划性的，这就是说，公共关系不是水龙头，想开就开，想关就关，它是一种长期性的工作。

13.5.2 公共关系专题活动

1. 新闻发布会

新闻发布会又称记者招待会，是组织或个人为宣布某一或某些重要消息，把各新闻机构的有关记者邀请来，就重大新闻进行发布或解释重要的方针、政策，并让记者就此进行提问，然后由召集者回答的一种具有传播信息、吸引媒体关注、融洽与新闻媒介关系的公共关系专题会议活动。

新闻发布会适用于选择组织有价值的、实实在在的新闻，通过精心设计和布局提供给媒体。如组织的新发展，企业新开张，新产品的开发、生产与投放市场，企业重组上市，发生重大（或紧急）事件，受到公众和新闻界的公开批评，开展重大的社会公益活动，重要的人事变动，企业的重要庆典或纪念活动等借势或造势活动，都是有必要通过新闻发布会发布的新闻事件。

阅读材料

策划新闻发布会应注意的问题

（1）组织发布的信息应有新闻价值。

（2）要妥善安排新闻发布会的时间和地点。

（3）确定会议主题，统一发布口径。

（4）确定新闻发言人和发布会的主持人。

（5）准备好新闻发布的文字资料，安排好现场参观、实物及图片展等活动。

（6）做好其他会务工作。如会场的布置、请柬的发放等。

（7）做好经费预算和新闻发布总结。

资料来源：李道平. 公共关系学 . 4 版 . 北京：经济科学出版社，2012.

2. 庆典活动

庆典活动是组织为庆祝某一重大事件而举行的公共关系专题活动。在值得庆贺和纪念的重大事件、重要日子举行一定规模的、隆重而又热烈的庆典活动，对宣传组织、提高组织的知名度、广交朋友、增进友谊、树立形象具有十分重要的作用。可用于组织公共关系活动的庆典仪式有很多，主要包括以下几种形式：

（1）开幕典礼。开幕典礼又称开幕式，是指组织第一次与公众见面的公开“亮相”，是为有纪念意义的事件而举行的庆祝活动，也是组织树立形象、创建品牌的第一关。组织可以借此扩大影响，提高知名度，给公众留下美好印象。如开业典礼、重要工程开工、新建工程奠基典礼、展览会展销会开幕等。

（2）纪念日庆典。纪念日庆典是指组织遇到某一具有“里程碑”性质的事件而举行的庆典活动。如企业的周年庆典、某项新产品的问世；某一组织重大的改革方针出台等。组织人员应注意选择时机，策划组织具有独特创意性的特别庆典活动，以实现组织的公共关系目标。

（3）节庆活动。节庆活动是指组织在社会公众重要节日时举行或参与的庆典活动，如劳动节、国庆节的大联欢等。节庆活动可分为两种：一种是组织利用节日为联络感情、协调与社会公众的关系而举办的各种娱乐、联谊活动；另一种是组织为塑造一个积极参与社会活动的正面形象而参与社区庆祝或联欢活动，如制作彩灯参加灯会等。

3. 展览会

展览会也是常见的一种公共关系专题活动。展览会是一种以实物、文字说明、图片、模型、幻灯、录像等来展示组织成果，树立组织形象的公共关系宣传活动。成功地举办展览会，可以达到吸引公众的注意和兴趣，实现组织与公众的双向沟通，有效推销组织形象的目的。

展览会的特点如下所述：

（1）直观性。展览会是一种非常直观、形象的传播方式。展览会一般以展出实物为主，并以专人讲演和示范的方式进行现场示范表演。随着科技水平的提高，各种最新传播手段、高科技工具被应用到展览会之中，能增强传播效果，做到生动、形象、直观，吸引公众注意，强化公众记忆，加深公众的印象。

（2）复合性。展览会是一种复合性的传播方式。它通常会同时综合运用多种媒介、多种手段进行交叉混合传播，往往以实物展出为主，配以文字宣传资料、图片、幻灯、录像、电脑等，再加上恰当的解说、友好的交谈、优美的音乐、生动的造型艺术，具有很强的感染力和吸引力。

（3）双向性。展览会能给组织提供与公众直接双向沟通的机会，这种沟通在向公众展示自身形象的同时，还可以及时有效地收集公众的反馈意见，并有针对性地进行交流。

（4）新闻性。展览会是一种综合性的大型活动，好的展览会除本身能进行组织自我宣传外，还能为参观者提供亲身体验，能够成为新闻媒介追踪的对象，并与公众形成良好的互动。

（5）高效性。展览会是一种高效率的沟通方式，它可以集中展示同一主题下不同的产品、品牌、文化、场景等，为参观者提供更多体验的机会，并节省大量的时间和费用。

4. 其他公共关系专题活动

公共关系专题活动的形式很多，除了以上几种形式外，组织经常运用的还有赞助活动、联谊活动等。

（1）赞助活动。赞助活动是组织无偿地提供资金或物质支持某项社会事业或社会活动，以获得一定形象传播效应的公共关系专题活动。这种活动是一项有效的公共关系手段，可以使提供赞助的组织与赞助的项目同步成名，属于一种信誉投资和感情投资行为。

阅读材料

海尔在100座城市启动“拥抱吧爸爸”公益活动

海尔集团是全球大型家电品牌。“真诚到永远”不仅仅是海尔作为产品品质的保证，同时，作为具有高度社会责任感的民族品牌，这句话也是海尔从事公益事业的承诺。2017年，海尔集团打破传统公益方式，不再仅仅是提供金钱或者物质的捐助，以“唯有拥抱，心才能在一起”为主题，在全国策划了一次相当“走心”的大型公益项目——“拥抱吧爸爸”。海尔集团把留守在家的孩子们送去城市中和父母相聚，让孩子们回到“爸爸的怀里”，缓解彼此的思念，近距离地联结情感。海尔将海尔专卖店打造成孩子们旅途中的温情服务站，让孩子们在这里休息，为爸爸准备礼物，返途中还可以和父母进行视频通话。海尔集团这个公益广告，符合其一贯的企业文化，从顾客最深处的需求考虑，真正做到了“真诚到永远”。

资料来源：关爱留守儿童海尔在100座城市启动“拥抱吧爸爸”公益活动.（2018-08-02）[2019-06-16]. http://sn.ifeng.com/a/20180802/6776402_1.shtml.

（2）联谊活动。联谊活动是组织以实现一定合作目标为主旨，为了增进了解、加深感情、促进信息沟通和感情交流的一种公共关系专题活动。联谊活动一般可分为三个层次：第一层次是感情型，包括以联络感情为主要内容的互致信函、互赠纪念品、出席庆祝活动等，这类联谊活动以建立初步良好形象为目的，为以后的联络奠定较好的感情基础；第二层次是信息型，以互相沟通信息为主要内容，这样的联谊活动能使联谊各方建立合作伙伴关系，并互相获益；第三层次是合作型，以经济合作为主要内容，即高层次的联谊活动，是一种最具实质性的联谊，是联谊活动成果的最终体现。

（3）参观活动。组织为了更好地与目标公众相互沟通，可以向公众进行组织开放参观，组织公众参观本组织的工作现场和设施，从而增强公众对组织的兴趣和好感，并获取公众的理解和支持，改善和提高组织与外部公众的关系的质量。

课堂讨论

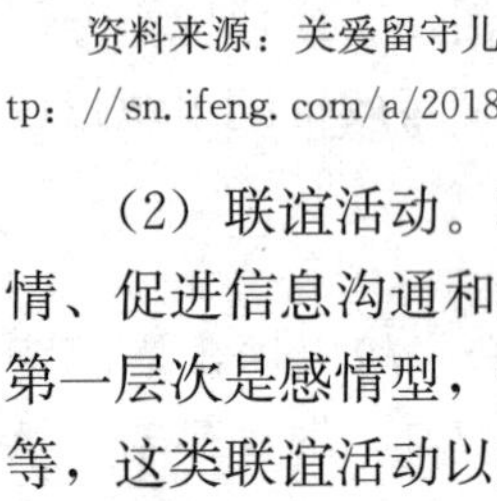

2018年5月20日，中国华电集团有限公司主题为“度度关爱，让生活更美好”的第二届公众开放日活动正式启动。中国华电所属130家企业在海内外34座城市同日开放，近15 000名社区居民、学生、媒体代表、政府官员等利益相关方入厂参观。请对我国电力企业中首个且规模最大的品牌化公众开放日活动进行评价。

提示：该活动成功搭建了企业与社会公众沟通的桥梁，展示了中国华电创新、绿色、开放的企业形象，强化了公众的正面认知，改善了企地关系。活动传播覆盖影响人数上百万，成为公众沟通的行业典范。

（4）文艺演出及电影招待会。组织邀请客人观看文艺演出、电影等活动，也是一项经常性的公共关系活动。一般来说，组织文艺演出及电影招待会应依照下列程序：第一，选定节目。节目选定应考虑客人的爱好和品位，同时也应兼顾活动的目的、经费等问题。第二，发出邀请。提前向客人发出请柬，并提出现场要求，如着装、礼仪等。第三，座次安排。看文艺演出节目的座位，一般应考虑放在第七排、第八排的座位，看电影则以第十五排前后为最佳位置。第四，准备说明书。演出现场准备演出说明和简介。第五，入席与退席。专场演出可安排一般观众先入座，主宾席客人在开演前由专人陪同入场。演出结束，全场起立向演员鼓掌致谢，一般观众待贵宾退场后再离去。

13.5.3　危机公关

危机公关是指组织面对突然发生的、严重损害组织形象、给组织造成严重损失的事件时，运用公共关系的手段和技巧，通过及时有效的行动来减少和避免损失，重塑组织形象的活动过程，也可以理解为它是处理危机事件过程中的公共关系活动。

当危机事件发生时，公共关系工作人员要从不同的方面予以调整、处理和解决。公共关系只是处理危机问题的一个关键因素，处理危机事件还需要其他的一系列手段，诸如财务、技术支持等。但是公共关系却是危机管理中一个非常重要的组成部分，因为它是处在决策层次的因素，起着左右其他因素的决定性作用。它担负着预防、策划和挽回三项重任。

1. 尽早发现危机征兆，“防火”胜于“灭火”

对于任何组织和个人，最大限度减少危机损失和影响的做法便是避免危机的发生。危机管理的真正高手，是通过事先分析、科学预测，防范“火警”发生的“安全员”。因此，管理者们应该树立未雨绸缪的意识，及早发现危机的端倪，防患于未然。在危机应对中通过科学分析作出事前预测和判断，从而将事件控制在酝酿、萌芽状态，在不被人察觉中将危机化解。危机应对的预见性原则首先体现在组织必须对可能发生危机的各个领域和环节作出事先预测和分析，制订全面、可行的危机预案和计划。将危机消灭在产生前，是危机管理的最高境界。

2. 迅速反应，控制事态

从危机事件本身的特点来看，危机事件爆发的突发性和极强的扩散性决定了危机应对必须要迅速、果断。危机的发展具有周期性，包括酝酿期、爆发期、扩散期和消退期。与之相对应，危机的破坏性往往随着时间的推移而呈非线性爆炸式增长。因此，越早发现危机并迅速反应，控制事态，越有利于危机的妥善解决和降低各方利益损失。首先，组织内部对于危机事件必须保持高度警觉，早发现、早通报，便于高层尽快掌握了解真相、作出决策，绝对不可推诿扯皮，贻误战机。其次，在对外沟通方面，速度第一原则显得更为重要，及早向外界发布信息既体现出组织对危机事件的快速反应姿态，又可以平息因信息不透明而产生的谣言，赢得公众信任。最后，在危机发生后第一时间与利益相关者进行沟通公关，争取良好的外部环境，分解组织的外部压力，有利于危机的妥善解决。可以说谁能第一时间作出反应，谁就掌握了主动。

3. 尊重事实，不回避问题，避免进一步加重危机

任何组织在处理危机过程中，都必须坚持实事求是的原则，这是妥善处理危机的最根

本原则。犯了错误并不可怕，可怕的是不敢承认错误。从危机公关的角度来说，只有坚持实事求是、不回避问题，勇于承担责任，向公众表现出充分的坦诚，才能获得公众的同情、理解、信任和支持。对于处于危机风波中的企业来说，最大的致命伤便是失信于民，一旦媒体和公众得知企业在撒谎，新的危机又会马上产生。世上没有不透风的墙，违背事实、弄虚作假、封锁消息、愚弄公众，往往会产生一系列连锁反应，进一步加重危机的负面作用，以致给组织造成不可挽回的损失。

4. 勇于承担责任，树立和不断提升组织和品牌形象

危机发生后，公众关注的焦点往往集中在两个方面：一方面是利益的问题，另一方面则是感情问题。危机事件往往会造成组织利益和公众利益的冲突激化，从危机管理的角度来看，无论谁是谁非，组织都应该主动承担责任。目光短浅的企业，为了保护自身、获取短期利益，在危机管理中往往将公众利益和社会责任束之高阁，最终却为之付出巨大代价。具有强烈责任感的企业，宁愿以牺牲自身短暂利益换来良好的社会声誉，树立和不断提升组织和品牌形象，从而实现企业发展的基业长青。

5. 坦诚沟通，为妥善处理危机创造良好的氛围和环境

处于危机中的组织要做好信息的传递发布，并在组织内外部进行积极、坦诚、有效的沟通公关，充分体现出组织在危机应对中的社会责任感，从而为妥善处理危机创造良好的氛围和环境，达到维护和重树形象的目标。危机处理中，组织遵循坦诚沟通原则、及时向公众发布信息的意义在于：保障社会公众的知情权、体现组织的社会责任感、为危机应对创造良好的外部环境、维护和树立组织的良好形象。可以说，组织内外部的信息传递和沟通效果是妥善处理危机的核心问题。事实上，陷于危机事件中的管理者们往往将大部分时间和精力用于组织内外部沟通，但最终的结果却大相径庭，其原因便在于能否真正遵循坦诚的原则进行及时、坦率、有效的沟通公关。

6. 灵活变通，化危机于无形

危机管理既是一门科学，又是一门艺术。企业危机管理和危机公关，既是关系组织生存与发展的严肃话题，又给管理者们提供了一个管理智慧和创新才能发挥的广阔空间。事实上，从危机事件爆发前的预防、危机事件发生后的应对和危机后期处理环节，既要遵循一些危机管理的基本程序和规则，又无绝对统一的模式可以照搬。

“山重水复疑无路，柳暗花明又一村。”危机管理高手们往往能结合事态的变化、组织自身优势、内外部资源条件等进行灵活处理和应对，不仅能力挽狂澜，成功跨越危机，甚至还能将危机事件转变成提升企业形象的契机。

单元小结

促销是企业通过人员和非人员的方式，沟通企业与消费者之间的信息，引发、刺激消费者的消费欲望和兴趣，使其产生购买行为的活动。企业在市场营销过程中，有计划地将人员推销、广告、销售促进和公共关系等多种促销手段和因素结合起来，最大限度地发挥整体效果，从而顺利实现促销目标。由于各种促销方式都有其优点和缺点，在促销过程中，企业常常将多种促销方式并用，发挥其整体效果。营销人员应审时度势，全面考虑制定有效的促销组合决策。

本模块知识与技能训练

关键概念认知

整体产品　产品市场生命周期　品牌　需求导向定价法　认知价值定价法　撇脂定价策略　分销渠道　中间商　促销　人员推销　广告　公共关系　销售促进

职业判断

一、单项选择题

1. 产品组合的宽度是指产品组合中所拥有(　　)的数目。

A. 产品项目　　B. 产品线　　C. 产品种类　　D. 产品品牌

2. 新产品刚刚进入市场阶段，销售额缓慢增长，该时期是产品市场生命周期的(　　)。

A. 投入期　　B. 成长期　　C. 成熟期　　D. 衰退期

3. 对于拥有良好声誉且生产质量水平相近产品的企业，宜采用的包装策略应是(　　)策略。

A. 等级包装　　B. 类似包装　　C. 分类包装　　D. 配套包装

4. 为鼓励顾客购买更多商品，企业给那些大量购买商品的顾客一种减价的优惠称为(　　)。

A. 功能折扣　　B. 数量折扣　　C. 季节折扣　　D. 现金折扣

5. 企业利用消费者具有仰慕名牌商品或名店声望所产生的某种心理，对质量不易鉴别的商品的定价最适宜采用(　　)法。

A. 尾数定价　　B. 招徕定价　　C. 声望定价　　D. 反向定价

6. 随行就市定价法属于(　　)。

A. 成本导向定价法　　B. 竞争导向定价法

C. 心理导向定价法　　D. 需求导向定价法

7. 当产品市场需求富有弹性且生产成本和经营费用随着生产经营经验的增加而下降时，企业便具备了(　　)的可能性。

A. 渗透定价　　B. 撇脂定价　　C. 尾数定价　　D. 招徕定价

8. 按照单位成本加上一定百分比的成本加成率来制定产品销售价格的定价方法称为(　　)定价法。

A. 成本加成　　B. 目标利润率　　C. 认知价值　　D. 收支平衡

9. 整数定价一般适用于(　　)的产品。

A. 消费品　　B. 日用品　　C. 食品　　D. 奢侈品

10. 使所供应的物品符合购买者需要，包括分类、分等、装配、包装等活动属于分销渠道职能中的(　　)。

A. 促销职能　　B. 配合职能　　C. 接洽职能　　D. 物流职能

11. 当生产量大且超过企业自销能力的许可时，其渠道策略应选择为(　　)。

A. 直接渠道　　B. 间接渠道　　C. 专营渠道　　D. 供应渠道

12. 生产牙膏产品的企业一般应选择的渠道策略是（　　）。

A. 直接渠道　　B. 间接渠道　　C. 专营渠道　　D. 供应渠道

13. 下列渠道中的（　　）是工业用品分销渠道的主要类型。

A. 专营渠道　　B. 供应渠道　　C. 直接渠道　　D. 间接渠道

14. 一般来说，批量大、市场比较集中或产品本身技术复杂、价格较高的产品适用（　　）。

A. 长渠道　　B. 短渠道　　C. 中渠道　　D. 零渠道

15. 当产品进入成长期和成熟期后，随着产品销量的增加、市场范围的扩大、竞争的加剧，企业可采用（　　）策略。

A. 长渠道　　B. 短渠道　　C. 中渠道　　D. 零渠道

16. 通常企业具有较丰富的市场销售知识与经验，有足够的销售力量和储运与销售设施，可以采用（　　）策略。

A. 长渠道　　B. 短渠道　　C. 宽渠道　　D. 窄渠道

17. 以下策略中的（　　）策略适用于一些选择性较强的耐用消费品、高档消费品和专用性较强的零配件以及技术服务要求较高的工业品的销售。

A. 广泛性分销　　B. 选择性分销　　C. 差异性分销　　D. 独家分销

18. 分销渠道的每个层次使用同种类型中间商数目的多少，被称为分销渠道的（　　）。

A. 宽度　　B. 长度　　C. 深度　　D. 关联度

19. 以大批量、低成本、低售价和微利多销的方式经营的连锁式零售企业是（　　）。

A. 超级市场　　B. 方便商店　　C. 仓储商店　　D. 折扣商店

20. 生产消费品中的便利品的企业通常采取（　　）策略。

A. 密集分销　　B. 独家分销　　C. 选择分销　　D. 直销

21. 促销的目的是刺激消费者产生（　　）。

A. 购买行为　　B. 购买兴趣　　C. 购买决定　　D. 购买倾向

22. 人员推销的缺点主要表现为（　　）。

A. 成本低，顾客量大　　B. 成本高，顾客量大

C. 成本低，顾客有限　　D. 成本高，顾客有限

23. 在产品市场生命周期的投入期，消费品的促销目标主要是宣传介绍产品，刺激购买欲望的产生，因而主要应采用的促销方式是（　　）。

A. 广告　　B. 人员推销　　C. 价格折扣　　D. 销售促进

24. 促销工作的核心是（　　）。

A. 出售商品　　B. 沟通信息　　C. 建立良好关系　　D. 寻找顾客

25. 公共关系（　　）。

A. 是一种短期促销战略　　B. 直接推销产品

C. 可树立企业形象　　D. 需要大量的费用

二、多项选择题

1. 根据耐用性和是否有形，可将产品大致分为（　　）三类。

A. 高档消费品　　B. 低档消费品　　C. 耐用品

D. 非耐用品　　E. 服务

2. 产品组合包括的变数是(　　)。

A. 适应度　　B. 长度　　C. 关联度

D. 宽度　　E. 深度

3. 产品市场生命周期包括(　　)四个阶段。

A. 投入期　　B. 成长期　　C. 高峰期

D. 成熟期　　E. 衰退期

4. 产品包装按其在流通过程中作用的不同，可以分为(　　)。

A. 统一包装　　B. 运输包装　　C. 分类包装

D. 销售包装　　E. 等级包装

5. 对处于产品市场生命周期衰退期的产品，可供选择的营销策略有(　　)。

A. 集中策略　　B. 扩张策略　　C. 维持策略

D. 竞争策略　　E. 立即放弃策略

6. 品牌主要由(　　)等因素构成。

A. 品牌名称　　B. 品牌标志　　C. 品牌的命名

D. 品牌的系列　　E. 商标

7. 企业定价目标主要有(　　)等。

A. 应付和防止竞争　　B. 当期利润最大化

C. 扩大市场份额　　D. 产品质量领先

E. 成本最小化

8. 只要具备了以下(　　)这些条件时，企业就可以考虑通过低价来实现市场占有率的提高。

A. 市场对价格反应迟钝

B. 生产与分销的单位成本会随生产经验的积累而下降

C. 市场对价格高度敏感

D. 低价能吓退现有的和潜在的竞争者

E. 产品质量优良

9. 价格折扣主要有(　　)等类型。

A. 现金折扣　　B. 数量折扣　　C. 功能折扣

D. 季节折扣　　E. 价格折让

10. 心理定价策略主要有(　　)。

A. 声望定价策略　　B. 分区定价策略　　C. 尾数定价策略

D. 习惯定价策略　　E. 招徕定价策略

11. 分销渠道包括(　　)。

A. 生产者　　B. 商人中间商　　C. 代理商

D. 供应商　　E. 消费者

12. 无门市零售的主要形式是(　　)。

A. 直复市场营销　　B. 直接销售　　C. 自动售货

D. 购货服务公司　　E. 传销

13. 在选择渠道宽度时，一般包括的三种形式是（　　）。

A. 直复市场营销　B. 密集分销　C. 特许分销

D. 选择性分销　E. 独家分销

14. 促销的作用主要有（　　）。

A. 传递信息　B. 创造需求　C. 突出特色

D. 稳定销售　E. 宣传企业

15. 推销人员的职责主要有（　　）。

A. 建立客户关系　B. 吸引新顾客　C. 传播情报信息

D. 提供售前服务　E. 保持老顾客

16. 报纸媒体的主要缺点是（　　）。

A. 缺乏针对性　B. 持续时间短

C. 形象表达手段欠佳　D. 费用高

E. 时效性短、不易保存

17. 销售促进的方式主要有（　　）。

A. 提供咨询性服务　B. 公益活动

C. 展销会　D. 专题会议

E. 销售竞赛

18. 制定促销组合和促销策略的影响因素较多，主要应考虑的因素有（　　）。

A. 消费者状况　B. 促销目标　C. 产品因素

D. 市场条件　E. 促销预算

三、判断题

1. 市场营销学上的产品是指能够满足人们欲望和需要的任何东西。（　　）

2. 产品的市场寿命与使用寿命是同一的。（　　）

3. 根据购买者及用途可将产品分为消费品和工业品。（　　）

4. 进入衰退期的产品在一定条件下还有可能进入新的成长期。（　　）

5. 定价既是一门科学，又是一门艺术。（　　）

6. 随行就市定价法适用于同质产品。（　　）

7. 招徕定价是按照顾客已经形成的价格习惯来为商品定价。（　　）

8. 从市场营销的实践看，当市场有足够的购买者，且对商品的需求缺乏弹性时，企业往往能成功地实施撇脂定价。（　　）

9. 产品差异化营销以市场需求为导向。（　　）

10. 分销渠道是产品从制造商转移到零售商所经过的各个中间商连接起来形成的通道。（　　）

11. 对体积大而重、价格又昂贵的工业品应采取间接渠道策略。（　　）

12. 代理商与经销商的本质区别在于是否拥有产品的所有权。（　　）

13. 专业商店是能够满足顾客对时尚商品多样化选择需求的零售业态。（　　）

14. 百货商店是指经营某一类商品或某一类商品中的某一品牌的零售业态。（　　）

15. 促销的实质是营销者与购买者之间的信息沟通。（　　）

16. 因为促销是有自身统一规律性的，所以不同企业的促销组合和促销策略也应该是

相同的。(　　)

17. 对单位价值较低、流通环节较多、流通渠道较长、市场需求较大的产品常采用拉引策略。(　　)

18. 广告的目的是吸引消费者，但广告对产品的报道必须与产品的本来面目相一致。(　　)

19. 促销策略主要以市场为导向，只要能将产品卖出去，就应该不惜一切代价。(　　)

四、简答题

1. 简述整体产品的概念。

2. 试析产品市场生命周期各阶段的特征及营销对策。

3. 什么是新产品？新产品开发的形式有哪些？

4. 企业的定价目标有哪些？

5. 试析影响产品定价的因素。

6. 消费品营销渠道的模式有哪些？

7. 影响营销渠道选择的因素有哪些？

8. 如何对渠道进行管理？

9. 简述影响促销组合决策的因素。

10. 简述危机公关的要点。

五、计算题

1. 某厂生产某种商品 10 000 件，固定总成本为 400 000 元，变动总成本为 600 000 元，预期利润率为 20%，试按成本加成定价法计算每件商品的销售价格。

2. 某冰箱厂投资 1 000 万元，期望取得 20%的投资收益率。如果生产冰箱的固定成本为 200 万元，平均变动成本为 400 元，建成投产后预计年销售量为 50 000 台，则按目标利润定价法确定的每台冰箱价格是多少？

职业能力训练

任务 1　以旅游产品或汽车产品为例，分析产品市场生命周期不同阶段生产者和消费者所面临的不同问题。你认为经营者应该怎样做才能避免产品走向衰退？

任务 2　你刚刚被聘为一家高级饭店的餐厅经理，总经理让你对菜单的价格加以评价，看是否需要调整，你将如何完成这项任务？请写出详细的操作步骤。

任务 3　请你为下列生产厂商选择分销渠道提出建议。

(1) 生产饮料的企业；

(2) 卖酒的企业；

(3) 生产床上用品的企业。

任务 4　假设你是一家玩具企业的促销经理，公司要推出一款儿童玩具，要求你设计促销组合，即综合运用广告、公共关系、销售促进和人员销售等促销工具；你的预算并不宽裕。请写一份促销计划解释你的促销组合，注意要考虑各种影响因素，例如促销目标、产品特征、目标市场的特征、产品市场生命周期、经费以及促销策略等。

任务 5　选择一种产品或服务，与另一位同学模拟电话销售——从接触顾客到达成交易。团队中的一人扮演销售人员，另一人扮演顾客，至少提出三个目标。选择另一种产品或服务，互换角色再做一次以上的练习。

任务 6　广告的信息可以有不同的诉求方式。选择一个品牌及其目标受众，设计两则广告，分别运用不同的诉求方式向该目标受众传递相同的信息。展示你的广告并说明你采用了何种诉求方式。

任务 7　某百货公司将举办开业十周年店庆活动，请为百货公司店庆设计活动方案。

综合案例分析

宝马汽车的市场营销组合策略

宝马是用品牌核心价值全面统领一切营销传播活动的成功典范。宝马的品牌核心价值是“驾驶的乐趣和潇洒的生活方式”。因此，宝马总是不遗余力地提升汽车的操控性能，使驾驶汽车成为一种乐趣、一种享受。宝马的产品研发与技术创新都清晰地指向如何提升汽车的驾驶乐趣。宝马的外观也突出地体现了品牌的核心价值，体现出潇洒、轻松的感觉，与很多豪华车都十分庄重的特点形成鲜明的对比。

一、具有明晰目标顾客群体的车型设计

在整体的品牌核心价值下，宝马每一个系列的车型都会有个性化的差异，以适应不同的消费人群。例如，宝马进军亚洲市场的几种不同车型是用来满足不同的消费人群的。

1. 宝马三系列的定位是年轻、运动

三系列原为中高级小型车，新三系列有几种车体变化：四门房车、双座跑车、敞篷车和三门小型车，共有七种引擎。车内空间宽敞舒适。宝马三系列敞篷车和运动型多功能车X5是宝马家族的新宠，以浪漫和实用将力量、典雅和乐趣集于一身。

2. 宝马五系列的定位是商务、运动

备有强大引擎的中型房车五系列是宝马的新发明。五系列除了在外形上比三系列大之外，它们的灵敏度是相似的。拥有两种车体设计的五系列配有从 1 800 马力到 4 000 马力的引擎，四个、六个或八个汽缸。五系列提供多样化的车型，足以满足人们对各类大小汽车的所有需求。

3. 宝马七系列的定位是豪华商务

七系列无论从外观还是从内部看都属于宝马大型车等级。七系列房车的特点包括优良品质、舒适与创新的设计，已成为宝马汽车的象征。七系列除了有基本车体以外，还有加长车型可供选择。七系列代表着杰出的工程设计、前沿的科技创新、无法比拟的震撼力、纯正的驾驶乐趣，是宝马品牌价值的最好诠释。

4. 宝马八系列的定位是超级豪华跑车

八系列延续了宝马优质跑车的传统，造型独特、优雅。停产后，又有“宝马 CS 概念车——BMW8 系”复活。

二、高调定价的策略

宝马追求成功的高价政策，以高于其他大众车的价格出现。宝马公司认为宝马制定高价策略是因为：高价也就意味着宝马汽车的高品质，高价也意味着宝马品牌的地位和声望，高价表示了宝马品牌与竞争品牌相比具有的专用性和独特性，高价更显示出车主的社会成就。总之，宝马的高价策略是以公司拥有的优于其他厂商品牌的优质产品和完善的服务特性，以及宝马品牌象征的价值为基础的。宝马汽车的价格比同类汽车一般要高出10％～20％。

三、宝马亚洲直销渠道策略

宝马公司早在1985年就在新加坡成立了亚太地区分公司，管理新加坡、韩国及我国香港地区、台湾地区的分支机构的销售事务。在销售方式上，宝马公司采取直销的方式。宝马是独特、个性化且技术领先的品牌，宝马锁定的顾客并非是大众化汽车市场，因此，必须采用细致的、个性化的手段，用直接、有效的方式把信息传递给顾客。

直销是最符合这种需要的销售方式。宝马公司在亚洲共有3 000多名直销人员，由他们直接创造宝马在亚洲的销售奇迹。

宝马在亚洲直销有两个主要目标：一是要有能力面对不确定的目标市场；二是要能把信息成功地传递给目标顾客。直销要实现的其他目标还有：加强宝马与顾客的沟通，使宝马成为和顾客距离最近的一个成功企业；利用与顾客的沟通，和顾客建立长期稳定的关系；公司的财务状况、销售状况、售后服务、零件配备情况都要与顾客及其他企业外部相关者沟通；利用已有的宝马顾客的口碑，传递宝马的信息，树立宝马的品牌形象；利用现有的顾客信息资料，建立起公司内部营销信息系统。

宝马还把重点放在提供良好服务和保证零配件供应上。对新开辟的营销区域，在没有开展销售活动之前，便先设立服务机构，以建立起可靠的销售支持渠道。

四、放长线钓大鱼的促销策略

宝马公司并不急功近利地以销售量的提高为目的，而要达到如下目标：成功地把宝马的品牌定位融入潜在顾客中；加强顾客与宝马之间的感情连接；在宝马具有的整体形象的基础上，完善宝马产品与服务的组合；向顾客提供详尽的产品信息。最终，通过各种促销方式使宝马能够有和顾客直接接触的机会，相互沟通信息，树立起良好的品牌形象。

考虑到当今的消费者面对着无数的广告和商业信息，为了有效地使信息传递给目标顾客，宝马采用了多种促销方式，包括广告、公共关系活动等。

1. 以传播宝马品质为核心内容的广告宣传

宝马公司认为：当今社会越来越多的媒体具备超越国际的影响力，使用广告传达一致信息是绝对必要的。宝马公司为亚洲地区制订了一套广告计划，保证在亚洲各国通过广告宣传的宝马品牌形象是统一的。同时这套广告计划要通过集团总部的审查，保证与公司在欧美地区的广告宣传没有冲突。宝马公司借助电视、报纸、杂志等多种广告媒体开展广告宣传活动。这些活动主要分为两个阶段：第一阶段主要是告知消费者宝马是第一高级豪华车品牌，同时介绍宝马公司的成就和成功经验；第二阶段宝马用七系列车作为主要的宣传产品，强调宝马的设计、安全、舒适和全方位的售后服务。而宝马的广告传播也总是极尽所能地演绎出品牌核心价值。不仅如此，宝马还创造性地通过品牌延伸推广新产品来低成本地传播品牌精髓。宝马在许多城市开设了宝马生活方式专卖店。因为宝马不仅象征着非凡的制车技术与工艺，还意味着“潇洒、优雅、时尚、悠闲、轻松”的生活方式，车和服饰都是诠释宝马核心价值观的载体。

2. 以体育营销为载体的公关活动

广告的一大缺陷是不能与目标顾客进行直接的接触，而公关活动能够达到这一目的。

宝马公司在亚洲主要举办了宝马国际高尔夫金杯赛和宝马汽车鉴赏巡礼两个公关活动。宝马国际高尔夫金杯赛是当时全球业余高尔夫球赛中规模最大的，这项赛事的目的是促使宝马汽车与自己的目标顾客进行沟通，这是因为打高尔夫球历来被认为是绅士运动，喜欢打高尔夫球的人，尤其是业余爱好者多数是较高收入和较高社会地位的人士，而这些人正是宝马汽车的目标顾客。宝马汽车鉴赏巡礼活动的目的是在特定的环境里，即在高级的展览中心陈列展示宝马汽车，把宝马的基本特性、动力、创新和美感以及它的高贵、优雅的品牌形象展示给消费者，并强化这种印象。此外，宝马公司还定期举行新闻记者招待会，在电视台和电台的节目中与顾客代表和汽车专家共同探讨宝马车的功能，让潜在顾客试开宝马车，这些活动也加强了宝马与顾客的沟通。

五、营销策略组合实施过程中科学性与艺术性的统一

营销策略组合即产品、价格、渠道、促销、广告、公关、品牌等整合传播的有效搭配。营销策略组合不是以上要素的简单相加，它是营销科学，也是艺术，是灵活与统一的有机整体，宝马公司的成功是营销策略组合协调一致应用的成功，揭示了以下规律：

1. 宝马的营销策略组合要服务于宝马的营销战略

市场营销组合是策略，包括产品策略、价格策略、渠道策略、促销策略。策略是为战略服务的，是实现营销战略的保证。宝马公司的营销策略组合就是为其实现进入亚洲市场的战略服务的，而且有效地保证了宝马公司战略目标的实现。

2. 宝马的营销策略组合以目标市场为中心

一个营销策略组合方案是否卓有成效，首先要看它是否以目标市场的需求为中心。营销策略组合方案的针对性越强，成效就越好。宝马汽车的营销策略组合就是十分有力地针对亚洲消费者的需要，各个要素都针对目标市场，并通过实施很好地满足了亚洲消费者的需求，因而赢得了亚洲市场。

3. 宝马的营销策略组合是从整体出发的

营销策略组合是多因素、多层次的组合，在制定营销组合时不能顾此失彼，而是要强调各种因素的整体配合。营销组合的效力正是表现在这种整体性上，它要求强调整个方案的最佳，而不是某个要素的最佳。

宝马汽车突出的重点是产品的高档次定位，因此，其所有营销策略组合都是围绕着这个诉求点进行整体搭配的。诸如产品的质量、功能、安全等方面的设计都是为满足高收入、社会地位高的消费者群体的需求；宝马车的高价格也是为体现产品的高档次；在销售渠道上，宝马汽车的高收入、高社会地位的目标市场群当然喜欢针对性强、个性化的销售渠道，而直销正好能体现这一点；促销方式实际上是传递产品的诉求信息，同时公关活动也是针对目标市场的。营销策略组合的艺术性，要求营销人员充分发挥自己的创造性，设计出独特的、又能使企业达到商业目的的营销策略来，同时这些营销策略又能与品牌核心价值有机地结合在一起，即所谓的“形散神不散”，这里的“神”就是企业的品牌核心价值和营销战略。

正因为宝马用核心价值统率一切营销传播，成功地把“驾驶的乐趣和潇洒的生活方式”的品牌精髓刻在了消费者的大脑深处，所以宝马车的购买者更多的是行业新锐、演艺界人士、富家子弟等。

资料来源：向阳．宝马汽车品牌营销策略分析．现代经济信息，2011 (1).

请思考：

1. 宝马公司的营销组合策略的特点是什么？
2. 宝马公司的营销组合策略是如何组成有机整体的？

学习模块五

规范营销管理　全面巩固市场

案例导入

美国“野马”汽车的策划案

福特汽车公司生产了一种名为“野马”的新型轿车，新产品推出后，一年内就售出了36万辆，纯利1.1亿美元。当时，购买野马车的人打破了美国历史纪录，顾客简直到了饥不择食的程度。在不到一年的时间里，野马车就风行整个美国，各地还纷纷成立了野马车协会，而且商店出售的墨镜、钥匙扣、帽子、玩具都贴上了野马标志。在一家面包店甚至挂出了这样一块牌子：“本店烤饼如同野马车一样一抢而光!”野马车为什么如此受欢迎，并能在短时间内产生如此巨大的影响呢？它是怎么策划的？它的主要策划者就是号称“野马车之父”的美国最著名的实业界巨子——福特汽车公司的总经理雅科卡。

雅科卡出任美国福特汽车公司分部总经理之后，就打算策划生产一种受顾客欢迎的新型汽车。这个构想是在他对市场进行了调查研究之后产生的。雅科卡去欧洲了解福特汽车公司生产的“红雀”牌汽车的销售情况时，发现“红雀”牌汽车太小了，没有行李箱，虽然车子很省油，但外形并不漂亮。如果不尽快推出一部新型车，公司将很可能被竞争对手击败。由于预见到了“红雀”的不幸结局，雅科卡开始着手做进一步的调查。从大量的调查材料中，雅科卡认识到，未来十年是年轻人的世界，其理由是，第二次世界大战后，人口生育率激增，几千万婴儿已经长大。在60年代，20～24岁的人将增加50%以上，而18～35岁受过教育的年轻人将占总人口的一半。根据这一分析，雅科卡认识到今后的13年中，整个汽车业的销售量将会大幅度增长，而主要购买者就是年轻人。另外，他通过调查还发现，年纪较大的买主的需求也发生了变化，即已经从追求经济实惠转向追求样式新颖的豪华车。由此，雅科卡引出了一段富有哲理的市场名言：“红雀”是一部找不到市场的汽车，而外面又有一个找不到汽车的市场。因此，福特公司的出路是必须推出一部适合“饥饿”市场需要的新汽车。

根据上述分析，雅科卡把未来的新型车定位为：款式新、性能好、能载4人、车子不能太重、价钱便宜（实价不能超过2 500美元）。后来，雅科卡又将这一定位交给策划小组讨论。经过集思广益，大家不仅同意雅科卡的产品定位，而且补充了一些重要的新内容：车型要独树一帜、车身要容易辨认、要容易操纵（便于妇女和新学驾驶的人购买）、要有行李箱（便于家庭外出旅游）、要既像跑车还要胜过跑车。为了确保策划成功，策划人员首先设计图样，制作泥塑模型；接下来是为新车取名。他们首先从沃尔特·汤姆森广告公司代理人提出的上千个车名中精选出了6个新颖的车名：西部野马、美洲狮、猎豹、小马、野马和美洲豹。策划人员认为，美国人对第二次世界大战中野马式战斗机的名字如雷贯耳，用野马作为新车的名字，实在是妙不可言。它有西部牛仔的味道却不与之雷同，最适合美国人的口味。经过策划人员的反复审查和论证，最后，雅科卡拍板决定将野马作为新车的名字。

在新车未问世前，雅科卡邀请了底特律地区的54对夫妇到汽车厂做客，并请他们对新车发表意见。在这些顾客中，有收入水平较高的，也有收入水平中下的。当这54对夫妇对新车发表意见之后，策划人员发现白领阶层非常满意野马的车型，而蓝领工人则认为车很好但买不起。后来雅科卡请他们估计一下车子的价钱，几乎所有的人都至少高估了1 000美元。雅科卡从这些顾客的真实反映中得出一个结论：车子太贵就没有人买。当雅科卡告诉顾客，野马车的实际价格只有2 500美元时，许多人都惊呆了。定价是一门学问。雅科卡摸透了消费者的心理，最后把野马车的售价定为2 368美元。

万事俱备，只欠东风。当企业目标、产品、售价等重要问题基本解决之后，广告就成为开路先锋了。雅科卡是一个非常重视广告策划的企业家。为了成功地推出新产品，他委托汤姆森广告公司的策划人员为野马车的广告做了一系列的策划工作，其广告计划的实施步骤大致如下：第一步，邀请各大报纸的编辑汇集到迪尔伯恩，并借给每人一部新型野马车，组织他们参加从纽约到迪尔伯恩的野马车大赛，同时还邀请了130名记者进行现场采访。从表面上看这是一次赛车活动，实际上这是一次告知性的广告宣传活动。事后有数百家报纸杂志报道了野马车大赛的盛况。第二步，在新型野马车上市的前一天，根据媒体选择计划，让2 600家报纸用整版篇幅刊登了野马车广告。根据广告定位的要求，广告的画面是：一部野马车在奔驰……大标题：真想不到！副标题：只售2 368美元。上述广告是以提高知名度和认知为主，并为进一步提升市场份额打基础的。第三步，从野马车上市开始，让各大电视网每天不断地播放野马车的电视广告。广告片是由汤姆森广告公司制作的，其内容是一个渴望成为赛车手或喷气机驾驶员的年轻人驾驶野马车在奔驰。选择电视媒体做宣传，目的是要扩大广告宣传的覆盖面，提高产品的知名度，以求家喻户晓。第四步，选择最显眼的停车场，竖起写着“野马栏”的巨型广告牌，以引起消费者的注意。第五步，在全国各地最繁忙的15个飞机场和200家度假酒店展览野马车，以实物广告形式，激发人们的购买欲望。第六步，向全国各地几百万名小汽车车主寄送广告宣传品，此举是为了达到直接促销的目的，同时也表达了公司忠诚为顾客服务的态度和决心。

上述广告活动铺天盖地、排山倒海、势如破竹。结果仅一周内，野马车就轰动了整个美国，风行一时。据说，野马车上市的第一天，就有400万人涌到福特代理店中。原先的广告目标是年销售量7 500部，而实际上第一年就销售了20万部。这一显赫业绩使雅科卡被誉为“野马车之父”。由于雅科卡策划有方、业绩卓著，被破格提升为福特集团的总经理，许多美国人至今仍把雅科卡视为传奇式的人物。

资料来源：营销计划，(2018-08-10)[2019-09-16]. https://wiki.mbalib.com/wiki/%E8%90%A5%E9%94%80%E8%AE%A1%E5%88%92.

学习任务分析

知识目标：

(1) 明确市场营销计划的内容与步骤。

(2) 了解市场营销计划的具体执行过程。

（3）了解市场营销组织的主要类型。

（4）明确市场营销组织设置的原则。

（5）了解市场营销控制的主要方法。

能力目标：

（1）能够写出完整的市场营销计划。

（2）能够根据企业情况设计合适的组织类型。

（3）能够良好地监督和执行市场营销计划。

（4）能够采用合适的类型，对企业市场营销计划进行控制。

素质目标：

（1）培养学生市场营销管理的理念。

（2）培养学生良好的职业道德。

（3）能够在实践能力训练中锻炼团队协作能力。

（4）提升学生的逻辑思维能力和语言表达能力。

知识结构图

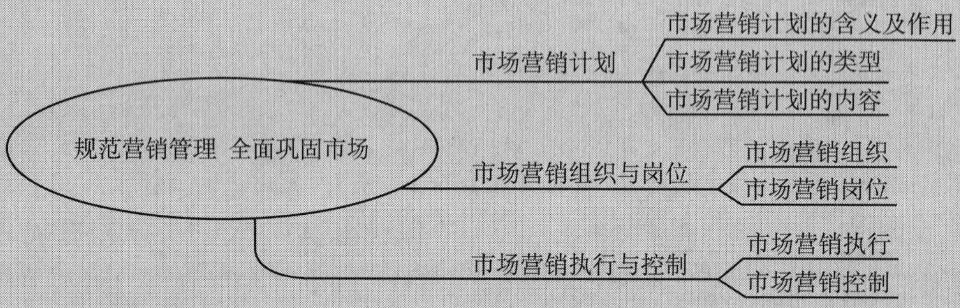

单元 14　市场营销计划

课前思考

市场营销计划、实施、控制是市场营销管理的重要内容。只有对市场营销活动进行精心计划、合理组织、认真实施、动态控制，才能保证企业市场营销工作的顺利进行，从而在竞争中占据主动。那么市场营销计划书该怎么写呢？

14.1　市场营销计划的含义及作用

14.1.1　市场营销计划的含义

市场营销计划是在对企业市场营销环境进行调研分析的基础上，制定企业及各业务单位的营销目标以及对实现这一目标所应采取的策略、措施和步骤的明确规定和详细说明。正确制订和实施市场营销计划，是实现企业总体任务和目标的重要保证。

14.1.2　市场营销计划的作用

市场营销计划具有以下作用：

（1）市场营销计划规定了预期的营销目标和需要解决的主要问题。通过制订营销计划，可以使企业明确前进的方向，使企业的各种营销活动都指向营销目标，从而减少盲目性，提高预见性，增强应变能力，使企业各部门之间保持协调一致，促使营销目标的实现。

（2）市场营销计划可使企业进一步明确市场营销环境的影响，最大限度地减少风险。市场营销计划是在市场调研、分析和预测的基础上制订的，可使企业明确市场营销环境的影响，识别不利的市场趋势和有利的营销机会，在利用环境提供的机会的同时，最大限度地降低风险，做到有备无患。

（3）市场营销计划明确了为达到营销目标而采取的营销策略和行动方案。这样便于营销人员进行任务分工，明确各自的职责、工作步骤，从而积极主动地去完成具体任务。

（4）市场营销计划使企业的营销活动变得经济合理。由于市场营销计划是用明确的目标和努力来代替不协调、分散的活动，因而可以使企业预先测知各种资源的需要量，并进行合理的分配，使营销费用降低到最低限度，使营销活动变得经济合理。

（5）市场营销计划是营销组织实施、控制、监督的依据。市场营销计划为营销控制提供了标准和依据，使企业管理者能有效地控制、监督、评价各种营销活动的进行和效果，保证企业营销任务和目标的实现。

14.2 市场营销计划的类型

不同企业由于经营的产品、组织机构形式以及对营销工作重视程度不同，因而市场营销计划的具体表现形式多种多样。按照不同的标准，市场营销计划可进行不同的分类。

14.2.1 按计划时期的长短分类

市场营销计划按计划时期的长短可分为长期计划、中期计划和短期计划三大类。

（1）长期计划。这种计划一般是5年以上，有的长达20年甚至更长的时期。长期计划是企业对未来较长时期内的营销活动进行战略部署和安排的计划，它是企业编制中期计划的依据。

（2）中期计划。这种计划介于长期计划和短期计划之间，期限通常为1年以上5年以下。它根据长期计划的任务要求，确定分年度的实施步骤及具体目标。

（3）短期计划。短期计划以年度计划为主，期限通常为1年。短期计划是企业营销的具体行动计划，其主要内容是分析当前的营销形势、威胁和机会、年度营销目标、营销策略、行动方案和预算等，即把中长期计划规定的任务详细进行分解，予以落实。

14.2.2 按计划涉及的范围分类

市场营销计划按计划涉及的范围可分为总体营销计划和专项营销计划。

（1）总体营销计划。这种计划是企业营销活动的全面、综合性计划，它反映企业的总体营销目标，以及实现总体目标所必须采取的策略和主要的行动方案，是制订各种专项营销计划的依据。

（2）专项营销计划。这种计划是为解决某一特殊问题或销售某一产品而制订的计划，如市场调研和预测计划、产品计划、渠道计划、定价计划、促销计划、储运计划等。专项营销计划通常比较单一，涉及的面较窄，较容易制订，但在制订时，要特别注意与总体营销计划相衔接，否则会出现各专项营销计划彼此之间发生冲突并与总体计划相抵触的现象。

14.2.3 按计划的作用分类

市场营销计划按计划的作用可分为进入计划、撤退计划和应急计划。

（1）进入计划。该计划是企业准备开拓一个新的营销项目的计划。

（2）撤退计划。该计划是企业根据市场营销环境和内部条件的变化，准备从原来营销项目中撤出的计划。

（3）应急计划。该计划是企业针对市场可能发生的重大变化而适时地作出反应的计划。

阅读材料

市场营销计划的特点及制定时应遵循的原则

（1）整体性。企业在制订市场营销计划时必须统筹营销活动的各个方面，全盘考虑，整体安排，使市场营销计划与其他各部门的计划协调一致，相互配合。

(2) 可行性。市场营销计划所规定的任务、目标，作出的各项决策必须是可行的，即是企业的主客观条件所能达到的。

(3) 经济性。企业制订的市场营销计划必须遵循经济效益原则，以较少的费用支出产生较大的营销效果。

(4) 灵活性。市场营销计划是关于未来营销活动的行动方案，而未来充满着众多事先难以预料的不确定因素，因此，在编制市场营销计划时一定要留有余地，一旦环境因素发生变化，企业就能对原有计划加以修订或调整。

(5) 连续性。连续性是指计划要前后衔接、配套。为此，中期计划的制订必须以长期计划为指导，与长期计划相衔接，短期计划的制订必须以中、长期计划为指导，与中、长期计划相衔接。

资料来源：市场营销计划与组织.(2011-07-13)[2019-09-16]. http://www.docin.com/p-232173517.html.

14.3 市场营销计划的内容

在战略业务单位内，企业为实现本业务要求的战略目标，必须开发产品层次的营销计划。产品市场营销计划主要针对企业在此业务内的产品线、品牌或新的产品编制的计划，它对于业务战略计划而言，也是具体执行的计划。下面以一个常见的市场营销计划为例说明市场营销计划的内容。一般情况下，市场营销计划由八个部分组成，具体见表14-1。

表14-1 市场营销计划

步骤	组成部分	内容
一	内容概要	对整个计划或主要内容的摘要或综述
二	背景或现状分析	提供有关市场、产品、竞争、分销以及环境的相关分析
三	机会与威胁分析	分析企业面临的机会和威胁、优势和劣势
四	营销目标	确定财务目标和市场营销目标
五	营销策略	为实现计划目标而采用的主要营销方法
六	实施方案	说明每个营销环节做什么，谁来做，什么时候做，需要多少成本
七	营销预算	计划所预期的财务收益情况
八	营销计划控制	如何对计划进行监督控制

14.3.1 内容概要

这一部分应对计划的主要内容和关键点进行一个简明扼要的概述，以便使管理部门能迅速了解该计划的主要内容，抓住计划的要点。

14.3.2 背景或现状分析

这是计划正文的第一部分，主要提供该产品目前营销状况的有关背景资料，包括市场、产品、竞争、分销以及宏观环境的分析。

(1) 市场状况。如目标市场的规模及其成长性的有关数据、顾客的需求状况等。如目标市场近年来的年销售量及其增长情况、在整个市场中所占的比例等。

（2）产品状况。列出企业产品组合中每一个品种近年来的销售价格、市场占有率、成本、费用、利润率等方面的数据。

（3）竞争状况。识别出企业主要的竞争者，并列举竞争者的规模、目标、市场份额、产品质量、价格、营销战略及其他的有关特征，以了解竞争者的意图、行为，判断竞争者的变化趋势。

（4）分销渠道状况。描述公司产品所选择的分销渠道类型及其在各种分销渠道上的销售数量。如某产品在百货商店、专业商店、折扣商店、邮寄等各种渠道上的分配比例等。

（5）宏观环境状况。主要对宏观环境的状况及其主要发展趋势进行简要的介绍，包括人口环境、经济环境、技术环境、政治法律环境，从中判断某种产品的命运。

14.3.3 机会与威胁分析

这一部分是对计划期内企业的某种产品所面临的主要机会和威胁、企业的优势和劣势以及主要问题进行系统分析。营销管理者应设法找出企业面临的主要机会和威胁，并对机会和威胁的程度加以分析，目的是使企业能充分利用机会，同时预见那些将影响自身兴衰的重大事态的发展变化，以便采取相应的市场营销措施和手段，趋利避害，保证企业的顺利发展。

14.3.4 确定营销目标

拟定营销目标就是在市场分析的基础上对营销目标作出决策，是企业营销计划的核心内容。计划目标通常分为以下两类。

1. 财务目标

财务目标即确定每一个战略业务单位的财务报酬目标，包括利润率、投资收益率、利润额等指标。

2. 市场营销目标

财务目标必须转化为营销目标才具有可操作性。营销目标包括销售收入、产品价格、产品销量目标、市场份额目标、产品知名度、分销范围等。营销目标要尽量具体化和数量化。

14.3.5 制定营销策略

营销策略是实现营销目标的途径或手段，包括：目标市场的选择和市场定位策略，竞争策略，产品、定价、渠道、促销等营销组合策略。实现某种营销目标有时有多种策略可供选择。例如，增加销售收入的目标可通过增加销售量或提高产品销售价格来实现，也可两种手段同时采用。因此，营销管理人员面对多种选择时应权衡利弊，作出明智的选择。同时，还要说明采取各种不同策略的原因以及所必需的营销费用。如：

目标市场：中等收入家庭。

定位：最好的质量，最可靠的性能。

产品线：撤销和增加产品线或某条产品线中的产品项目。

价格：高于竞争品牌。

分销：专业电器商店，力争进入百货商店。

销售人员：扩大10%。

广告：策划一个新的广告活动，支持新的两款高价产品，增加20%的广告预算。

销售推广：促销预算增加15%，增加POP广告。

研究与开发：增加25%的费用，开发更好的新产品。

14.3.6　筹划实施方案

依据预期目标和营销策略，制订具体的实施方案。实施方案包括营销活动的具体分工、营销人员的组成、行动的时间和地点以及行动的路线等。例如，如果想把加强促销行动作为提高市场占有率的主要策略，那么就要制订相应的促销活动计划，列出许多具体行动方案，包括广告公司的选择、广告题材的决定等。

14.3.7　编制营销预算

编制营销预算最简便的一种方法是目标利润计划法，就是在确保目标利润的前提下，根据预计的毛利的多少来决定各项营销支出费用数额的一种预算方法。营销预算表明营销计划在经济上是否可行，如果预算过高，超过了企业财务承受能力，则应考虑加以修改和调整。预算一经企业高层主管审查、批准，便成为原料采购、生产安排、人员计划和市场营销业务活动开展的依据。

14.3.8　营销计划控制

市场营销计划的最后一部分，是对计划执行过程的控制，一般是将计划规定的目标和预算按月份或按季度分解，并规定计划执行、控制的方法。如开展目标管理、推行经济责任制、奖惩办法，以便于企业上层管理部门进行有效的监督与检查，确保市场营销计划的顺利完成。

企业的市场营销计划制订并经审核批准后，就成为企业营销部门一定时期内的行动纲领，成为各项营销活动的主要依据。

课堂讨论

请查找相关材料，分析“海王金樽”项目失败的主要原因。

提示：该项目在销售预测、广告效果、产品功效定位、定价、品牌的建立、顾客满意、渠道选择等方面未能有效组合，最终导致项目失败。

单元小结

市场营销计划是在对企业市场营销环境进行调研分析的基础上，制定企业及各业务单位的营销目标以及对实现这一目标所应采取的策略、措施和步骤的明确规定和详细说明。正确制订和实施市场营销计划，是实现企业总体任务和目标的重要保证。按照不同的标准，市场营销计划可进行不同的分类。市场营销计划包含内容概要、背景或现状分析、机会与威胁分析、营销目标、营销策略、实施方案、营销预算、营销计划控制等八部分内容。

单元 15　市场营销组织与岗位

课前思考

营销是一门非常深奥的学科，并非简单的一个“搞推销的”职业，从业人员也有无限的发展空间，但一切都需要从业者在企业提供的平台上自己创造，没有捷径可走。在深圳人才市场举办的 2017 年夏季毕业生招聘会上，参会企业对市场营销类人才的需求量最大，占 69.23%。但对于此类人才，为什么“企业招人难、留人难”现象普遍存在呢？

在市场竞争越来越激烈的情况下，在企业规模不断扩张的过程中，在消费者需求差异化越来越突出的前提下，企业为了能根据外部环境的特点，最有效、最经济、最科学地组织和利用企业的各种资源，满足市场的需要，实现产品和服务的最大价值，通常需要建立并加强市场营销组织。

15.1　市场营销组织

市场营销组织是管理者为了实现特定时期的任务与经营目标，面对从事营销活动的所有人员进行平衡协调的综合体。市场营销组织是保证企业实现经营目标的核心职能组织，组织形式服从并服务于企业任务和经营目标，而且随着企业任务与经营目标的变化而不断变化。

15.1.1　市场营销组织的演变

企业市场营销的组织结构是随着市场实践活动和营销观念的不断发展而逐渐演化的。根据营销部门在企业内的地位以及它与其他部门间相互关系的变化和营销部门本身组织结构的变化，我们把它划分为五个阶段。

（1）单纯的推销部门。企业以生产作为经营管理的重点，企业的目标、规划及产品价格主要由生产和财务部门制定，销售经理的主要职责是管理推销员，促使他们卖出更多的产品。这一阶段的组织结构如图 15－1 所示。

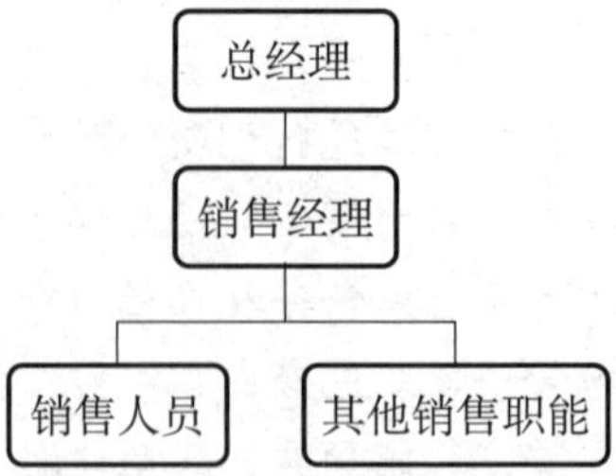

图 15－1　市场营销组织结构一

（2）具有辅助性职能的销售部门。随着企业规模的扩大，企业需要经常进行市场调查、广告宣传及顾客服务等方面的工作，此时，销售经理可聘用一位市场主管，计划、指挥、控制非推销职能。这一阶段的市场营销组织结构如图 15－2 所示。

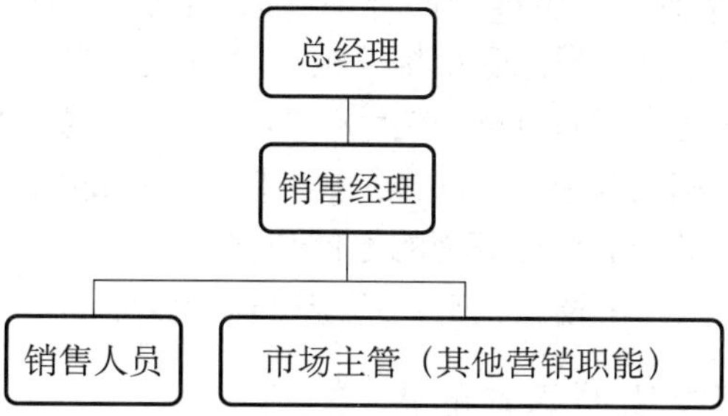

图 15－2 市场营销组织结构二

（3）独立的营销部门。市场竞争日趋激烈，其他市场营销功能相对于推销工作来说变得更重要，企业总经理看到建立独立的市场营销部门的必要性。在这个阶段，市场营销和销售在企业中是两个独立、平行的部门。市场营销部门专门研究市场、广告宣传、产品计划、新产品开发、促销和顾客服务等，其作用是使产品更适合市场需要，原来的推销部门则主要负责产品销售。这一阶段的市场营销组织结构如图 15－3 所示。

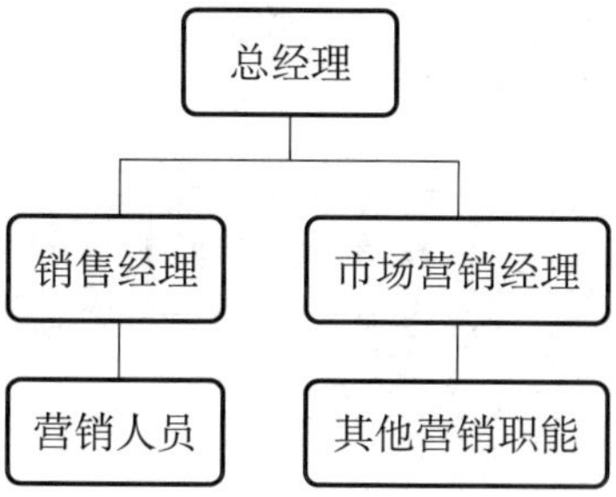

图 15－3 市场营销组织结构三

（4）现代市场营销部门。虽然销售和市场营销部门的目标是一致的，但平行关系又常常使它们之间充满竞争和矛盾。如营销部门以长期目标为导向，计划和制定市场营销战略，实施市场营销组合，满足顾客对产品和服务的长期需要；销售部门则以短期目标为导向，完成每年的销售任务。为了统一管理、协调营销和推销活动，最终导致总经理将它们合并为一个部门。这一阶段的市场营销组织结构如图 15－4 所示。

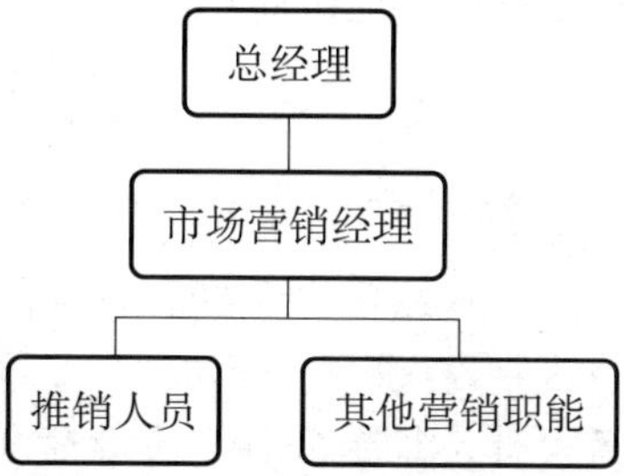

图 15－4 市场营销组织结构图四

(5) 现代市场营销企业。仅仅有了现代市场营销部门的企业还不是现代市场营销企业。现代市场营销企业应使企业所有的管理者和员工对待市场营销职能都有积极的态度。只有所有的管理人员和员工都认识到，企业一切部门和每个人的工作都是“为顾客服务”，“市场营销”不仅是一个职能、一个部门的称谓，而且是一个企业的经营哲学，这个企业才算是一个现代市场营销企业。为保证市场营销观念在企业内部得以贯彻，在组织结构上应有如下安排：第一，设置独立的市场营销调研部门，以确定消费者的需求以及企业应提供什么样的产品或服务来满足这些需求；第二，市场营销部门应参与新产品的开发；第三，应给市场营销经理以相当于副总经理的地位和权力，直接向总经理报告工作，参与决定企业整体战略规划；第四，市场营销部门应统一负责企业的全部市场营销职能。

15.1.2 市场营销组织的基本形式

随着情况的发展变化，市场营销部门本身的组织方式也在演化。概括而言，所有的市场营销组织都须适应职能、地理区域、产品和市场这四重意义的基本市场营销活动。因此，有六种基本的市场营销部门组织模式：职能式组织、地区式组织、产品（品牌）管理式组织、市场管理式组织、产品/市场式组织和事业部组织。

1. 职能式组织

这是最常见的组织模式，市场营销经理的工作就是协调各专业职能部门的活动。职能部门的数量可以根据需要随时增减。

职能式组织的结构如图 15－5 所示。

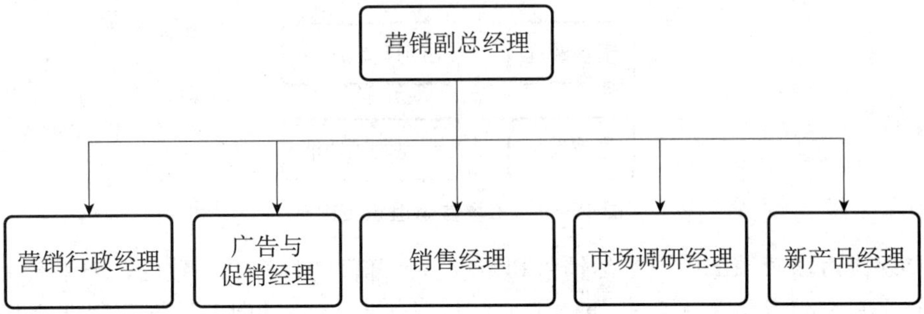

图 15－5 职能式组织结构图

职能式组织的最大优点是简便易行。不过，随着公司产品种类增多，市场扩大，这种组织方式可能降低效率，因为没有一个职能部门对某一具体的产品或市场负责，每一个职能部门都在为获得更多的预算和更有利的地位而竞争，致使营销经理经常陷入难以调解的纠纷之中。

课堂讨论

在职能式组织中，在市场营销副总经理的领导下，各种市场营销专业人员一般包括哪些人？

提示： 一般包括广告和促销人员、推销人员、市场营销调研人员、新产品开发人员、顾客服务人员、市场营销策划人员和储运管理人员等。

2. 地区式组织

在全国范围内销售产品的企业，通常按地理区域组织其销售力量。地区经理掌握一切关于该地区市场环境的情报，为在该地区打开产品销路制订长、短期计划，并负责计划的实行。

地区式组织的结构如图 15－6 所示。

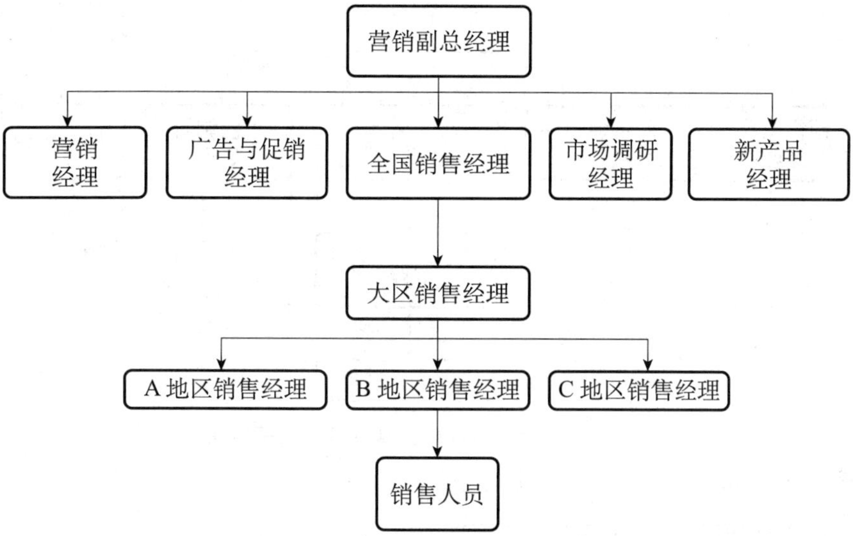

图 15－6　地区式组织结构图

课堂讨论

举例说明地区式组织。

提示： 企业的业务涉及全国甚至更大的范围时，在销售部门设有中国市场经理，下有华东、华南、华北、西北、西南、东北等大区市场经理。每个大区市场经理的下面，按省（市、自治区）设置区域市场经理。再往下还可以设置若干地区市场经理和销售代表。

3. 产品（品牌）管理式组织

如果一个企业生产多品种或多品牌的产品，并且各种产品之间的差别很大，则适宜按产品系列或品牌设置营销组织。产品经理的任务是制定产品的长期发展战略和年度销售计划，并负责全面实施计划和控制执行结果。

阅读材料

最早的产品管理式组织

宝洁公司开发了一种新肥皂，但市场销路欠佳。一位名叫尼尔·麦克尔罗伊的年轻人提出了产品（品牌）管理思想，并受命担任佳美香皂这一产品的经理（后来升任宝洁公司总经理），专管该新产品的开发和推销。他获得了成功，公司随之又增设了其他的产品经理。宝洁公司试行的产品管理式组织获得成功，引发其他企业纷纷效仿，特别是生产食品、肥皂、化妆品的公司都建立了产品（品牌）管理式组织。

资料来源：国际市场营销计划．(2015-11-08)[2019-09-16]. http://www.docin.com/p-1349819115.html.

产品（品牌）管理式组织的结构如图 15-7 所示。

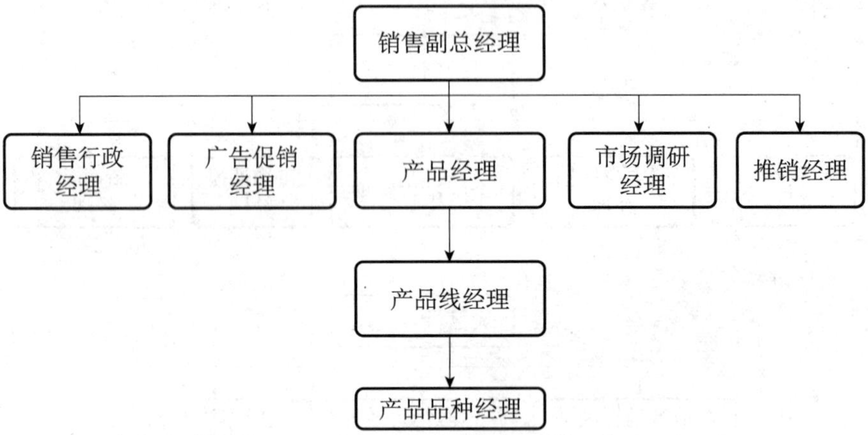

图 15-7 产品（品牌）管理式组织结构图

产品（品牌）管理式组织有以下四个特点：

(1) 能够为开发某种产品市场协调各方面力量。

(2) 能对市场上出现的问题迅速作出反应。

(3) 较小的品种或品牌也因有专人负责而不致遭到忽视。

(4) 由于必须与各方人员打交道，产品经理成为锻炼年轻经理的极好职位。

4. 市场管理式组织

一些大企业将同类产品卖给若干不同的细分市场。如钢铁厂将它的钢铁分别卖给铁路部门、建筑业、加工业等，这时就可以采取市场管理式组织。

市场管理式组织与产品（品牌）管理式组织的结构相似，市场经理的职责亦与产品经理相似，他为自己负责的市场制订长期和年度的计划，分析市场趋势及所需要的新产品。他们比较重视长远的市场占有率，而不只是眼前的获利能力。

市场管理式组织的结构如图 15-8 所示。

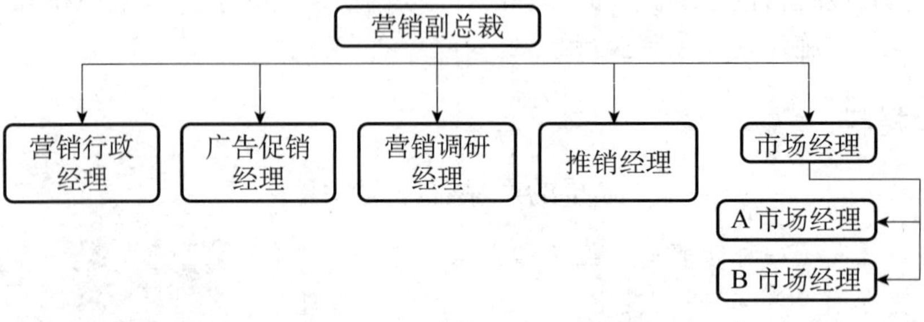

图 15-8 市场管理式组织结构图

市场管理式组织与产品（品牌）管理式组织相比，最大的优点是各种市场营销活动通过市场经理组织起来，以满足不同顾客群的需要，而不是着眼于职能、地区或产品。有专家认为，市场管理式组织最符合现代营销观念的要求。

5. 产品/市场式组织

这是一种矩阵式组织，是将产品式与市场式结合起来的组织形式，其组织结构如图15－9所示。

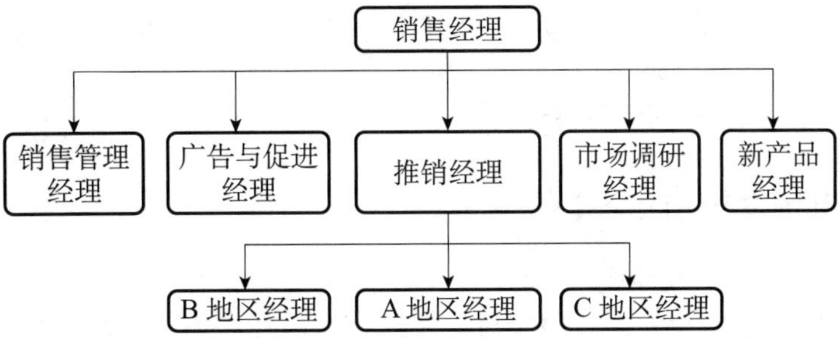

图15－9　产品/市场式组织结构图

在这种组织形式下，产品经理负责产品的销售利润和计划，为产品寻求更广泛的用途；市场经理负责开发现有和潜在的市场，着眼市场的长期需要，而不是推销眼前某种产品。这种组织形式适于多元化经营的公司，缺点是冲突太多，费用大，有权利和责任界限不清的问题。

阅读材料

杜邦公司纺织纤维部门的分工

杜邦公司的纺织纤维部门分别设有主管人造丝、醋酸纤维、尼龙、奥纶和涤纶的产品经理，同时也设有主管男式服装、女式服装、家庭装饰和工业原料等市场的市场经理。产品经理负责制订各自主管纤维制品的销售计划和赢利计划，集中精力研究如何改善自己主管产品的赢利情况和如何增加这些产品的新用途。他们的日常工作之一就是同市场经理接洽，请他们估计某种产品在市场上的销售量。市场经理负责开发有赢利前景的市场，去销售公司现有的产品和即将推出的产品，他们必须从市场需求的长远出发，更多地注意培植适应自己主管市场需要的产品。在制订市场计划时，他们需要与各产品经理磋商，了解各种产品的价格和各种原材料的供应状况。

资料来源：国际市场营销计划．(2015－11－08)[2019－09－16]. http://www.docin.com/p-1349819115.html.

6. 事业部组织

随着规模进一步扩大，从事多元化经营的大公司常为不同的产品大类分设事业部。这些事业部各自独立，组织上也自成体系，设有自己的职能部门，因此产生了营销职能如何在公司总部与事业部划分的问题。一般来说，有以下几种选择：一是公司总部不再设营销部门，营销职能完全由各事业部自己负责；二是公司总部设规模不大的营销部门，只承担有限的营销职能。如为最高主管评估市场机会或威胁，督促公司其他部门接受现代营销观念的指导等；三是设置适当规模的总公司级营销部门，通常要为各事业部提供多种营销服务，如广告、公关促销、营销调研、人员培训等；四是总公司设置庞大的营销部门，直接参与各事业部的营销规划工作，并对计划实施过程加以控制。

课堂讨论

营销部门未来的发展方向是怎样的?

提示: 传统的营销部门需要的技能包括营销调研、广告、销售促进和销售管理。在今天这个时代，营销部门还需要另外一些技能，包括塑造品牌、数据库管理和数据挖掘、客户关系管理、公共关系和蜂鸣营销技能、特殊事件管理和体验营销、直邮、目录营销和电话营销、网络营销等。

15.1.3　市场营销组织设计

1. 营销组织建立的一般原则

根据销售管理的需要和销售组织的目标特征，在设计销售组织时，应当遵循以下几个原则。

（1）实现目标原则。

营销组织的建立必须和企业的发展相适应，要适当超前，在未来的 2～3 年能支撑企业发展目标的实现。企业最终需要在效率和成本两个方面来平衡，以达到高效的组织形式。营销组织每一个层次、环节的设置都应有一定目的，都要完成各自的任务，为最终实现企业的整体目标服务。为此，首先要求市场营销组织的设置与市场营销目标和措施的要求相一致，并能随着市场的变化及时进行调整；其次，要求所设置的机构能够迅速传递市场信息；再次，机构的设置必须保证所属各部门协调行动，密切配合，朝着共同的营销目标前进，并能够做到与其他部门协调行动；最后，每一层次和人员的责、权、利要分明。

阅读材料

平衡计分卡（BSC）的考核模式

平衡计分卡（Balanced Score Card，BSC）是从财务、客户、内部运营、学习与成长四个角度，将组织的战略落实为可操作的衡量指标和目标值的一种新型绩效管理体系。设计平衡计分卡的目的就是要建立“实现战略制导”的绩效管理系统，从而保证企业战略得到有效的执行。因此，人们通常称平衡计分卡是加强企业战略执行力的最有效的战略管理工具。全球范围内企业使用平衡计分卡的情况如下图。

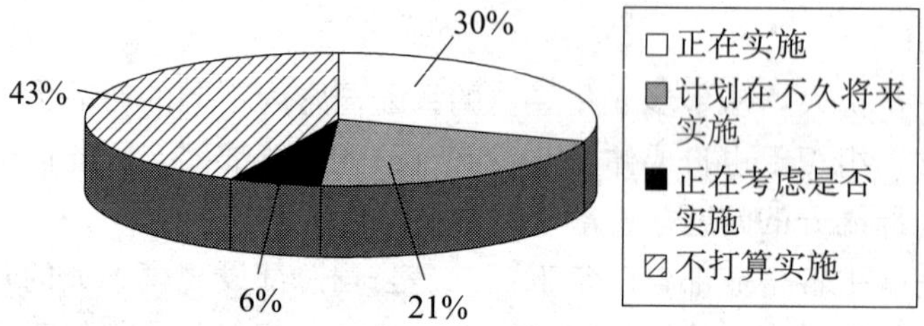

资料来源：马勇．基于平衡计分卡的业绩考核模式及应用效果研究．经济研究导刊，2011（27）：54.

（2）因事设岗原则。

销售组织的目标是通过对销售人员的活动进行安排来实现企业的目标，并实现整体效果大于局部效果之和。因为企业和营销需要某个岗位，不要因为现有人员达不到要求而降低标准，而是按照岗位要求进行招聘、选拔、培训，这是基本原则。

课堂讨论

做集群通信的一个副总谈起他面试的一个人时说："来者无论理论水平还是销售管理经验都很强，但关键的一条是行业差异太大，面试者不懂集群通信，虽然有学习的意愿和潜质，但还是和岗位需求不吻合。"你认为这位副总会录用这个面试者吗？

提示：一般不会。

(3) 顾客导向原则。

在设计销售组织时，管理者必须首先关注市场，考虑满足市场需求，服务消费者。以此为基础，建立起一支面向市场的销售队伍。其实这也是营销的本质，组织也只有围绕这个本质，才能体现其价值。

(4) 精简高效原则。

精简与高效是手段和目的关系，提高效率是组织设计的目的，而要提高组织的运行效率，又必须精简机构。具体来说，精简高效包含三层含义：一是组织应具备较高素质的人和合理的人才结构，使人力资源得到合理而又充分的利用；二是要因职设人而不是因人设职，组织中不能有游手好闲之人；三是组织结构应有利于形成群体的合力，减少内耗。

课堂讨论

拿破仑曾经说过："一只狮子率领的一群绵羊可以打败一只绵羊率领的一群狮子。"商场如战场，营销团队领导者至关重要。谈一谈高效营销团队应该具备的特征。

提示：(1) 强势高效的团队领导。
(2) 明确清晰的团队目标。
(3) 深入人心的团队文化。
(4) 畅通无阻的沟通渠道。

(5) 幅度合理原则。

管理幅度是直接向一个经理汇报的下属人数。管理幅度是否合理，取决于下属人员工作的性质，以及经理人员和下属人员的工作能力。正常情况下，营销组织的管理幅度应尽量小一些，一般为6～8人。但随着企业组织结构的变革，出现了组织结构扁平化的趋势，即要求管理层次少而管理幅度大。

(6) 稳定弹性原则。

组织应当保持员工队伍的相对稳定，这对增强组织的凝聚力、提高员工的士气是必要的，就像每一棵树都要有牢固的根系。同时，组织又要有一定的弹性，以保证不会被强风吹断。组织的弹性，就短期而言是指因经济的波动性或业务的季节性而保持员工队伍的流动性。

2. 影响营销组织建立的因素

（1）企业规模。

企业规模越大，组织越复杂，企业就越需要较多的各类市场营销专职人员、专职部门以及较多的管理层次。

（2）市场状况。

市场由几个较大的细分市场组成，企业需要为每个细分市场任命一位市场经理。市场地理位置分散，需按地区设置营销组织。市场规模大、范围广，就需要庞大的营销组织、众多的专职人员和部门。

（3）经营的产品。

产业市场推销部门庞大，而广告部门却较小、产品类型多的企业，相应地就需要设置产品经理。直接面对消费者市场的企业，广告部门较庞大，推销部门则较简单。

（4）企业类型。

对于服务行业，如银行、商场，其营销重点之一是顾客调查，而原材料行业的营销重点之一则在于产品的储存和运输。因此，伴随着企业类型的不同，营销组织的差异性也随之存在。

15.2 市场营销岗位

企业的市场营销工作一般是由营销总监或主管营销工作的副总经理全面领导的市场营销部负责。市场营销部负责企业的营销策划、市场调研与开发、客户开发与服务、产品销售等工作，其根本目标是确保企业营销系统的正常运行，为企业创造经济效益。其具体的工作目标主要有：完成市场调研、市场策划与推广等任务；做好企业品牌策划、推广与建设工作；完成销售队伍与渠道建设任务；完成产品销售任务；处理好与代理商及直接客户的关系；处理好与媒体、公关单位等的关系。

课堂讨论

“营销人才”的晋升路线是什么？

提示：见下图。

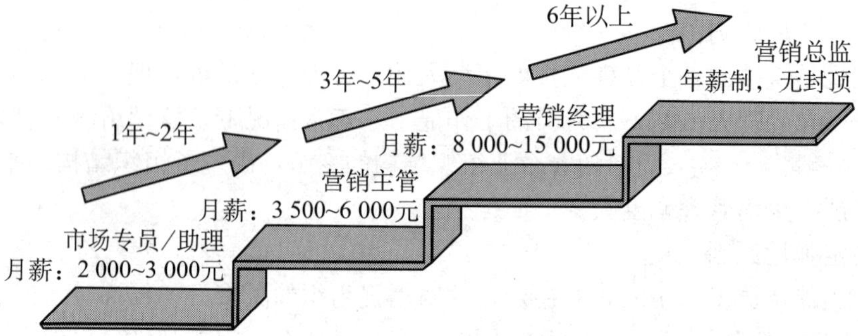

市场营销部一般下设两个职能部门：市场部和销售部，具体岗位构成如图 15－10 所示。

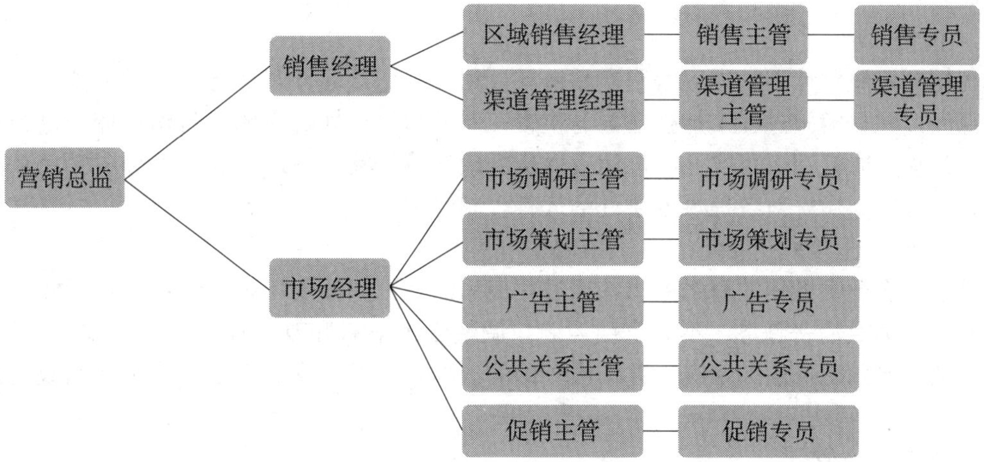

图 15－10　市场营销岗位图

销售部的工作目标是把产品送到消费者面前并成功地收回资金，实现商品的价值；任务是解决市场不能买到产品的问题；关注的是每期的销售业绩和利润；具体工作就是拜访客户，推荐产品，主要工作由销售经理负责。市场部的目标是树立品牌，扩大品牌知名度，提升美誉度，给消费者提供购买产品的理由和刺激；任务是解决市场对企业产品的需求问题；关注的是整体市场的均衡和可持续发展；具体的工作任务包括市场研究、品牌宣传、销售促进活动的策划和实施以及销售人员培训等，由市场经理全面负责。

根据业务分工，销售部下设区域销售经理、渠道管理经理等岗位；市场部一般下设市场调研主管、市场策划主管、广告主管、公共关系主管和促销主管等岗位。各岗位工作人员各司其职，协调配合，共同完成企业的营销目标。

15.2.1　营销总监

营销总监的主要职责是根据企业总体战略，完成总经理下达的年度经营目标，组织完成销售目标和任务。其具体的岗位职责如下。

1. 参与企业经营管理战略的制定

协助总经理制定企业中长期发展战略规划，从市场发展的角度论证战略规划的可行性，保证企业的可持续发展；根据企业的战略发展规划，协助总经理制定企业年度经营计划，提出意见和建议。

2. 营销系统规章制度的建设

组织制定企业市场推广管理、品牌管理、渠道管理、销售管理、售后服务管理等方面的规章制度；组织监督、检查各项制度的执行情况，确保部门日常管理有序进行。

3. 市场管理

组织做好市场调研、产品营销分析等工作，根据市场环境和企业条件制定营销策略及销售促进计划，并组织好具体的实施；做好市场定位、市场规划、过程规划及市场细分等各项市场工作；抓好企业产品广告宣传管理工作，利用各种不同的媒体扩大企业产品的知名度和品牌的影响力；通过整合营销传播，为企业开拓更广阔的产品市场，树立良好的社会形象。

4. 销售管理

根据企业经营计划的内容编制产品销售计划，进行目标分解，将任务具体落实到下属各个部门，并在实施过程中加强督导与检查，保证销售计划的完成；对销售业务进行统一管理，包括合同管理、落实产品储运及供货管理环节、检查各地域办事处和各销售业务组的工作进度等；做好对各地域办事处的远程控制管理。

5. 渠道管理

管理好企业在各地的直销商店，通过对商品的直销和开展各种促销活动，了解市场特性、顾客行为及消费趋势，不断总结经验，调整营销策略和改进促销措施；掌握经销商、代理商的基本状况与业务情况，并作出正确的选择，确保产品的销售与货款的回收能达到预期。

6. 客户关系管理

建立、拓展与客户及社会各界的关系，建立完善的客户关系管理体系；监督、检查客户服务及售后服务情况，确保服务质量不断提高；维护与重要客户间的良好合作关系。

7. 分管部门管理

负责指导、管理、监督分管部门员工的业务工作，使其不断提高工作效率与质量；负责分管部门的培训、考核工作管理；负责分管部门各项业务工作的协调、安排。

15.2.2 销售经理

销售经理的主要职责是根据企业总体战略进行客户开发与管理，以完成企业的整体销售目标。其具体岗位职责如下。

1. 销售计划管理

根据企业年度经营目标，编制年度、季度、月度销售计划与费用预算，将销售计划与预算分解并下达至不同产品、销售区域和责任人；指导、监督不同区域（不同产品）的销售管理人员对销售计划与费用控制的执行情况，对执行的偏差提出相应的对策并组织实施；制定并指导销售策略的执行、客户的维护与管理、销售通道的物流管理。

2. 销售过程管理

督促、指导销售渠道与销售网络的建设工作，并对现有客户进行维护；组织下属人员做好销售合同的签订、履行与管理工作；制订与销售直接相关的广告宣传计划，并组织实施；跟进销售回款，监督销售人员做好应收账款的催收工作。

3. 销售费用控制

根据销售规划及市场状况，确定年度销售费用预算；将预算分解到具体的单位产品、部门或区域，严格对预算进行控制；控制销售过程中各项费用的支出，尽量控制销售成本。

4. 销售人员管理

负责本企业销售系统相关人员的聘用、调配与协调工作；定期或不定期对部门员工进行销售技能及产品知识培训，提高员工工作效率；协助人力资源部做好销售人员的绩效考核、薪酬与激励等各项工作。

5. 市场调查与信息管理

组织开展本企业产品、竞争对手产品在市场上的销售情况调查，综合客户的反馈意见，撰写市场调查报告；组织建立销售情况统计台账，定期报送财务部门；组织做好销售资料和市场信息的收集、整理、统计应用和归档管理工作。

15.2.3　市场经理

市场经理的主要职责是进行营销企划，为销售部的销售工作提供帮助，配合销售部完成企业的销售任务。其具体岗位职责如下。

1. 制订与实施市场开发计划

参与制订企业市场营销计划、营销策略及市场发展策略；根据企业发展战略，对目标市场进行研究与选择，组织编制年度市场开发计划，并报营销总监审批；积极实施市场开发计划与措施，扩大本企业和产品在市场中的影响力。

2. 市场调研与市场预测

及时收集行业信息，跟踪国内外同行业技术、市场等各方面的信息及变化情况；了解同行业动态、市场及产品营销动态、竞争对手状况，组织对各种信息进行整理、分析、建档；对本企业所有产品的市场供求信息进行跟踪、调查、分析与预测，并建立市场信息资料库；定期撰写市场调研报告，提出市场发展的意见、建议。

3. 市场策划

参与企业整体形象的策划工作，负责企业整体形象的维护；组织编制企业所有产品的市场策划方案，报营销总监审批；参与产品价格体系的确定工作，对产品调价工作提出建议。

4. 组织开展广告与促销工作

负责制订广告促销计划，并组织相关部门及人员实施；制订企业品牌提升工作计划，并组织实施；跟踪、检查广告促销方案的实施情况，并对实施效果进行评估。

5. 广告策划、设计制作、媒体选择工作

产品包装与广告平面设计方案的起草与审查；构思有关文案创意的内容；组织实施广告设计方案，监督相关人员或部门按时完成广告的制作；负责组织广告媒体的选择工作。

6. 组织相关业务的公关活动

统一规划组织企业内部的公关活动，拓展媒体合作关系，通过公关活动和形象传播提高产品市场占有率；组织实施品牌推广活动，在目标客户群中建立品牌知名度和美誉度；定期组织公关、宣传活动效果的评估工作，编写评估报告。

7. 市场人员管理

负责下属员工的聘用、调配与协调工作，负责这些员工的培养、指导工作；协助人力资源部对相关人员的工作业绩、工作态度、工作能力等进行综合考核。

15.2.4　销售部其他管理岗位

1. 区域销售经理

（1）制定区域营销策略。在主管领导的指导下，参与企业整体营销战略及市场策略的制定工作；提出所辖区域的营销策略，制定本区域的年度销售目标，报主管领导审批。

（2）制订区域产品销售计划。负责本区域市场网络的建设、维护与控制工作；组织实施区域市场促销方案、广告策略、品牌提升方案；组织执行企业市场营销本部下达的广告、促销、公共关系活动计划。

（3）区域市场活动管理。负责本区域市场网络的建设、维护与控制工作；组织实施区域市场促销方案、广告策略、品牌提升方案；组织执行企业市场营销本部下达的广告、促销、公共关系活动计划。

（4）开拓区域市场。执行企业营销策略，在维护现有市场业务的情况下，组织、策划本区域内新市场的开拓工作；负责本区域内的商务洽谈工作，组织签订销售合同、销售协议；根据销售合同、销售协议的内容及执行情况，及时落实货款的回收工作。

（5）客户管理。配合有关部门做好本区域的客户服务工作；及时、有效地处理客户投诉，保证客户对企业产品及服务的满意度；定期组织所辖区域的客户回访，了解并及时解决客户提出的相关问题。

（6）销售费用控制。根据企业财务管理制度及本部门的整体预算，制定本区域本年度、各个季度、各月份的费用预算，并对预算的执行、控制情况予以监督；审核、控制所辖区域的费用开支情况；编制月度、季度销售费用执行报告，报主管领导、财务经理审核。

（7）销售报告。负责编写本区域的月度、季度、年度销售报告及收款情况报告；负责编写本区域的月度、季度、年度销售情况差异分析报告；按时撰写、提交本区域的市场工作总结与工作计划。

2. 渠道管理经理

（1）根据企业营销战略，制定渠道发展策略。

（2）渠道网络的拓展与管理。

（3）对新渠道中的重点客户进行开拓，制订合作方案。

（4）培训渠道经销商，帮助经销商快速发展。

（5）管理渠道管理部预算及相关人力资源计划。

（6）协助销售总监制订各项渠道发展计划。

（7）撰写渠道分析报告，并向管理层提供建议。

（8）渠道管理部工作任务的布置、监督与管理。

（9）对下属进行指导，提高人员素质。

（10）其他相关工作。

课堂讨论

销售部的基础岗位有哪些？其工作职责包括什么？

提示：

销售部基础岗位	工作职责
销售主管	（1）营销战略与计划管理 （2）销售活动管理 （3）客户管理 （4）销售账款管理

续表

销售部基础岗位	工作职责
销售专员	（1）开展销售活动 （2）客户跟踪分析 （3）客户关系维护 （4）销售账款管理 （5）参与市场调研与信息反馈
渠道管理主管	（1）产品渠道的规划、组织、协调及实施工作 （2）在市场、销售、服务、内部管理等方面给经销商以指导和管理 （3）负责产品渠道销售策略的制订和修正 （4）制订切实可行的渠道销售计划，并尽全力推进实施 （5）负责重要经销商关系的维护 （6）寻找潜在的渠道合作伙伴（经销商），开展商务洽谈和签约
渠道管理专员	（1）协助上级制定渠道发展策略 （2）协助上级进行渠道网络的拓展与管理 （3）对新渠道中的重点客户进行开拓，向上级反馈新的客户发展机会 （4）培训渠道经销商，帮助经销商快速发展 （5）渠道管理经理所安排的其他相关工作

15.2.5　市场部其他管理岗位

1. 市场调研主管

（1）收集行业及竞争对手历史数据、最新市场动态，定期编制、汇总信息库，分析行业竞争态势和发展趋势。

（2）规划搭建公司竞争情报体系，构建畅通的市场信息渠道。

（3）统筹全年各项市场营销活动的市场调研及分析，定期报告研究成果。

（4）根据市场信息，为市场前端部门提供相关策略和可行性建议。

（5）联合外部市场研究机构对本品牌消费及市场策略进行深入的调研和分析，提出方案以供决策。

（6）研究分析客户消费行为和对产品的取向，配合产品部门的产品开发创新，制定并提出相应的价格策略和具体的实施意见。

（7）综合各方面数据分析后，撰写定期或不定期市场分析报告。

2. 市场策划主管

（1）协助决策层制定总体市场发展战略以及市场发展目标，负责其功能领域内短期及长期的公司决策和战略，对公司中长期目标的达成产生重要影响。

（2）制订和实施年度市场推广计划，协助销售运营部制订业务计划，配合市场推广业务计划。

（3）负责开拓市场业务，进行相关的宣传推广，包括管理以及进度的推进，建立公司的市场运作体制。

（4）分析和预测销售市场、把握市场趋势，为决策提供准确的相关信息，开拓和发展销售市场。

（5）规划和管理市场活动的预算，合理有效、最大限度地使用预算，执行广告和其他市场推广活动。

（6）指导、参与市场的开拓、渠道管理等日常工作。

（7）制订招商和渠道拓展方案及销售商赢利模式。

3. 广告主管

（1）有效地选择和使用广告代理公司、广告调查公司、促销公司、制作公司等。

（2）制订广告预算方案并取得上级对广告预算方案的认可。

（3）及时与广告公司沟通，选择最能使广告信息有效渗入目标市场的媒体。

（4）注意协调、调动广告部门及广告工作人员的能力开发和人才补充。

（5）评估广告效果及广告公司、市场调查公司、公共关系公司等方面的工作。

（6）与有关广告团体保持良好关系。

（7）及时将本部门与外围委托单位的情况通报给主管。

4. 公共关系主管

（1）公关计划制订与执行。主持制订市场公关计划，报市场经理、营销总监审批后，组织执行；在执行公关计划的过程中，根据不断变化的情况，及时调整相应的计划，以使其适用于新的环境。

（2）组织实施市场公关活动及专题公关活动。按领导批准的公关计划，监督实施市场公关活动；策划主持企业重要的专题公关活动，向外部公众宣传、解释企业相关情况；与相关部门或机构保持良好的沟通和联系，确保公关活动顺利进行。

（3）公关调查。定期组织相关人员开展公共关系调查工作；分析、研究调查结果，撰写调查报告，及时将调查结果汇报给相关领导，提出公共关系改进措施与方法，以便及时调整公关宣传策略。

（4）新闻传播工作。参与制订企业的新闻传播计划，并组织实施；及时对新闻宣传的效果进行监督和评估，并将新闻传播情况及时反馈给相关领导。

（5）提供公关支持。为企业有关职能部门和人员提供市场开拓、促销、展会等方面的公关支持；协助进行企业来宾的接待，做好公关礼仪工作。

（6）公关资料管理。建立、维护公共关系数据库，收集并整理公关文档、公关活动策划方案等资料；做好公关文档及资料的归档、保管、借阅工作，定期更新公共关系数据库；定期编制公关活动报告，总结本阶段公关活动的经验教训，上报有关领导审核。

5. 促销主管

（1）促销规划。根据企业整体规划，组织、策划企业各季度、月份以及节假日的促销活动；根据各相关区域促销需求和分析结果，组织、策划区域性市场促销活动；协调、指导辖区内相关销售区域和销售渠道执行促销活动；协调各区域进行销量分析并提出推进计划。

（2）策划促销方案。收集各种市场信息及其他资料，为促销计划、方案的制订提供数据支持；拟订各种促销方案，并监督各种促销方案的实施与效果评估。

（3）促销活动及资源管理。深入了解辖区内销售、渠道、竞争产品的实际状况，把握区域性促销活动的开展，确保区域性促销活动的有效性；对各类促销活动在区域的执行情况进行跟踪、信息汇总和评估，按月形成评估报告递交市场经理、营销总监；负责对区域内促销资源的规划、设计、制作、发放管理和调控，按月统计数据。

（4）促销费用控制。制定各市场促销活动经费的申报细则以及审批程序，并对该项程序予以监督；制定不同时期、不同促销活动的各项预算，并依据预算控制促销经费的使用。

（5）促销人员管理。负责促销人员的聘用、调配工作；负责对促销人员开展产品知识、促销基础知识、促销活动注意事项等培训工作；监督、指导现场促销人员的各种行为。

课堂讨论

市场部基础岗位有哪些？其工作职责包括什么？

提示：

市场部基础岗位	工作职责
市场调研专员	（1）编制市场调研计划 （2）开展市场调研工作 （3）委托专项调研 （4）提交市场调研报告
市场策划专员	（1）进行市场营销策划 （2）承担部门的市场工作 （3）制订各区域市场策略和市场计划 （4）挖掘特色市场活动，推动销售业绩，提升品牌影响力 （5）审核各区域市场推广方案并进行市场经费核销 （6）为各区域提供持续改进的销售工具（销售 PPT、DM、EDM、销售手册等） （7）为产品研发和市场营销提供支持，策划组合营销 （8）协助制定品牌战略
广告专员	（1）制订媒介传播计划并执行 （2）联系广告投放，保障广告预期效果顺利实现 （3）负责广告投放操作、过程追踪以及效果评估分析 （4）竞争品牌分析，制订产品不同时期的广告策略，制订年、季、月度广告费用计划 （5）进行广告检测与统计，及时进行广告活动的效果评估 （6）拓展媒介资源，提高媒介传播效果
公共关系专员	（1）企业内刊的选题策划、组稿和撰写 （2）企业重大活动的新闻采写、报道 （3）企业战略解读和宣传 （4）企业层面活动的相关文字支持 （5）企业层面公关策划及营销公关策划方案的实施
促销专员	（1）产品宣传 （2）促销现场维护 （3）收集信息

单元小结

企业为了能根据外部环境的特点，最有效、最经济、最科学地组织和利用企业的各种资源，满足市场的需要，实现产品和服务的最大价值，通常需要建立并加强市场营销组织。企业营销部门的组织形式主要有职能式组织、地区式组织、产品（品牌）管理式组织、市场管理式组织、产品/市场管理式组织五种类型。组织中每一个营销岗位职责不同，要求的能力素质也各有不同。

单元 16　市场营销执行与控制

课前思考

一家中等规模的小家电公司想要进行北京、上海地区的小家电产品市场开发，开发周期为两年，提高市场占有率 20%。你能为它制订营销绩效管理方案吗?

16.1　市场营销执行

市场营销执行是指企业为确保营销目标的实现，将营销战略和计划转化为具体的行动方案的过程。市场营销执行是要解决“由谁去做”“在什么时候做”“怎样做”的问题。美国的一项研究表明，被调查的计划人员中有 90%的人认为，他们制定的战略和战术之所以没有成功，是因为没有得到有效执行。

阅读材料

孙武练兵故事的启示

相传，当年孙武带着所著 13 篇兵法去见吴王，吴王为了验证孙武的实际军事才能，要他当场演练阵法。孙武挑选了百名后宫嫔妃当士兵，让吴王的两个宠妃担任队长。孙武挥动令旗，开始操练。那些“士兵”觉得挺新奇，相互嬉笑，根本不把孙武的命令当回事，那两名队长更是笑弯了腰。孙武依军法下令将两名队长拉去斩首。“此乃藐视军令、藐视大王之举，若不处置，大王何以称霸天下?”于是，吴王的两位爱妃命赴黄泉。然后，孙武继续操练，令旗到处，一呼百应。嫔妃各个按令行事，一举一动合规合矩，行动迅速，阵列整齐，俨然将赴疆场的战士。吴王见状，暗暗赞叹孙武的才干。

资料来源：孙晓燕．市场营销．北京：高等教育出版社，2017.

16.1.1 市场营销执行中的问题及原因

1. 计划脱离实际

企业营销战略和营销计划的制订者和实施者之间常常缺乏必要的沟通和协调，导致下列问题的出现：

（1）制订者只考虑总体战略而忽视实施中的细节，结果使营销计划过于笼统和流于形式。

（2）制订者由于不了解实施过程中的具体问题，所以计划常常脱离实际。

（3）制订者和实施者之间没有必要的沟通与协调，致使实施者在实施过程中经常遇到困难，因为实施者不能完全理解需要他们去实施的营销战略和营销计划。

（4）脱离实际的战略导致制订者和实施者相互对立和不信任。

2. 长期目标和短期目标的取舍不当

营销战略通常着眼于企业的长期目标，涉及今后三至五年的经营活动。但具体实施这些战略的营销人员通常是根据他们的短期工作绩效，如销售量、市场占有率或利润率等指标来进行评估和奖励。因此，营销管理人员会选择短期行为。企业必须采取适当措施，克服这种长期目标和短期目标之间的矛盾，保证两者之间的协调。

3. 因循守旧的惰性

企业当前的经营活动往往是为了实现既定的战略目标，新的战略目标如果不符合企业的传统和习惯就会遭到抵制。新旧战略的差异越大，实施新战略可能遇到的阻力也就越大。要想实施与旧战略截然不同的新战略，常常需要打破企业传统的组织结构。

4. 缺乏具体、明确的实施方案

许多企业面临的困境，只是因为缺乏一个能够使企业内部各有关部门协调一致行动的具体实施方案。营销管理者应当制订详尽的实施方案，规范和协调各部门的活动，编制详细、周密的项目时间表，明确各部门经理应负的责任。

16.1.2 市场营销执行过程

企业市场营销的执行过程包括五个相互制约的方面：制订行动方案、建立组织结构、设计决策和报酬制度、开发人力资源、创建企业文化和管理风格。

1. 制订行动方案

制订行动方案即制订计划实施的具体安排，包括人员配备、目标分解、资源分配、时间要求等。这个方案应尽可能详细，要明确营销战略实施的关键性决策和任务，并将执行这些决策和任务的责任落实到人。

2. 建立组织结构

组织结构具有两大功能：首先是提供明确的分工，将全部工作分解成便于管理的几个部分，再将它们分配给各有关部门和人员；其次是发挥协调作用，通过正式的组织联系和沟通网络，协调各部门和人员的安排。

企业的正式组织在营销战略的实施过程中具有决定性的作用。组织将战略实施的任务分配给具体的部门和人员，明确规定职权界限和信息沟通渠道，使企业内部的各项决策和行动协调一致。组织结构必须同企业战略相配合，必须同企业本身的特点和营销环境相适应。

3. 设计决策和报酬制度

为实施市场营销计划，企业还必须设计相应的决策和报酬制度，这些制度直接关系到营销战略实施的成败。例如，企业对管理人员的评估和报酬制度，如果是以短期的经营利润为依据，那么管理人员的行为必定趋于短期化，这对实现企业的长期战略目标必将产生不利影响。

4. 开发人力资源

市场营销计划最终是由企业内部的工作人员来实施的，所以人力资源的开发至关重要。人力资源涉及人员的考核、选拔、安置、培训和激励等问题。在考核、选拔管理人员时，企业要考虑从企业内部选拔有利还是从外部招聘有利；在安置人员时要注意将适当的工作分配给称职的人，做到人尽其才；为了激发员工的积极性，必须建立完善的工资、福利和奖惩制度。此外，企业还必须决定行政管理人员、业务管理人员和一线工人之间的比例。现在，许多外国企业已经削减了公司一级管理人员，以减少管理费用、提高工作效率。

5. 创建企业文化和管理风格

企业文化是指一个企业内部全体人员共同持有和遵循的价值标准、基本信念和行为准则。它是企业的精神支柱，对企业经营作风和领导风格，对职工的工作态度和作风，均起着决定性的作用。与企业文化相关联的是企业的管理风格，有“专权型”“参与型”等。“专权型”管理者善于发号施令、独揽大权、严格控制，坚持采用正式的沟通渠道，不容许非正式的组织和活动；“参与型”管理者主张授权给下属，协调各部门的工作，鼓励下属的主动精神和非正式的交流与沟通。这两种风格各有利弊，企业具体采用什么样的管理风格，取决于企业自身的任务、组织结构、人员素质和营销环境。

16.2　市场营销控制

16.2.1　市场营销控制的含义与步骤

1. 市场营销控制的含义

控制是管理的基本职能之一，如果把制订计划、执行计划和控制看作一个周而复始的过程，那么，控制既是前一个循环的结束，又孕育着新循环的开始。市场营销控制就是市场营销管理者对营销执行情况和效果进行检查与评估，了解计划与实绩是否一致，找出两者之间偏离及造成偏离的原因，并采取修正措施以确保营销计划的有效执行。

2. 市场营销控制的步骤

计划与实施过程中的现实并不能保持一致，计划在执行中会遇到各种意外的情况；同时，战略和计划本身也可能有某些不符合实际的地方。实践证明，企业的日常业务活动如果与控制战略和计划脱离往往会落空，因此，企业必须进行有效的市场营销控制。控制有助于及早发现问题，避免可能的事故，寻找更好的管理办法，充分挖掘企业潜力。此外，控制还有一种监督和激励的作用。市场营销控制的步骤如图 16-1 所示。

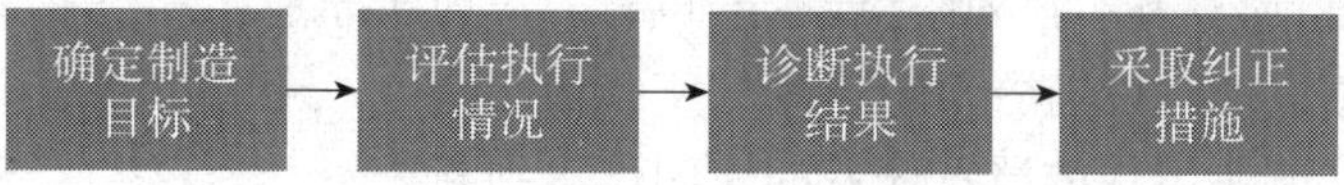

图 16-1　市场营销控制的步骤

（1）确定控制目标。在市场营销控制过程中，营销目标被分解为若干更短时期的控制目标。比如，在市场营销计划中，营销目标是年度市场销售额，控制目标就可以定为每月或每季度销售额。只要每月或每季度的控制目标都能实现，全年营销目标自然就会实现。

（2）评估执行情况。这一步骤即监测市场营销活动的实绩，评估各控制目标的执行情况。这一步与第一步关系密切，因为只有控制目标数量化、可测化，才能进行有效的监测活动。

（3）诊断执行结果。对执行情况差的项目，要从内、外两方面深刻分析原因。外部原因包括宏观经济环境变化或市场竞争状况变化等；内部原因包括计划目标过高或实际努力不够等。

（4）采取纠正措施。从两个方面考虑：第一，营销目标合理与否。若营销目标实施不理想系外部原因或目标过高所致，企业应及时调整营销目标和控制目标。第二，营销部门努力程度。若营销部门努力不够，就应采取适当的奖罚措施，刺激有关人员提高工作热情与工作效率。

16.2.2 市场营销控制的内容与方法

市场营销控制主要包括年度计划控制、赢利能力控制、效率控制和战略控制四种类型，具体见表 16－1。

表 16－1 营销控制的基本类型

控制类型	负责人	控制目的	控制方法
年度计划控制	最高主管、中级管理人员	检查计划目标是否完成	销售分析 市场份额分析 营销费用率分析 用户态度追踪
盈利能力控制	营销主管人员	审查企业盈亏原因	各产品、地区、细分市场、分销渠道等的盈利能力分析
效率控制	管理人员、营销控制人员	评估与提高经费开支的效率及效果	销售人员效率 广告效率 促销效率 分销效率
战略控制	最高主管、市场营销审计人员	检查企业是否最大限度地利用了市场营销机会	市场营销审计

1. 年度计划控制

年度计划控制是指营销人员随时检查营业绩效与年度计划的差异，同时在必要时采取修正行动。年度计划控制是为了确保计划中所确定的销售、利润和其他目标的实现。年度计划控制的核心是目标管理。年度计划控制过程分为以下四个步骤：

（1）确定年度计划中的月份目标或季度目标，作为水准基点。

（2）建立反馈系统，以监督营销计划的实施情况。

（3）对计划实施中出现的严重偏差的原因作出判断。

(4) 采取修正措施，或是调整计划，使之与变化中的实际相适应，或是纠正计划执行过程中出现的偏差。

年度计划控制的方法包括以下方面：

(1) 销售分析。

销售分析主要用于衡量和评估所制订的计划销售目标与实际销售之间的关系。这种关系的衡量和评估有两种主要方法：销售差异分析和地区销售分析。销售差异分析用于衡量各个不同的因素对销售效率的相应作用。地区销售分析是从产品、销售地区等方面考察未能达到预期销售额的原因。

课堂讨论

假设年度计划要求第一季度销售 4 000 件产品，每件 1 元，即销售额为 4 000 元。在该季度结束时，只销售了 3 000 件，每件 0.80 元，即实际销售额为 2 400 元。那么，这个销售绩效差异为−1 600 元。请问：绩效的降低有多少归因于价格下降？有多少归因于销售数量的下降？

提示： 因价格下降的差异＝(1−0.80)×3 000÷1 600＝37.5%。

因数量下降的差异＝1×(4 000−3 000)÷1 600＝62.5%。

可见，约有 2/3 的销售差异归因于未能实现预期的销售数量。由于销售数量通常较价格容易控制，企业应该仔细检查为什么不能达到预期的销售量。

课堂讨论

假设企业在三个地区销售，其预期销售额分别为 1 500 元、500 元和 2 000 元，总额 4 000 元。实际销售额分别为 1 400 元、525 元和 1 075 元。请进行销售分析。

提示： 就预期销售额而言，第一个地区约有 7%的未完成额；第二个地区有 5%的超出额；第三个地区有 46%的未完成额。主要问题显然出在第三个地区。造成第三个地区绩效不良的原因有如下可能：一是该地区的销售代表工作不努力或有个人问题；二是有主要竞争者进入该地区；三是该地区居民收入下降。

(2) 市场份额分析。

企业的销售绩效并未反映出相对于其竞争者企业的经营状况如何。如果企业销售额增加了，可能是由于企业所处的整个经济环境的发展，或其市场营销工作较之其竞争者有相对改善。一般来说，市场份额分析有以下四种不同的度量方法。

1) 全部市场占有率，即以企业的销售额占全行业销售额的百分比来表示的市场占有率。使用这种测量方法必须做两项决策：第一是要以单位销售额来表示市场占有率；第二是正确认定行业的范围，即明确本行业应包括的产品、市场等。

2) 可达市场占有率，即以企业的销售额占企业所服务市场的百分比来表示的市场占有额。所谓可达市场，一是企业产品最适合的市场，二是企业市场营销努力所及的市场。企业可能有近 100%的可达市场占有率，却只有相对较小百分比的全部市场占有率。

3）相对市场占有率（相对于三个最大竞争者），即以企业销售额相对于最大的三个竞争者的销售额总和的百分比来表示的市场占有率。如某企业有30%的市场占有率，其最大的三个竞争者的市场占有率分别为20%、10%、10%，则该企业的相对市场占有率是60%。一般情况下，相对市场占有率高于33%即被认为是强势的。

4）相对市场占有率（相对于市场领导竞争者），即以企业销售额相对于市场领导竞争者的销售额的百分比来表示的市场占有率。相对市场占有率超过100%，表明该企业是市场领导者；相对市场占有率等于100%，表明企业与市场领导竞争者同为市场领导者。相对市场占有率的增加，表明企业正接近市场领导竞争者。

（3）市场营销费用率分析。年度计划控制还要检查与销售有关的市场营销费用，以确定企业在达到销售目标时的费用支出。市场营销费用与销售额之比是一个主要的检查比率，其中包括销售队伍与销售额之比、广告与销售额之比、促销销售额之比、营销调研销售额之比、销售管理销售额之比等指标。营销管理人员的工作，就是密切注意这些比率，以发现是否有任何比率失去控制。当一项费用对销售额的比率失去控制时，就必须认真查找问题的原因。

（4）顾客态度追踪。年度计划控制所采用的上述衡量标准大多是以财务分析和数量分析为特征的，即它们基本上是定量分析。定量分析虽然重要，但并不充分，因为它们没有对市场营销的发展变化进行定性分析和描述。为此，企业需要建立一套系统来追踪其顾客、经销商以及其他市场营销系统参与者的态度。如果发现顾客对企业和产品的态度发生了变化，企业管理者就能较早采取行动，争取主动。

企业一般要利用以下系统来追踪顾客的态度：

1）抱怨和建议系统。企业对顾客书面的或口头的抱怨应该进行记录、分析，并作出适当的反应。对不同的抱怨应该分析归类，做成卡片。较严重和经常发生的抱怨，应及早予以注意。企业应该鼓励顾客提出批评和建议，使顾客有机会发表意见。这样，企业才能收集到顾客对企业产品和服务所作反应的完整资料。

2）固定顾客样本。有些企业建立了由具有代表性的顾客组成的固定顾客样本，定期地由企业通过电话询问或邮寄问卷等方式了解其态度。这种做法有时比抱怨和建议系统更能反映顾客态度的变化及其分布范围。

3）顾客调查。企业定期让一组随机顾客回答一组标准化的调查问卷，其中包括职员态度、服务质量等。通过对这些问卷的分析，企业可及时发现问题，并及时予以纠正。

课堂讨论

企业在发现实际绩效与年度计划发生较大偏差时，可考虑采取什么样的措施？

提示：削减产量、降低价格、对销售队伍施加更大的压力、削减杂项支出、裁减员工、削减投资、出售企业财产、出售整个企业等。

2. 盈利能力控制

除了年度计划控制之外，企业还需要进行利润控制。通过盈利能力控制所获取的信息，有助于管理人员决定各种产品或市场营销活动是扩展、减少还是取消。盈利能力分析的目的是找出影响获利的原因，以便采取相应措施，排除或削弱不利因素。

进行盈利能力分析的步骤如下：

（1）将损益表中的有关营销费用转化为各营销职能费用，如广告、市场调研、包装、运输、仓储等。

（2）将已划分的各营销职能费用按分析目标，如产品、地区、客户、销售人员等分别计算。

（3）拟订各分析目标的损益表。

3. 效率控制

如果盈利能力分析显示出企业某一产品或地区所得的利润很差，那么企业就应该考虑该产品或地区在销售人员、广告、分销等环节的管理效率问题。

（1）销售人员效率。企业各地区的销售经理要记录本地区内销售人员效率的几项主要指标，这些指标包括：每个销售人员每天平均的销售访问次数；每次会晤的平均访问时间；每次销售访问的平均收益；每次销售访问的平均成本；每次访问的招待成本；每百次销售访问而订购的百分比；每期间的新顾客数；每期间丧失的顾客数；销售成本对总销售额的百分比。

（2）广告效率。企业应该做好如下统计：每一媒体类型、每一媒体工具接触每千名购买者所花费的广告成本；顾客对每一媒体工具注意、联想和阅读的百分比；顾客对广告内容和效果的意见；广告前后对产品态度的衡量；受广告刺激而引起的询问次数。

（3）营销效率。为了改善销售促进的效率，企业管理者应该对每一促销的成本和销售影响做记录，做好如下统计：由于优惠而销售的百分比；每一销售额的陈列成本；赠券收回的百分比；因示范而引起询问的次数。同时，企业应观察不同促销手段的效果，并使用最有效的促销手段。

（4）分销效率。分销效率主要是对企业的存货水平、仓库位置及运输方式进行分析和改进，以达到最佳配置并寻找最佳运输方式和途径。

效率控制的目的在于提高人员推销、广告、促销和分销等市场营销活动的效率，市场营销经理必须关注若干关键比率，这些比率表明上述市场营销职能执行的有效性，显示出应该如何采取措施改进执行情况。

4. 战略控制

市场营销环境变化很快，往往会使企业制定的目标、策略、方案失去作用。因此，在企业市场营销战略实施过程中必然会出现战略控制问题。战略控制是指市场营销经理采取一系列行动，使实际市场营销工作与原计划尽可能一致，在控制中通过不断评审和信息反馈，对战略不断修正。各个企业都有财务会计审核，应在一定期间客观地对审核的财务资料或事项进行询问、检查、分析，最后根据所获得的数据按照专业标准进行判断，得出结论，并提出报告。这种财务会计的控制制度有一套标准的理论、做法，但是市场营销审计尚未建立一套规范的控制系统，有些企业只是在出现危急情况时才进行，其目的是解决一些临时性的问题。目前，在国外有越来越多的企业运用市场营销审计进行战略控制。

单元小结

营销的实施过程是将计划转入行动安排的过程，它要解决“由谁去做”“在何处做”

“在何时做”“怎样做”的问题。对营销实施过程中出现的问题要加以科学分析，针对产生问题的原因采取及时的纠正措施。市场营销控制是营销计划执行不可缺少的后续过程，目的是确保企业营销活动的效率与效益。企业必须进行四种控制，即年度计划控制、盈利能力控制、效率控制和战略控制。

本模块知识与技能训练

关键概念认知

市场营销组织　市场营销计划　市场营销实施　市场营销控制

职业判断

一、单项选择题

1. 年度计划控制过程的第一步是(　　)。

A. 确定目标　B. 评估执行情况　C. 规定企业任务　D. 选择目标市场

2. 以市场为导向的现代组织模式的出发点是(　　)。

A. 产品设计　B. 产品销售　C. 顾客需要　D. 企业资源和能力

3. 产品/市场管理式组织的主要缺点是(　　)。

A. 组织管理费用太高　B. 有些产品和市场容易被忽略

C. 容易造成计划与实际的脱节　D. 不能及时得到足够的市场信息

4. (　　)是最常见的市场营销组织形式。

A. 职能式营销组织　B. 产品式营销组织

C. 地区式营销组织　D. 市场式营销组织

5. 当企业生产经营多种产品或多个品牌时，应采取(　　)营销组织结构。

A. 职能式　B. 区域式　C. 市场式　D. 产品（品牌）式

6. 年度计划控制要确保企业在制订(　　)指标时，市场营销费用没有超支。

A. 分配计划　B. 生产计划　C. 长期计划　D. 销售计划

二、多项选择题

1. 企业制订市场营销计划，必须进行(　　)。

A. 市场营销历史分析　B. 市场营销组织分析

C. 市场营销状况分析　D. 机会与威胁分析

E. 优势与劣势分析

2. 市场营销部门的组织形式为(　　)。

A. 产品/市场式　B. 产品/品牌式

C. 市场式　D. 职能式

3. 市场营销计划实施过程中，涉及相互联系的内容包括(　　)。

A. 明确战略目标　B. 制订行动方案

C. 开发人力资源　D. 设计决策和报酬制度

E. 建立组织结构

4. 市场营销控制的方法有(　　)。

A. 年度计划控制　　B. 效率控制

C. 盈利能力控制　　D. 战略控制

E. 市场营销审计

三、判断题

1. 市场经理的成绩常用市场占有率增加状况来判断。(　　)

2. 企业设计组织结构是最终目的,而不是实现市场营销目标的一种手段。(　　)

3. 事实上,组织本身并不是目的,更为重要的是组织要协调、指导人们获得最佳市场营销成果。(　　)

4. 产品式组织是最古老,也是最常见的市场营销组织形式。(　　)

四、简答题

1. 完整的企业营销计划书包含哪些内容与步骤?

2. 市场营销组织有哪几种基本形式?

3. 设计市场营销组织的原则是什么?

4. 简述市场营销执行过程。

5. 市场营销控制的基本方法有哪些?

职业能力训练

任务 1　请选择某企业的一种产品,编制短期市场营销计划书。

任务 2　请选择一家知名企业并进行调查,画出该企业营销部门的组织结构图。

任务 3　企业的目标已经确定,请根据实际情况说明计划执行的过程和控制方法。

综合案例分析

戴尔公司的"按需配置"销售模式

戴尔公司是其创始人戴尔于 1984 年创立的"按需配置"的直接销售计算机的公司。戴尔公司的核心理念是:根据消费者的需要组装不同的计算机,并且将其直接销售给他们,去掉零售商的利润,把这些省下的钱返还给消费者。

"按需配置"的直接销售计算机的模式使得戴尔公司真正变成一个以顾客为导向的公司。由于是按照顾客的需要销售计算机,所以公司的业务是从聆听顾客意见开始的,顾客需要什么,他们就生产什么。他们经营的重点是与顾客建立直接的关系:开始是电话拜访,接着是面对面的互动,现在则借助网络进行灵活快捷的沟通。戴尔公司能够比竞争对手更快、更准确地了解顾客的需要。戴尔公司的会议记录中这样描述直接销售模式的好处:"其他公司在接到订单时已经完成了产品的制造,所以他们必须猜测顾客需要什么样的产品。但在他们埋头苦猜的同时,我们早有答案,因为我们的顾客在我们组装产品之前,就明白地表达了需求。""其他公司必须预估何种配置最受欢迎。但我们的顾客直接告诉我们,他们要的是一个软盘驱动器,还是两个,或是一个软驱加一个硬驱,我们完全为他们量身定做。"

戴尔公司并没有以一种直接方式面对顾客,他们将美国市场细分成三个不同的市场:

一是大公司市场；二是以联邦政府、州政府、教育机构和公司组成的中等规模的集团市场；三是个人消费市场。针对不同的市场，戴尔公司制定了不同的营销策略，由专门的销售人员负责。这种集中营销的策略，使销售人员可以成为一个方面的行家里手。戴尔公司进入中国后也采取了这一策略，1998 年以前他们主要做的是大公司市场，1999 年开始做中等规模的集团市场和个人消费市场。

按单定制的直接模式使戴尔公司真正实现了“零库存、高周转”。正如戴尔所说：“人们往往只把目光停留在戴尔公司的直接销售模式上，并把这当作戴尔公司与众不同的地方，但是直销只不过是最后阶段的一种手段。我们真正努力的方向是追求零库存运行模式。”戴尔公司的库存一年可以周转 15 次。相比之下，其他依靠经销商进行销售的竞争对手，其周转次数还不到戴尔公司的一半。

资料来源：王涛．基于戴尔公司对 IT 企业营销模式的分析与研究 [D]．西安：西安建筑科技大学，2013.

请思考：

1. 总结戴尔公司的核心理念及戴尔公司成为世界上第二大计算机公司的创新之处。
2. 戴尔的计算机直接销售模式是如何进行市场营销组织的？
3. 有人认为戴尔公司成功的秘诀就是低价，你怎么看？

参考文献

1. 菲利普·科特勒，凯文·莱恩·凯勒．营销管理（第14版·全球版）．王永贵，译．北京：中国人民大学出版社，2012.

2. 吴勇．市场营销．5版．北京：高等教育出版社，2017.

3. 肖涧松．现代市场营销．2版．北京：高等教育出版社，2018.

4. 李悦．现代市场营销学．北京：清华大学出版社，2015.

5. 屈冠银．市场营销理论与实训教程．3版．北京：机械工业出版社，2014.

6. 王丽丽．市场营销策划．北京：高等教育出版社，2010.

7. 刘丽霞．新编市场营销学．北京：北京大学出版社，中国农业大学出版社，2010.

8. 马凤棋，张文贤．市场营销理论与实务．北京：中国农业大学出版社，2011.

9. 钟立群，张秀芳．市场营销．北京：北京大学出版社，中国农业大学出版社，2010.

10. 赵铁．市场营销．北京：清华大学出版社，2011.

11. 丁纪平．市场营销学．北京：人民邮电出版社，2011.

12. 李道平．公共关系学．4版．北京：经济科学出版社，2011.

13. 杨丽佳．市场营销案例与实训．2版．北京：高等教育出版社，2011.

14. 毕思勇．市场营销．3版．北京：高等教育出版社，2014.

图书在版编目（CIP）数据

市场营销/勾殿红，郑艳霞主编．--3版．--北京：中国人民大学出版社，2019.10
21世纪高职高专规划教材．市场营销系列
ISBN 978-7-300-27579-6

Ⅰ.①市… Ⅱ.①勾… ②郑… Ⅲ.①市场营销－高等职业教育－教材 Ⅳ.①F713.50

中国版本图书馆CIP数据核字（2019）第223073号

职业教育工学一体化课程改革规划教材
21世纪高职高专规划教材·市场营销系列
市场营销（第三版）
主　编　勾殿红　郑艳霞
副主编　孙　彦
参　编　陈　红
Shichang Yingxiao

出版发行	中国人民大学出版社		
社　　址	北京中关村大街31号	**邮政编码**	100080
电　　话	010－62511242（总编室）		010－62511770（质管部）
	010－82501766（邮购部）		010－62514148（门市部）
	010－62515195（发行公司）		010－62515275（盗版举报）
网　　址	http://www.crup.com.cn		
经　　销	新华书店		
印　　刷	北京市昌联印刷有限公司	**版　　次**	2010年12月第1版
开　　本	787 mm×1092 mm　1/16		2019年10月第3版
印　　张	18.75	**印　　次**	2024年7月第6次印刷
字　　数	453 000	**定　　价**	39.00元